侶途

同性婚姻上路後，世界發生了什麼？

When Gay People Get Married

What Happens
When Societies Legalize
Same-Sex Marriage

李・巴吉特
M.V. Lee Badgett
———著

黃思瑜
———譯

以滿腔的愛將此書獻給先父先母，

比爾與貝蒂‧巴吉特，

先父母的婚姻為我第一個研究的對象，

同時也將此書獻給我的妻子伊莉莎白‧席爾維，

她助我將理論付諸實踐。

臺灣的侶途：在同婚專法制定，天沒下紅雨之後？

王鼎棫

（網站「法律白話文運動」資深編輯、
東吳大學及靜宜大學法律學系兼任講師）

先回顧一下，臺灣同婚議題走到哪了？

二〇一七年五月二十四日，大法官用釋字第七四八號宣告民法不讓同性戀者結婚的規定違憲，命相關機關要在解釋公布日起兩年內修法或立法，才能平等保障同性伴侶的婚姻自由。而為了避免相關立法沒辦法及時在兩年內完成，大法官更宣告若逾時未完成修法或立法，同性伴侶就能直接用本號解釋登記結婚。

此外，本號釋字更大力為同志除去汙名與歧視，像是在解釋理由書清楚指出：過去同志被社會傳統及習俗給排斥，長期禁錮於暗櫃之中，受到各種實質上或法律上的歧視，況且性傾向是一種難以改變的個人特徵，來自於生理與心理因素，觸發於生活經驗或是社會環境的影響；大法官更引用各國際衛生組織與重要醫學組織的資料，確認「同性性傾向本身並非疾病」，鄭重宣告性傾向是人類的正常表現，既非精神疾病，更不是人格發展缺陷，並沒有治療的必要。

　　二〇一八年初，反同婚團體為了防止同婚進入民法體系，提出三項公投，多方限制同婚發展，像是「你是否同意以民法婚姻規定以外之其他形式來保障同性別二人經營永久共同生活的權益？」等提案。挾著強大的組織動員，這波公投取得了六成以上的得票率，並全數獲得通過，賦予行政院提出法律修正案，立法院定期完成審議的種種義務，這樣的結果可說是反同方扳回一城的表現。

　　公投開票的那一夜，讓許多挺同人士非常沮喪，長久以來的抗爭成果，彷彿在這一刻完全凋謝，社會氛圍也讓挺同方一時難以面對。

　　時序跳到二〇一九年五月二十四日，適逢「國際不再恐同日」，既然公投確認了制定專法的方向，立法院只好趕在立法時限之前，五月十七日通過了《司法院釋字第七四八號解釋施行法》，並定於同月二十四日正式生效。通過之際，立院外三萬多名的同婚支持者爆出如雷掌聲，不少同性伴侶相擁而泣；也許這結局不夠完美，但也意味著從生效日起，年滿十八歲的臺灣同性伴侶終於可以依法前往戶政機構登記結婚。

《BBC》、《CNN》、《紐約時報》（The New York Times）、《衛報》（The Guardian）都在第一時間，在網站上發布「臺灣通過亞洲第一個同性婚姻法」的新聞，肯定臺灣同婚運動的發展。

《司法院釋字第七四八號解釋施行法》保障「相同性別之二人，得為經營共同生活之目的，成立具有親密性及排他性的永久結合關係」，使得無論何種性別，都能依法登記結婚。開放登記首日，全臺有不少新人趕往當地戶政事務所辦理，知名圖文作家厭世姬也和劇作家簡莉穎在信義戶政事務所完成登記，許多媒體守候在各地戶政事務所，透過鏡頭，記錄臺灣歷史性的一刻。

同一時間，反對同婚的「下一代幸福聯盟」則痛斥立院罔顧民意，臺灣民主已死，並將號召民眾在二〇二〇年大選，「下架」違背民意的立委與總統。

面對風雨欲來，行政院也隨即發布釋字七四八號懶人包，除了解釋此次立法的主要內容外，也對不實謠言進行關謠，特別強調本法並未開放「近親結婚、多P、外遇、亂倫、雜交、人獸交、性解放」等行為，更指出「孩子不能夠叫爸爸媽媽等情事」純屬謠言，孩子對爸媽的稱呼絕對不會受到影響，因為「爸爸、媽媽」的稱謂本來就非《民法》所定，民眾依舊能夠繼續使用。

婚姻平權作為同志運動長期奮鬥的象徵，凸顯出同志人權運動與各方勢力的競逐，將會一直持續下去。而同婚之路的演進，簡單來說，就是把同志進入家庭的訴求，向社會尋求支持，並透過公權力予以承認，走向制度化的一系列過程。

當世界各國媒體紛紛盛讚臺灣成為亞洲第一個同性婚姻合法化的國家，臺灣同志權益發展，似乎隨著婚姻平權的達成，跌跌撞撞也來到階段性高峰。同婚對於臺灣社會與文化會有什麼樣的影響，勢將成為未來各界關心的重要議題。

而這本書正可以為我們帶來各方面的解答。

該如何閱讀本書呢？

如同經典書籍《如何閱讀一本書》（*How to Read a Book*）提及：圍繞關鍵字的論述，通常就是作者的重要論點。所以接下來你只需要把作者散佈在整本書的論點集合起來，自己做成筆記，最後就能生出「自己對這本書的理解」。也就是說「閱讀可以是一件多少主動的事……閱讀越主動，效果越好。這個讀者比另一個讀者更主動一些，他在閱讀世界裡面的探索能力就更強一些，收穫更多一些。」[1] 所以閱讀的目標，就是為獲得資訊而讀，以及為求得理解而讀。

因此基於我們法律白話文團隊的精神，以下導讀將把本書章節及討論議題，依照本文關心的主題重新排序，使用較為通俗的字彙，帶領讀者們進入該書作者的世界。

簡單來說，作者在世界各地尋找證據，試圖發現賦予同性婚姻或近似婚姻的權利將對社會帶來什麼效果，觀察人們在文化上對於同志的認識可能會有什麼改變。

而這樣用傳統法學以外的方式，實際把法律當作社會系統的一環，觀察制度的實際運作，不只提醒我們注意法律對各社會領域所造成的影響，也會注意法律現象往往跟許多政治、文化與社會關係交織。這樣的觀察，無疑能提供我們一個分析框架，幫助我們理解同婚法律在臺灣社會的後續發展。

看不清楚的路，試試跟著外國月亮走？

◆ 同志為何要進入婚姻？

例如本書訪問兩對未婚的伴侶表示，他們對於這段關係是否能長久感到懷疑，這也影響了他們對婚姻的想法──正因內心有疑慮，他們選擇了註冊伴侶制，一方可以取得公民權，他方對外也不會被貼上「已婚」的標籤。

當然，若要讓人動了結婚的念頭，必然會考慮結婚比單身好在哪裡？不論是務實面的（例如法律與物質上的好處）、感情面的、政治面的價值，每對伴侶的考量點都不一樣。

一般來說，伴侶若對事物的想法、承諾的信念、子女的規劃，還有性別角色觀念沒有衝突，就有可能決定結婚；反之，若擔心定下來會讓一個人變得裹足不前，抑或親朋好友的反應並不支持同性婚姻，也會讓伴侶感到壓力。

本書第二章認為，對同志社群來說，同性婚姻所代表的意義，遠超過了這些伴侶所歷經的其他「選擇」，並推翻評論家的不當臆測（如為了取得社會福利）。像有些訪談者指出「改變（婚姻）的方式就是讓我們與女同志結婚……以前和男人在一起的時候，我想我是不會結婚的……太傳統了

—— 不過現在結婚也是在打破傳統。」[2]

因為不少人原本認為，婚姻裡隱藏著典型的附屬觀念，特別是對女性而言 —— 擔心進入婚姻，可能會改變伴侶在關係上的權力平衡。婚姻制度過往於政治與宗教上的運作，就是造成反婚派人士痛恨婚姻的源頭：婚姻就是集父權、資本主義弊病一身的工具，這也是他們絕對不會拿自己去為婚姻錦上添花的原因。

本書指出，在荷蘭，既然伴侶同居不婚是很普遍的事情，那麼同婚就可以扭轉傳統窠臼 —— 這年頭結婚比起不結婚還更來得另類。

✦ 何以讓同志徹底排除其他結婚的選項，進入婚姻？

總的來說，第三章表示：荷蘭與美國的同性伴侶認為結婚是嚴謹的一步，正因對伴侶有互許承諾的心與相守的打算，所以選擇踏出這一步；此外，對於許多人來說，透過法律與文化的薰陶，生小孩的決定也與婚姻決定綁在一塊兒了。

在部分國家，婚姻是一套發展成熟的社會制度，那些婚姻的法律替代方案可能無法體現結婚在文化與社會的意義而受限。然而，其他國家的婚姻替代方案，同居的同性伴侶甚至享有某些結婚的權利與責任，如婚姻才能提供的社會保險機制等，無形中降低了結婚的實質價值，也降低了該國同性伴侶對婚姻的需求。

可是終究選擇結婚的人，此時會注意更多感性及象徵性的理由。

接受本書訪談的人指出：「結婚的決定充滿了感情 —— 我雖然不會說是很精神上的決定，但它最後的確是很心靈層面的，這是我們帶著感情做的決定 —— 而我認為註冊伴侶制這個名字聽起來就已經非常務實。好像你得去記錄、計算，然後得出餘額。」[3]

◆ 同婚對異性婚的衝擊？

不少反同婚者偏好以美國長期低落的結婚率，異性戀未婚同居比例逐漸增高的趨勢，對照北歐諸國與荷蘭未婚生育率激增，表示同性婚姻加劇異性婚姻與育兒的困境。

臺灣的反同團體對此顯然也是無法接受，像是一名反同家長代表受訪時就曾激動吶喊「同志是導致絕子絕孫、十二月還天氣炎熱的罪魁禍首！」[4]

反同方代表游信義先生更在接受採訪時強調：「如果把婚姻制度改了，既有的兩性秩序會瓦解，一男一女的倫常體系也不復存在」[5]。他表示自己不歧視同志存在，也尊重同志的權益，但不會妥協同志人士想要挑戰法律下既有公共制度的意圖。

本書第四章則單刀直入地研究這些國家的規範組成與人口組成，探討同性伴侶是否似乎會左右異性戀結婚的選擇，答案則是兩者並無顯著關聯。

首先，婚姻制度式微的真正原因與伴侶選擇變廣有關，因為關於離婚、性、同居與節育的法規都鬆綁了。這些變革擴大了異性戀伴侶的選擇；也就是說，早在各國開放同性婚姻或近似身分之前，異性戀的選擇早已不同了。保守派堅持「拒同性伴侶於法律門外」就能支撐傳統婚姻，卻不選擇倒轉已鬆綁的婚姻法規──這種想法實在有點緣木求魚。

其次，早在部分國家開放同婚或註冊伴侶制之前，該國未婚同居率與未婚生育率就已經很高了。這點，在法律不承認同性伴侶的國家之中，相同的趨勢更加明顯，也就很難說同婚對於異性婚姻與生育模式有什麼重大妨礙了。

附帶一提，本書及其引述內容也強調：結婚有多種的目的，並非只為了繁衍後代。婚姻主要是將家庭與更大社會單位串連起來的方法，法定婚姻更促成了親族間的財產流通，更鞏固了這些連結。直到近代，婚姻的重點才偏向愛情，而非財產與姻親。在二十世紀，人們愈活愈長壽，花在育兒上的時間減少，再加上經濟發展，讓伴侶雙方共同投入勞動是愈發不可或缺，家庭生活與家事法規也應順勢調整。

✦ 同婚如何改變同志的生活？

本書指出，有些同志圈的反婚派認定，婚姻就是兩個人放棄獨立的自我、恪守嚴格的性別規定，成為一對不分你我的伴侶，到最後婚姻會「馴服」男、女同志。如同臺灣在推廣經驗上，也有人認為不應跳入專為異性戀量身打造的婚姻。也就是說，針對同性親密關係的訴求，曾有三種路線：分為「毀家廢婚」、「婚姻平權」、及「多元家庭」，其共通性是認為同性間的親密關係皆挑戰了現有異性戀家庭。顯然，臺灣多方匯流的結果是以婚姻平權為主要推動議程。這樣的演進其實受制於社會現實，同運團體一方面資源有限，無法對大眾倡議更多非傳統概念，且由於反同婚運動有著驚人的崛起速度，同運團體只好將所有的資源投入婚姻平權運動。

第七章則指出，反婚派非常懼怕這種完全的「融合」，因為這可能會忽略了某些不符合婚姻制度但卻非常健全的家庭組成方式。但是本書認為，問題並不在婚姻本身，因在爭取法律對於同婚的認同與權利之前，同志老早就已經在建立關係了，只差法律身分與該身分所能提供的支持。

本書受訪者也是這樣說的：「我覺得（可以結婚）讓我們覺得更像普通人、更為人所接納、也更是社會的一分子；當然有好有壞，不過還是讓我們感覺更加地融入社會。」[6]

回顧第六章也引述社會學家安德魯・薛林（Andrew Cherlin）的看法，他認為同性婚姻是「去制度化」的典型代表。因為同性婚姻沒有如「異性丈夫與妻子」分明的性別分工，同志必須且戰且走，自己決定誰來照顧小孩或是誰要做家務，並把他們的婚姻關係融入到複雜的社會關係當中。簡單講就是，同志必須要透過「討論、協商與實驗」，建立自身族群專屬的婚姻模樣。更何況，從被異性戀拒於門外到被種種制度接納，這種地位的改變也很可能對某些同志的心理層面產生正面影響。本書許多受訪者對於被排除於重要的社會制度外感到憤怒，即有人回憶道：「我對婚姻制度真的是很不爽，因為我被排除在外了，而我不爽了很久。」[7]因此我們可以明顯看到當怒氣平息後，那種被人接納的感受也會相對更強烈。

再者，情感支持也是一項正面指標，婚姻讓承諾或眾人的支持更加真實，會讓一對伴侶開始有了長期規劃，像是買房或是生兒育女,而這些計畫只有在兩人打算一起好好走下去時才會順理成章。而本書引述美國的調查顯示,男女同志認為比起已婚異性戀家人,他們獲得的支持比較少;不過民事結合的女同志伴侶都說比起沒有民事結合的女同志伴侶,她們獲得的家庭支持比較多,顯示婚姻與家庭認同有關。

而同婚推行是否將會把沒結婚的男、女同志及雙性戀者成推向邊緣?

臺灣有學者,引述外國觀察提出疑慮:同性婚與異性婚家庭之外的其他家庭形式在價值上遭到貶抑[8]。也就是說,一旦婚姻成為了選項,與成婚的「好同志」對比,這些不一樣的家庭是否會被排擠,被貼上「壞同志」的汙名。

本書第七章發現,許多歐洲國家都一樣,未婚的伴侶愈來愈為法律所接受,已婚與未婚者之間的法律與社會地位差距也更小了。其中,年輕人的態度變化是最為驚人;比方說只有不到兩成的年輕人認為同居破壞社會制度或與道德有違。年輕人幾乎都支持未婚生子,只有少數(約三分之一)認為未婚生子對社會有害且有道德問題。

最後,異性戀家人、朋友對於同性婚姻的後續反應又會是如何呢?

本書第五章發現,父母就算有可能因為不認同,把子女的伴侶視為邪惡的誘拐者，但因為與同志子女的愛與羈絆，也多少可能會容忍這段特殊關係，而善意地把對方視為子女的另外一個朋友。此外，在歷經多年、各種生活挑戰的親密關係，家人也可能視子女的伴侶為家庭的一分子。不過，不同於異性婚姻下的女婿或媳婦，伴侶與父母之間可能不會因為這段關係，發展出獨立的身分；如果子女往生，那父母就可能不再承認這段關係，不再繼續邀請伴侶來參加家庭聚會。

✦ 何以同婚成熟落地？

臺灣反同人士曾獻瑩曾經表示，同婚專法的表決不只是同婚法案的表決，而是關乎「大法官釋憲與人民公投」誰比較大的表決；大法官是在二〇一七年做出「大法官釋字第七四八號解釋」，認定民法婚姻限定在一男一女屬違憲，但是二〇一八年底的公投已經做出決定，民法婚姻就是限定在一男一女，已經打臉大法官釋憲。[9]

在本書第九章，我們也可以看到布希總統與反同婚人士對於改變的步調感到憂心，他們也對法官感到義憤填膺，這些法官竟然與主流民意不同調，司法流程好像一夕之間改變了這個運動。

但是其實司法機制並沒有趕在社會價值的前頭，由法官強行塞給毫無準備的大眾。在本書第九章將會比較不同國家，並從「宗教、政治意識形態、政黨、男女同志社會運動、同志能見度、家庭動力」等角度逐一比較分析。

　　例如，若有組織性、全國性的同志運動種下平權觀念的種子，特定信仰也對同婚議題不太干預，甚至社會福利也願意大力投入（如住房、高齡照顧、就業），都為同婚的推動大大加分。而且許多時候，伴侶法的論戰都是在保守政府當權時萌芽，並等到政府改朝換代即開始正面行動。

　　臺灣同志運動也是在解嚴後，先由零星個人的努力，逐漸發展成組織化、專業化的社會運動，並愈來愈具政策影響力。換句話說，臺灣初期的同志運動多在身分認同上努力，使同志本身能認知自身是受壓迫的少數族群，具有共同的身分，並遭受系統性的不正義。另一方面，社會和法制中的歧視卻無所不在，處處影響著同志生活的各個面向，所以當群體認同逐漸形成後，便開始轉向要求國家要好好健全同志的各項權益。

　　以婚姻平權為例，除各地地方政府早在同婚上路前幾年，陸續開放同志伴侶註記，慢慢打開社會大眾對於同性伴侶的接受度之外，各方倡議團體更強調將立法與訴訟方式併行，即當立法進程受到多次反同勢力阻擋之後，便開始向法院發動爭訟，尋求司法部門的支持。而蔡英文總統上任後，依法任命新的七位大法官，也使憲法法庭的組成法官與之前迥然不同，也種下作成釋字第七四八號宣告民法違憲的契機，也呼應本書所提改朝換代的契機。

◆ 婚姻的替代方案究竟是好是壞？

本書第八章借鏡歐洲與美國經驗，指出這些婚姻的替代方案只能是過渡措施，最終還是該讓同性伴侶獲得完整平權，才算有益。這也讓臺灣的我們未來面對性別平權的其他議題，有了可以借鏡的餘地。

固然，內文提到的法律學者基思‧瓦迪克（Kees Waaldijk）提到所謂「積少成多的變化法則」，來解釋荷蘭是如何從不認可同性伴侶走到擁有完整婚權——先廢除性悖軌法案、接著反歧視法保障了性傾向，家庭法也開始慢慢走向平等。當同性伴侶在法律下開始與異性同居伴侶享有一樣的待遇時，平等的過程就慢慢起程了。

然而作者認為，每個建立出替代身分的國家或州，其目的都是要賦予同性伴侶一個妥協方案，避免全面開放婚姻。這些替代方案常常由反同婚方提起，這是因為他們意識到同性伴侶的需求，卻又不想讓同性伴侶與已婚異性伴侶平起平坐，因此替代方案成為減緩甚至是阻止同性伴侶邁向婚姻平權的最佳利器。

不過，第八章所引述的倡議者也表示可能要先把目標拉高，確實先行爭取婚姻。因為如果同志社群一開始沒有先爭取結婚的權利，那麼就不會折衷地取得像是伴侶制度等權益。

當同性伴侶想結婚而結不了，異性伴侶想結婚就可以結，這就是不平等的差別待遇。同性伴侶應該要有結婚的權利，因為他們與異性伴侶處境相當。也就是說，如果不分性傾向，大家都具備感情與物質上相互依賴的需求，卻用不同的方式對待同性伴侶，剝奪他／她們的法定權利，也就貶低了同性伴侶所應享有的社會認同。

本書第九章引述美國挺同婚人士認為，民事結合就是典型的「隔離但平等」（seperate but equal）政策，使同性伴侶成為次等公民。用另外一種身分隔離同性伴侶只會延續社會汙名，並讓非異性戀的人產生自卑。

運動尚未成功，同志尚須努力

如同華視訪問「伴侶盟十年換得同婚宴，專法不是平權終點」，伴侶盟專員陳沺均指出：同婚專法通過之後，婚姻平權議題的關注度下降了很多。雖然同性婚姻專法是一個階段性的成果，絕對不是同運終點。[10]

的確，婚姻並不是同志平權的萬靈丹，像是目前同婚的收養制度不夠完整，還有部分跨國伴侶婚姻無法成立，甚至同性婚姻是否能回歸民法規範，這些都是急迫待解的困難處境。

也如同臺灣人權協會早在二〇〇一年的《臺灣人權報告》，由王蘋執筆《同志人權登上國家檯面》章節指出：「同志社群中結伴生活的並不在少數，但同志們仍處在不友善的大環境中，首當其衝面對的還是整體社會接受的問題，大多同志甚至沒有對其家人、朋友出櫃」，並認為「同志在臺灣最基本的權益應是免於歧視的生存和就學、工作，遑論結婚和生子。」對於法律若不觸及同志所受各種不平等的差別待遇，只在意其家庭權益一事，王蘋接續批評：「形同無視臺灣社會具體存在的同性戀歧視，彷彿組織家庭與收養子女就是臺灣同志人權追求的全部」。[11]

在此同時，是否能將反歧視法制擴展至工作與教育以外的其他領域，使同志在各層面都能享有平等的權益，可望是未來同志人權發展的下一步議程。

然當我們擁抱民主的時間不及戒嚴本身的長度,當我們二〇〇四年才有所謂性別平等教育法的產生,意味著在此之前的世代,對於同志人權的觀念是非常陌生的,對於陌生的事物,會感到排斥,會不樂意接受,都是人性的一環。

約翰－保羅・弗林托夫(John-Paul Flintoff)的《如何改變世界》(*How to Change the World*)一書中就提及:「改變世界是一件不休止的工作。就這層意義來說,與其說他是一份工作,不如說是一種心境:留心事物的內容,願意與他人分擔責任,不要為絕望找理由,要為希望尋覓出口。」[12]

如同同婚公投之後,那樣悔恨莫及的感受,要牢記在心,讓我們未來勇於行動。我們不期待權利自然降臨,因為我們知道權利是爭取而來。

再讓本文引用前書作結:「把生命當成一場探險,而非一連串無法控制的壓迫事件。他們不抱怨這份工作沒有休止的一天,相反地,這成為他們開心的理由:因為他們總是有事可做。」

保持行動,在這迎接春暖花開的路上,我們胼手胝足,並不孤單。

註釋

1   見 Mortimer J. Adler and Charles Van Doren, *How To Read a Book* (Touch Stone: Simon & Schuster Inc, 1972)，中譯參見莫提默・艾德勒、查理・范倫多著，郝明義、朱衣譯：《如何閱讀一本書》，alinea 03（新北市：臺灣商務印書館，2003），頁 14-15。

2   見 Lee Badgett, *When Gay People Get Married: What Happens When Societies Legalize Same-Sex Marriage*，或參書頁 106。

3   同上，或參本書頁 148。

4   見「民視新聞網」《婚姻平權修法 反同人士翻牆闖立院被逮》（1:25-1:44 處）https://news.cts.com.tw/cts/life/201612/201612291836408.html。

5   見鄭仲嵐，《同性婚姻：台灣公投受挫，同志平權運動路在何方》（2018 年 11 月 29 日），BBC News 中文 https://www.bbc.com/zhongwen/trad/chinese-news-46368771。

6   見 Lee Badgett, *When Gay People Get Married: What Happens When Societies Legalize Same-Sex Marriage*，或參書頁 283。

7   同上，或參書頁 299。

8   可見官曉薇，《臺灣民主化後同志人權保障之變遷 —— 法律與社會運動的觀點》http://publication.iias.sinica.edu.tw/60519091.pdf。

9   見林銘翰《同婚專法將表決 幸福盟：看大法官釋憲與人民公投誰大》（2019 年 05 月 17 日），「ETtoday 新聞雲」

https://www.ettoday.net/news/20190517/1446641.htm。

10　見陳奕妏、張羽忻,《伴侶盟十年換得同婚宴 專法不是平權終點》(2019 年 11 月 28 日),華視新聞網 https://news.cts.com.tw/vita/campus/201911/201911281982603.html。

11　王蘋(2002)〈同志人權登上國家檯面〉,李茂生編、台灣人權促進會企劃《2001 年台灣人權報告》,頁 205-206 台北:前衛。網路版:https://www.tahr.org.tw/publication/9。

12　見 John-Paul Flintoff, *How to Change the World* (Macmillan Publishers Limited),中譯參見約翰－保羅・弗林托夫著,黃煜文譯《如何改變世界》,人生學校 003(臺北市:先覺,2013)。

致謝

　　育人者甚少知道自己會在學子心頭留下什麼，有時候要花上很久的時間才會知曉。本書萌芽於二十年前，當時洛伊・烏爾曼（Lloyd Ulman）教授告訴我，如果我真的想了解美國的制度，應該要做國際間的比較研究。我把這個想法束之高閣，等找到了適合的研究題目才重拾這個想法，所以我欠他一個遲來的感謝，謝謝他如此明智的忠告，也謝謝他長年來給我的協助與指導。

　　我的朋友及同仁萊絲莉・魏汀頓（Leslie Whittington）與朗妲・威廉斯（Rhonda Williams）讓我認識了婚姻，這兩位都英年早逝。他們的理念與我們之間的對話當然也收進了本書。

　　這幾年下來我欠許多朋友與同事良多，感謝他們願意回饋、修正與提升我關於婚姻的思考與書寫，謝謝 Randy Albelda、Janis Bohan、Mary Bonauto、J. B. Collier、Mattias

Duyves、Bill Eskridge、Nancy Folbre、Gary Gates、Gert Hekma、Mary King、Marieka Klawitter、Zak Kramer、Liz Kukura, Holning Lau、Toni Lester、Joya Misra、Lisa Moore、Torie Osborn、Jenny Pizer、Ingrid Robeyns、Adam Romero、Glenda Russell、Brad Sears、Evan Wolfson 與 Doreena Wong。

我要特別感謝 Todd Brower、Ellen Lewin、Jonathan Rauch、Elizabeth Silver 與其他匿名的審訂者，感謝他們仔細閱讀章節草稿，給予意見指教。其慷慨深入的見解讓本書內容更上一層樓。

本研究之所以能大功告成少不了許多研究工作，我也想感謝幾位人士提供的優異協助：Liz Kukura、Gail Wise、Amy Ferrer、Darcy Pottle、Naomi Goldberg、Chris Ramos 與 Mandi Dove。感謝 Martin Tulic 製作的傑出索引（英文原版）。

我有幸能於三間機構服務，使得本書研究得以完成。誠摯感謝加州大學洛杉磯分校（UCLA）法學院的威廉斯性傾向法律與公共政策研究中心（Williams Institute on Sexual Orientation Law and Public Policy），也感謝威廉斯研究中心的資助者，特別是吉爾基金會（Gill Foundation）與華特·海斯二世基金會（Walter Haas, Jr., Fund）。在這兩年中，我有時間與資源進行本書所需要的研究，更棒的是，能接觸到性傾向研究領域的頂尖人才。感謝麻薩諸塞州大學阿默斯特分校（University of Massachusetts Amherst）經濟系與公共政策與行政中心，支持完成本計畫所需的學術休假與研究工作。也謝謝「婚姻與其替代方案」（Marriage and Its Alternatives）研討會的參與者，這個熱烈的研討會長達一年，也是麻薩諸塞州大學阿默斯特分校人文與藝術跨領域專題研討課程之一。感謝阿姆斯特丹大學阿姆斯特丹社會科學研究學院的款待與協助。

我在許多不同場合進行簡報與研討會分享所收到的回饋也對本書大有裨益，這些地方包括：林茲大學（University of Linz）、斯德哥爾摩大學（Stockholm University）、阿姆斯特丹大學（University of Amsterdam）、美國政治學會（American Political Science Association）、耶魯大學女性主義經濟學國際協會（the International Association for Feminist Economics）、耶魯法學院、麻州大學公共政策與行政中心、加州大學洛杉磯分校法學院、加州大學洛杉磯分校社會學系、康乃狄克州大學（University of Connecticut）、杜爾沙男女同志歷史研究計畫（Tulsa Gay and Lesbian History Project）、美國國家家庭關係委員會（National Council on Family Relations）與美國心理學會（American Psychological

Association）。

　　若沒有以下這兩群人，本書根本不可能成書：同意受訪的荷蘭伴侶以及協助我找到這些伴侶的人。非常感謝 Ingrid Robeyns、Gert Hekma, Mattias Duyves、Willem DeBlaauw、Yo DeBoer、Martha、Lin McDevitt-Pugh 與 Gloria Wekker，感謝他們協助本研究募集受訪伴侶。本研究的受訪伴侶十分慷慨地與我分享他們的想法及經驗。他們帶給我許多收穫，也希望本書沒有辜負他們的故事。

　　最後，如果沒有伊莉莎白・席爾維（Elizabeth Silver）的愛與支持，本書就不可能開始也不可能成書，不論在麻薩諸塞州、康乃狄克州、荷蘭或是任何地方，她都是我的結髮妻子。

二〇一九年繁體中文版作者序

　　自二〇一九年底起,有二十八個國家(至少每個洲都有一個)准許同性伴侶結婚。這個二十一世紀的浪潮,由二〇〇一年的荷蘭首開先河,臺灣於二〇一九年接續,絲毫沒有消退的跡象。每多一個新的國家實踐婚姻平權,其他地方的人們就能把它視為一個實際目標,更加期待自己的國家也可能實現。有更多的挑戰將隨之而來,特別是受到臺灣啟發的其他亞洲國家。

　　每一個國家都有自身通往實踐同性伴侶平權的特殊道路,臺灣也包括在內。與此同時,正如本書所記載,我們也可以在縱觀許多國家的時候,看見更多在這條路上所產生的共同影響;我發現臺灣和其他國家至少就有兩個相似之處,可能影響著臺灣婚姻平權的未來。

　　首先,就像許多國家一樣,臺灣邁向准許同性伴侶結婚的步調非常緩慢，其中包括採納較受限的第一步；從二〇一五年開始，有十八個縣市制定了讓同性伴侶在當地登記雙方關係的法律機制 A。那種身分並沒有與婚姻相同的法律和象徵價值，但確實提出了認可同性婚姻的需求，有上千對同性伴侶也註記了他們的關係。

第二，正如美國、南非和幾個拉美國家，臺灣的法律變遷也是起因於法庭裁決。二〇一七年，臺灣的憲法法庭裁定，禁止同性伴侶結婚違反憲法關於婚姻自由及平權的條款。而這項裁決也產生一些爭議，尤其觸怒了保守的宗教團體（其他國家也發生過相同狀況），反對者試圖透過二〇一八年的公投阻止憲法法庭的裁決。雖然反同志、雙性戀者以及跨性別者（LGBT）的公投過關並未擋下法庭裁決，但公投票似乎影響了立法層面的執行。立法院並未准許同性伴侶依《民法》（規範異性伴侶婚姻的法律）結婚，卻為同性伴侶制定了一部特殊專法。

也因為這部專法，臺灣的平權之路或許未達盡頭。就某種意義上來說，二〇一九年的專法讓臺灣的同性伴侶比前往縣市政府登記更加接近平權，但還不算完全平等。當前的同婚專法仍有許多重要的差距：結婚年齡設定較高，跨國伴侶結婚的權利，以及同性伴侶借助人工生殖擁有孩子的能力都受到了限制。

尤其在反對派仍堅不退讓的情況之下，這些權利的差距會隨著時間演進而消失嗎？本書記錄了歐洲和美國實踐婚姻平權的初期樣貌，還有社會變遷的軌跡，更揭示臺灣將繼續邁向全然的婚姻平等。原因都很簡單，同志、雙性戀者以及跨性別（LGBT）倡議者將繼續推動，方法也會更明顯。舉例來說，法律學者基斯・瓦迪克（Kees Waaldijk）就曾提出，為同性伴侶爭取某些權利的平權論述，會愈來愈難以合理化剩餘的差距。

本書記載了社會持續變遷的背後一項較明顯且意義深遠的原因，那就是婚姻的公共性質。婚禮儀式可以拉攏家人和朋友，即使是同性伴侶身邊原先不一定支持的親友也囊括在內；有時候來自家人的負面觀感，會在計畫婚禮的過程中改

A　編註：臺灣自二〇一五年五月二日開始，由高雄市政府首開先河，受理戶政系統「同性伴侶」註記，有點類似民事結合（Civil Partnership），但此註記並不具《民法》等法律效力，也不能依法登記在戶籍謄本或身分證明文件上。臺北市、臺中市等陸續在同年開放受理伴侶註記。在《748 施行法》通過之前，臺灣開放伴侶註記的縣市依序為：高雄市、臺北市、臺中市、臺南市、新北市、桃園市、嘉義市、彰化縣、新竹縣、宜蘭縣、嘉義縣、新竹市、苗栗縣、南投縣、屏東縣、金門縣、連江縣、基隆市。

變，和兒子或女兒的同性伴侶互動，或是經歷孫子的到來也有同樣的作用。這些變革或許就能解釋，為什麼近期的研究會把婚姻平權與社會態度相連結；隨著時間演進，實踐婚姻平權的地方對同志、雙性戀者以及跨性別者（LGBT）的態度改善最多（Abou-Chadi & Finnigan, 2018; Aksoy, Carpenter, DeHaas, & Tran, 2018; Flores & Barclay, 2016）。

最後，本書也談到了一項對同性伴侶結婚之影響的重要恐懼：同性戀會改變婚姻嗎？根據本書的人口及文化研究顯示，婚姻制度並沒有受到損害，接續而來的研究也證實了我的研究結果。同性伴侶也想步入婚姻，他們同樣是為了與異性伴侶無異的象徵性和實質理由而結婚。總而言之，不分國界的證據都再再揭示，臺灣的歷程可能將是非常正面的經驗，對同性伴侶或社會來說皆然。

李・巴吉特
2019 年於美國

註釋

Abou-Chadi, T., & Finnigan, R. (2018). Rights for Same-Sex Couples and Public Attitudes Toward Gays and Lesbians in Europe. *Comparative Political Studies*, 001041401879794. https://doi.org/10.1177/0010414018797947

Aksoy, C. G., Carpenter, C. S., DeHaas, R., & Tran, K. (2018). *Do Laws Shape Attitudes? Evidence from Same-Sex Relationship Recognition Policies in Europe* (IZA Discussion Paper Series No. 11743).

Flores, A. R., & Barclay, S. (2016). Backlash, Consensus, Legitimacy, or Polarization: The Effect of Same-Sex Marriage Policy on Mass Attitudes. *Political Research Quarterly, 69*(1), 43–56. https://doi.org/10.1177/1065912915621175

目錄

目
錄

第
1
章

引言
不一樣的觀點

Introduction

A Different Perspective

對美國的同性伴侶來說，二〇〇八年的夏天是愛與誓言之夏，加利福尼亞州甫一開放同性伴侶結婚後的那幾天，數以千計的男同志與女同志伴侶在加州各處排隊領取結婚證書；而在美國的另一邊，麻薩諸塞州開放讓其他州的同性伴侶在州境內結婚──作為美國第一個給予同志伴侶婚權的州，麻州跨出了完善婚姻平權的最後一步。

那整個夏天我都在麻州與加州間往返，看到加州與麻州指標性的法院決議讓施政環境改頭換面，讓我歎為觀止。雖然我自認為是了解情勢的樂觀主義者，也必須承認在短短幾年前，二〇〇八年的這個局勢幾乎是很難想像得到的。

二〇〇三年我符合了放第一個休假研究年的資格，這是學術人生真正的好處。我的伴侶伊莉莎白與我決定要利用這個絕佳的機會，舉家搬遷到另一個國家住上一年。在籌備這場大冒險的時候，我們愈來愈清楚自己是次等公民這個事實。我們只能靠著我的半薪過活，而不是兩份過得去的全職薪水，這意味著家計會捉襟見肘。在得知伊莉莎白留職停薪後的健康保險費用金額，我們在想計畫是不是要泡湯了。

我名字中的「李」（Lee）如果能讓我代表一位男性，而非如我出身於南方的父母當初以兩位祖母的名字替我這個長女命名（瑪麗〔Mary〕與維吉尼雅－李〔Virgina Lee〕）

的話 —— 我與伊莉莎白就可以在我們定居的麻薩諸塞州結婚，她也就符合資格享受我的健康保險保障，便可省下數千美元，也可以共同申報所得稅、節省更多稅金。從國外返美的時候海關申報單也只要填一張就好 —— 但是沒有 —— 我們興致勃勃的心情時不時被爆發的憤怒潑冷水，因為我們的國家及州政府不願意承認我們的關係，連做個半套都懶。

這些反差愈來愈強烈。我們所要前往的目的地 —— 荷蘭 —— 從二〇〇一年開始開放同性伴侶結婚。不過我們後來了解到由於我們兩人都不是荷蘭公民或是長期居留的居民，所以並不符合結婚資格。但當我們向讓人害怕的「外事警察」（Foreign Police）辦理短期居留證時，申請表格讓我們又驚又喜。儘管我只是阿姆斯特丹大學的訪問學者，只符合工作與居留許可申請資格，伊莉莎白還是能以伴侶身分申請居留證。我們只需要在某個欄位打勾，並簽署聲明我們是同居了五年的伴侶。當我們帶著一疊文件與費用一起抵達的時候，承辦的公務人員連眼皮都沒眨一下。

我們終於拿到短期居留證時，荷蘭當局成了第一個合法認可我們關係的政府。當下我有個感觸 —— 結婚的感覺大概就有點像這樣吧。作為我們這一家子（暫時）唯一賺錢養家的人，我得保證能供應伊莉莎白所需，並與她共享我的收入。她可以留下來和我在一起——即使沒有什麼冠冕堂皇的理由讓她得留在荷蘭，就僅僅只是因為我們是一家人；我想要她留下來，而她也想要跟我在一塊兒。荷蘭願意承認並給予我們的關係一個名分，這倒是彌補了我國及其他許多國家不夠進步的政策，讓我們深切地體會到自己真的身處異國。

我們到了阿姆斯特丹，認識了許多有趣的新朋友，而在這些新朋友中，有兩個故事特別令人印象深刻。

一位知名的荷蘭女同志女性主義者邀請我們參加一場演講，開啟了我們的荷蘭文化初體驗。演講過後，招待會上人潮眾多，我向其他人自我介紹並告訴他們我要待在荷蘭研究同性婚姻。這些女性一個接一個，彷彿在讀同一本劇本似的，大同小異地回覆：「噢，婚姻啊，那是給異性戀的父權制度。我是女性主義者，不相信婚姻，所以我沒結婚。」

擺脫酒吧長長的人龍之後，我與另外一位女性有了相同的對話，她是一位女性主義學者——姑且先稱她為瑪蒂娜好了。瑪蒂娜很感興趣地聽了我的研究計畫說明，並表示方才我其實已經和她的伴侶搭過話了。實際上，她的伴侶是我遇過最激烈的婚姻反對者之一。「她強烈反對婚姻」瑪蒂娜附和這點，但是她又感傷地柔聲說：「而我想結婚。」

另外兩位朋友史蒂芬妮與英格麗（也是化名）分享了她們相當不浪漫的婚禮故事。雖然身為女性主義者，史蒂芬妮「痛恨婚姻」（她的原話），但是她與英格麗還是決定聽從會計的建議結婚了，因為她們兩人一起經營一間公司。我們第一次聊到婚姻的時候，史蒂芬妮便立刻澄清，她們法律上的婚姻只是這二十年感情中無足輕重的一小步。等到我們對彼此更熟稔後又再度聊起婚姻的話題，我們才知悉其餘的來龍去脈。

史蒂芬妮與英格麗把婚禮安排在早上九點的市政廳，因為早上的時段市政府提供免費的婚禮儀式（顯然對精打細算的荷蘭人來說，這樣可以鼓勵他們去填人少的時段），她們邀請了史蒂芬妮的姐妹與幾個朋友來觀禮。簡短的儀式過後，新人與婚禮賓客搭船遊了一小段運河（顯然也是荷蘭婚禮的常見特色），並用香檳美酒慶賀。

在船上的時候，史蒂芬妮衝動之下拿出手機打給父親，並告訴父親她已經結婚了。她的父親得知消息後很不高興，因為自己沒有受邀參加婚禮 —— 史蒂芬妮對於他的反應感到意外，父親甚至因為認為錯過女兒一生中最重要的時刻而開始哭泣 —— 她傻住了 —— 雖然她不認為這是什麼重要的時刻，但起碼她父親是這樣想的。父親沒有受邀這件事對父女俩的關係造成了裂痕，一直持續到幾年後史蒂芬妮的父親過世，裂痕都沒有修復。

初來乍到的遭遇與對比，讓我用開放的角度來檢視婚姻在這個開放同性伴侶結婚的國家，有什麼更廣泛的意義：

婚姻作為法律制度，賦予國家無上的權力來承認一個家庭是否存在，也在許多情況下，還能批准一個家庭實際的存續。從字面上來說，這個權力便是允許伴侶相守 —— 一如荷蘭的移民法能決定我與伊莉莎白是否能待在一起；又或者，這個權力決定了一對伴侶的生存條件，例如給予健康照護及退休金給付。

婚姻是一種流動的法律制度，型態不斷地變化與再變化。我在招待會上認識的荷蘭女同志對於婚姻抱持著懷疑，某部分的根本原因是源自於婚姻之於女性的歷史意義。單就二十世紀的美國及一些歐洲國家，婚姻的型態從原本是大舉抹滅女性的獨立自主，到後來才成為一套不分性別、且配偶雙方要對彼此及國家履行權利與責任的制度。然而，那些擔心婚姻會對女性的人生造成衝擊的人也是情有可原，且這種擔憂也揮之不去，特別是那些要結婚又想規避傳統性別角色的人。

就我個人決定來說，是否選擇步入婚姻，涉及複雜且時而無意識的動機與障礙，兩人間的協商也可能陷入膠著。對於招待會上的某些女同志女性主義者來說 —— 被拒於婚權門外如此之久 —— 這也證明了婚姻原就是一個有缺陷的制度。那些歷經長期被排拒在家事法保障外的人，也另闢蹊徑為關係建立社會合法性，同時又不需要國家背書。因此，並不是說開放同志結婚，所有的同性伴侶就會蜂擁到市政廳結婚 —— 特別是我遇到的荷蘭女同志 —— 她們不太確定婚姻會帶來什麼樣的利弊得失。不過，要預測會有多少同性伴侶、哪些同性伴侶會結婚，這並不容易。因為結不結婚這個決定，伴侶之間的看法可能天差地遠 —— 例如瑪蒂娜與她的伴侶。

婚姻是根深蒂固的社會與文化制度，其強大的威力無法讓人時時皆大歡喜，也肯定不受掌控。史蒂芬妮父親的激動反應就證明了成婚這件事對許多人來說，意義深遠、價值重大，並不單單是兩個人的事而已。婚姻是一段歷程，不論雙方樂意與否，這對伴侶都會進入對方的社交圈，絕不是築起一堵牆把兩人圈在牆內。諷刺的是，人口統計學者對異性戀的「婚姻解構」（deinstitutionalization of marriage）已習以為常（也就是說，已婚人士原本以婚姻的社會與法律意義為生活依歸，而這些意義皆已式微），男同志與女同志伴侶的經驗卻顯示婚姻具有持續性的關聯與意義。

　　我到荷蘭是為了研究歐洲的同性婚姻，所以這些所見所聞讓我迅速地了解，在同性婚姻上路的兩三年之後，對於同性伴侶而言，可以結婚這件事對他們有什麼意義。剛到荷蘭時，我不斷努力地理解出現在我日常生活中任何關於同性婚姻的故事、新聞及分析。然而最諷刺的是，我到阿姆斯特丹做研究的時候，同性婚姻也降臨到了美國。在二〇〇三年十一月 —— 我們展開旅程的兩個月後 —— 家鄉傳來美妙的消息：麻薩諸塞州最高法院（Supreme Judicial Court）判決州政府不能用法律阻止同性伴侶結婚；三個月後，舊金山市長蓋文・紐森（Gavin Newsom）開放讓同性伴侶在他治下的城市結婚，直到法院命令禁止了他 [A]。二〇〇四年五月，恰恰在我們返鄉之前，麻州開始舉行同性配偶的婚禮。

　　這段期間，重大事件一樁接一樁，我與伴侶緊追著家鄉掀起的法律、政治與文化辯論。也因為研究男女同志婚姻經濟議題行之有年，我以學者角度參與這些公共論戰。實際上本書內容多半由這些公共論戰啟發，且這些論戰在美國及其他國家持續延燒至今；我一邊和歐洲人討論，一邊也了解歐洲給予同性伴侶權利方面的經驗，我發現美國與他處的論戰有許多共同的主題。

更重要的是，有愈來愈多歐洲國家開始給予同性伴侶結婚的權利，抑或賦予同性伴侶某些涵蓋婚姻權利與責任的配套制度，以某方面來說，歐洲可以是一個社會實驗室，幫助我們前瞻同性婚姻在美國將會有什麼意義。從一九八九年開始，丹麥的男女同志就能透過登記成為伴侶，而荷蘭的同性伴侶從二〇〇一年開始就能結婚了。既然美國正在提出這些關鍵問題，這兩個國家與其他國家的政治及文化經驗或許可以視為某種能預知未來的水晶球。

宗教與法律論戰以外的政治與文化關鍵問題，據我所知歸納如下：

同性戀會不會改變婚姻？杞人憂天派主張給予同性伴侶結婚權會破壞異性戀的婚姻，甚至終結所謂的西方文明：

A　編註：二〇〇四年二月十二日到三月十一日，舊金山市長蓋文・紐森表示，在他治下頒發結婚證書而不過問申請者的性別，全美各地同性伴侶約有四千多對趕來舊金山登記結婚。保守派團體立刻表示反對，並進行法律抗爭。直到當年八月十二日，加州最高法院以市長無權繞過州政府之法律為理由，判定這段期間所頒發之同性婚姻無效。

- 美國家庭研究會（Family Research Council）[B] 的東尼·博金斯（Tony Perkins）在二〇〇八年加州同性婚姻場合公開亮相時說：「當（太平洋標準時間）下午五點〇一分的鐘聲響起，加州法院的判決就會正式生效，讓數千年自然婚姻陷入毀滅危險，並點燃五個月的社會動盪，造成美國各州巨大損失。」[1]
- 「信仰行動」團體（Faith2Action）創辦人珍娜·佛爾格（Janet Folger）說：「我一邊禱告，一邊努力守護加州（以及全國各地）的婚姻制度，不只是因為我關心婚姻，也是因為我關心文明。如果我們順服上帝，祂或許能赦免我們，免除我們罪有應得的審判。」[2]
- 作家及婚姻提倡者瑪姬·加拉赫（Maggie Gallagher）：「輸了這場仗（同性婚姻）代表孩子需要爸爸媽媽的觀念消失了、婚姻的論戰打了敗仗、有限政府（limited government）[C] 失敗了、美國文明失敗了。滿盤皆輸，就這樣。」[3]

　　此議題的對立陣營中，有許多樂觀的女性主義者，盼望同性伴侶可以重塑深植於異性戀婚姻內令人困擾的性別動力（gender dynamics）——藉此為婚姻帶來改變[4]。而許多夾在兩方陣營中間的人，看來還是擔心開放同性伴侶結婚會帶來負面的結果。

婚姻會改變同性戀嗎？有些人是這樣希望的，他們認為如果同性伴侶可以結婚，男同志會更忠誠於單一伴侶，且關係會更加穩定[5]；男女同志更能融入主流文化。[6] 不過婚姻平權的反對者認定男女同志是無法從婚姻中受益的。[7] 男同志、女同志與雙性戀社群中，有人則擔憂同志生活的獨特特質會有負面的轉變。[8]

美國究竟該走一條什麼樣的改革之路呢？刻不容緩還是徐徐圖之？我們需要婚姻的替代方案嗎？有些觀察家希望看

B　編註：該協會創立於一九八三年，為美國一基督教原教旨主義新教徒（Fundamentalist Protestant）的活躍團體，該協會有一個附屬的遊說組織。其團體使命為「在公共政策和基督教世界觀的文化中促進信仰，家庭和自由」，並透過遊說及倡導的方式宣導該團體認為的「家庭價值」。該團體反對的議題甚廣，包含情色產業、幹細胞研究、墮胎、離婚、LGBT 相關權益（反歧視法案、婚姻平權、同性伴侶收養……等）。

C　編註：又稱小政府。小政府通常以人民為主體，倡導的是在自由社會裡，政府應該最小化其角色，不干預、主導國家的全部，與人民分享與協助管理權力，相輔相成。大多數實行小政府的都是自由主義的國家。

到同性伴侶權能有漸進式的拓展，才知道改革會帶來什麼社會影響。[9]其他在政治光譜中偏右翼的人士認為美國的重大變革——特別是佛蒙特州、麻薩諸塞州與加州的變革——是另一個非民主之司法積極主義（judicial activism）[D]的例證，此變革違反大眾意願且強迫人民接受。同志社群中有些人認為改變發生得太快而無法避免政治反撲，對同性伴侶與其他形態的家庭而言，建立婚姻的替代制度可能是較好的一條路。

坦白說，談論到這些議題時，公共辯論中尚無任何特別仔細的說法或真知灼見。一方極力唱衰，對上的是滿頭問號、支持同性婚姻的另一方；這些倡議者很難理解為什麼讓婚姻之門變得更廣、讓更多伴侶能夠結婚，竟會破壞婚姻制度，所以有時他們會用玩笑的方式論述：

- 在一九九六年聯邦捍衛婚姻法（Defense of Marriage Act）[E]的脈絡下，眾議院議員巴尼·法蘭克（Barney Frank）[F]戲嘲反同方的恐懼：「捍衛婚姻？是以為跟那支 V-8 蔬菜汁廣告一樣嗎？[G]好像如果這個法案沒有過，全國上下的異性戀男士就會（拍頭）頓悟：『對啊，我怎麼沒想到還可以跟男人結婚啊？！』」[10]

• 在一九九〇年代的某次電視辯論上，人權戰線
（Human Rights Campaign）的主席伊莉莎白・柏區
（Elizabeth Birch）對著結過三次婚的保守派眾議員鮑

D 編註：依據三權分立之原則，司法原不宜干預立法，基於民主
精神，司法機關在行使違憲審查時應極慎重。而司法積極主義
（judicial activism）指的是憲法法院行使司法審查時，維護憲法理
念及價值，採取較為主動、積極介入審查，若有必要即可下違憲判
斷之立場。

E 編註：聯邦捍衛婚姻法（DOMA，Defense of Marriage Act）為美
國的聯邦法律，允許美國各州拒絕承認在其他州合法的同性婚姻。
本法在一九九六年五月由共和黨提出，於同年九月在參議院與眾議
院同時獲得多數贊成票。時任總統比爾・柯林頓（Bill Clinton）於
一九九六年九月六日簽署該法。該法案讓同性婚姻的伴侶在聯邦法
上不具有「配偶」的身分，也就是將「配偶」之定義限定在異性戀
之間的婚姻，同性伴侶同時也無法擁有聯邦的婚姻福利。本法第三
章〈婚姻的定義〉：「在任何國會法案、任何規定、任何條例或美
國任何局及機構的解釋中，婚姻一詞的意義僅限於分別作為丈夫和
妻子的一男一女的合法結合，配偶一詞僅指在異性婚姻中作為丈夫
或妻子的人。」在二〇一三年被美國最高法院宣判因牴觸平等權之
保障而違憲。

F 編註：巴尼・法蘭克（1940.3.31 ～），為美國麻州眾議員（就任
時間為 1981 ～ 2013 年）。為美國著名之男同志政治人物之一。

G 編註：V-8 蔬菜汁為美國知名飲料。該飲料公司為此蔬菜汁於一九
九二年拍了一系列家喻戶曉的幽默廣告。該廣告的招牌動作便是男
（女）主角被拍一下額頭，做出頓悟之狀而出名。

伯‧巴爾（Bob Barr）問道：「那個，巴爾議員啊，我有點搞不太清楚，你要守護的是哪段婚姻？你的一婚、二婚還是三婚？」[11]

- 近期《紐約客》（*New Yorker*）上的漫畫也捕捉到了自由派對於這些大驚小怪反應的不解。一位女子提著兩個打包好的行李箱，走向一扇打開的門，她向呆若木雞的先生解釋為什麼要離開他：「我們的婚姻沒有問題，但是對同婚的恐懼已經絕望地侵蝕了我們的婚姻。」[12]

　　一方擔心文明末日，另一方則百思不得其解而戲謔嘲諷，很難看到任何理性的討論空間。即便是在二〇〇八年 —— 麻州開放同性結婚四年之後 —— 這個議題帶來高漲的情緒一點都沒有平復的跡象。某個層面來說，這場論戰兩方各說各話，造成討論斷層，原因是來自雙方截然不同的觀點[13]。位於政治光譜偏保守端的人經常從普世文化的角度看待這個議題：「婚姻」的意義是什麼？其意義可能會有什麼改變？而在政治光譜上偏開放端的人則採取狹義的個人主義觀點看待人的行為：如果人是因為結婚對象的特質而與其結婚，而僅僅只因為相當少數的人選擇完全不一樣的對象 ——

也就是剛好是同性別的人——要結為連理，為何這樣的選擇會影響他們是否要結婚（或維持婚姻）？

如果想要有效地搭起兩邊不同立場間的橋樑，我們可以換個立場來思考這些議題以及借鑒的變化證據。以我的觀點，這場論戰凸顯了思考婚姻意義的差異；有些人認為婚姻是一個名詞，代表一個觀念；有些人則認為婚姻是種行為，結婚是個人的選擇。婚姻（marriage）是一個名詞，結婚（marrying）則為動詞，兩者當然息息相關。婚姻在普世文化與社會意義引發社會動機與壓力，促使個人決定結婚。結婚的決定與成婚者的經驗，更深刻地形塑了婚姻在社會與文化間的意義，可能也更廣泛地形塑了文化上對於性別認同的理解。不過，我會作如此區隔，是因為這幫助我們知道該關注什麼——特別是我們要在歐洲尋找證據——證明賦予同性伴侶婚姻或近似婚姻的權利會有什麼樣的影響。我們須要觀察同性伴侶實際做的決定，也須觀察登記為配偶的同性伴侶，人們在文化上對於他們的認識可能會有什麼改變，以及對男女同志身分的看法又會有什麼變化。

總的來說，大家直到現在只僅僅靠著信念，企圖解釋各種文化與行為的影響，但卻無事實根據。一九八九年至二〇〇〇年之間，有八個國家賦予合法登記的同性伴侶重要的

權利 —— 這八國為丹麥、瑞典、挪威、冰島、荷蘭、比利時、法國與德國[14]，卻很少人針對第一波這八國之實際經驗作詳細的分析。在二〇〇八年，加州與康乃狄克州最高法院判決允許同性伴侶結婚之時，再次燃起戰火 —— 而這些國家經年累月的經驗倒是可供借鏡（然而，本書付梓之際，加州的選民剝奪了同性伴侶的結婚權。不過該表決經質疑後，正於法院打官司。）[H] 近期則有愈來愈多國家加入同婚陣營的行列 —— 包括芬蘭、加拿大、紐西蘭、西班牙、南非、盧森堡、瑞士、斯洛維尼亞、捷克共和國與英國。不過，我們顯然還要過陣子才能知道這些國家的情況。圖 1.1 整理了這十五個國家提供給同性伴侶的法律選項，大致有三種：完整的婚姻權利、透過伴侶登記取得近似婚姻的權利，以及限縮婚姻權利與義務的配套措施。本書運用歐洲的經驗，輔以美國目前如社會實驗室般的經驗，叩問關於婚姻及變革的關鍵問題。

　　下一章以「結婚」這個動詞展開討論：為什麼同性伴侶會選擇結婚，以及我們可以從了解婚姻意義的過程中學到什麼？我與荷蘭伴侶的訪談呈現了同性伴侶與異性伴侶間的異同之處，儘管比起差異，兩者間的共同點可能更讓人意料不到，也更發人深省。

在第三章，我比較了各國的同性結婚率或伴侶登記率，藉以探討多數人所注意到的低結婚率或登記率，是否可以就此證明大家不把婚姻當回事或不需要婚姻。然而我也發現，有法律認證關係的選項出現時，絕大多數的同性及異性伴侶都會選擇婚姻。

第四章更單刀直入地研究這些國家的人口組成變遷，探討同性伴侶是否似乎會左右異性戀結婚的選擇。根據統計顯示，法律在承認同性伴侶後，異性戀在結婚與離婚之行為上沒有任何改變。我同時也呈現針對婚姻觀念的改變 —— 主要是針對把婚姻視為過時制度的想法 —— 而這也與賦予同性伴侶結婚之權利沒有關係。第五章則以荷蘭文化角度探討一樣的問題，訴諸異性戀家人、朋友與其他社會制度對於荷蘭同性婚姻的反應。

第六章與第七章採取了另一個角度：婚姻是否會改變同性戀？第六章檢視同性伴侶在婚姻中正面的經驗，尤其他們又是法律制度下所保障的新對象。在第七章中，我主要透過荷蘭伴侶的訪談來探究被賦予婚權 —— 這個法律平等的最高成就 —— 可能會隨著時間而改變男女同志的自我認同，而這

H 編註：在此指的是原書在二〇〇九年於美國出版。

圖 1.1　承認同性伴侶關係的國家 [15]

國家（施行年份）	婚姻權利及責任	排除之婚姻權利的例子
婚姻制		
荷蘭（2001 年） 比利時（2003 年） 西班牙（2005 年） 加拿大（2005 年） 南非（2006 年） 挪威（2009 年）	皆有或幾乎都有	◆ 已婚女同志婚所生子女，另一伴侶無親權（荷蘭、比利時）。 ◆ 收養權（比利時）
伴侶制		
丹麥（1989 年） 挪威（1993 年） 瑞典（1994 年） 冰島（1996 年） 荷蘭（1998 年） 芬蘭（2001 年） 紐西蘭（2005 年） （民事結合） 英國（2005 年） （民事伴侶） 瑞士（2005 年） 匈牙利（2009 年）	幾乎皆有	◆ 教堂結婚的權利（丹麥、挪威、瑞典、冰島、芬蘭） ◆ 共同收養權（丹麥、挪威、冰島、芬蘭、匈牙利） ◆ 使用人工生殖（丹麥、挪威、冰島、匈牙利）
同居伴侶登記制		
法國（1999 年） 比利時（1999 年） 德國（2001 年） 捷克（2006 年） 斯洛維尼亞（2006年） 盧森堡（2004 年）	債務責任、共有財產、合併稅、保險（法國）。扶養義務、共同承租、繼承、年金與健康保險、移民（德國）。共同承擔債務、共同居留權保障，死亡解除、扶養義務（比利時）	◆ 繼承權、子女親權、贍養費（法國）。 ◆ 政府財務補助（德國） ◆ 繼承權、贍養費、伴侶因過失致死請求賠償權、收養、公民身分（比利時）

也可能會給男女同志帶來壓力。

　　第八章與第九章則更直接地正視歐洲與美國在政治角度上的改變。我覺得有必要扼要地解釋一下，為何我要援引歐洲的政治經驗來了解美國的政策變革。在政治上，美國有個老套的說法 —— 其他國家的政治模式對美國不是很管用。對美國人來說，其他地方的經驗不重要，而我們也提不起興趣，因為「美國人不一樣」。這種「美國例外論」（American Exceptionalism）[I]的觀念是常見的殺手鐧。直到最近，歐洲例證在美國的政策討論中明顯地起不了大作用。雖說有些歐洲國家的社會福利、健康照護、勞動市場及育兒政策都相當吸引人，擄獲了美國學術圈及一些政治運動者的想像力，但影響力一直有限。過去幾年的政治風向，讓美國人在國內與國外政策上緊緊固守本土，許多人對小布希總統執行的單邊主義政策（unilateralism）[J]感到焦慮，使得美歐

I　編註：又稱美國例外主義、美式例外主義。此概念是出自於法國思想家亞利希斯‧托克維爾（Alexis Tocqueville）所撰之詞。此概念是基於，認為美國與其他的國家完全不同、是世界上第一個、獨一無二，以自由、個人主義、法律前人人平等、資本主義等思想為基礎的國家，因此獨特優越，超越所有國家。

J　編註：實行單邊主義（unilateralism）最具指標性的國家便是美國，單邊主義指的是在國際社會中，因一個國家實力或地位較強，且為了要落實對該國有利的外交政策而忽略了其他國家的人民意願，違反國家社會間的社會潮流，拒絕採取協商，凌駕他國之上，隨心所欲、我行我素。

關係的論戰從學術期刊上轉戰到主流媒體。

　　諷刺的是，美國同志組織的行事也有自己一套單邊主義
── 不過這也讓人不意外就是了。男女同志的社會運動在這
兩塊大陸上的進展可以說是各走各的路，儘管同志觀光客常
常橫渡大西洋兩邊往返，同志圈的政治運動人士與激進主義
派卻甚少有交集。幾位研究同志社會運動的學者指出，比起
美國同志組織間的合作，歐洲各國的同志組織彼此間的合作
更有系統性。[16] 歐洲各國的男同志、女同志及雙性戀組織間
豐富的合縱連橫，串聯甚至擴及全球各地，相較於此，美國
同志運動與全球運動間的疏離形成鮮明對比。

　　就拿美國兩個最大型的全國同志政治組織網站來說，人
權戰線與美國男女同志平權特別小組（the National Gay and
Lesbian Task Force）[K] 的網站都僅有寥寥幾語提到其他國家
的法律制度發展，也未與其他國的同志組織網站有連結。
相較之下，同樣是同志組織網站，荷蘭的 COC [L] 在首頁就有
連結鍵，詳列其全球串連網絡。比利時是國際同志聯合會
（International Lesbian and Gay Association，簡稱 ILGA）的
所在地，該組織在歐洲及歐洲以外地區活動，串連世界各地
的同志運動。

　　不過，美國近期婚姻平權論戰的發展，將國際制度的比

較推到了更顯眼的位置。第一波進展發生於二〇〇三年，當時加拿大安大略省成為北美第一個開放同性伴侶結婚的地方 ᴹ。加拿大三個省份的最高法院陸續裁決，婚姻制度排除同性伴侶違反法律；而在那之後，加拿大聯邦政府著手全面開放婚姻 17，如此一來，二〇〇五年以降，全加拿大的同性伴侶都有平等的結婚權。美國的男女同志伴侶經常跨越邊境在加拿大象徵性地結為連理，雖然這並無婚姻實務上的價值。

　　第二波的國際化刺激則來自於美國國內。二〇〇三年七

K　編註：該組織為美國倡議 LGBT 權益的組織。創立於一九七三年，創立之始原為「美國同志平權特別小組」（National Gay Task Force），一九八五年後才改名為「美國男女同志平權特別小組」（National Gay and Lesbian Task Force）。為表達所關注的群體並非限定於男女同志族群，該組織現已改為「美國 LGBT 平權特別小組」（National LGBT Task Force）。

L　編註：荷蘭的同性戀社群人權組織，創立於一九四六年，為目前世界上歷史最悠久的同性戀社群人權組織。

M　編註：加拿大安大略省地方政府其實早在二〇〇一年一月十四日就開始為同性伴侶執行同性婚姻，安大略省實際上是全球第一個將同性婚姻合法化的政府（早於荷蘭的二〇〇一年四月以及比利時的二〇〇三年六月）。不過因為其法律的有效性直到二〇〇三年六月才被認可。

月，在勞倫斯訴德州案（*Lawrence v. Texas*）中，美國最高法院裁定所謂的「雞姦法」（Sodomy Laws）[N]違法，此法律將同性別間的任何性接觸皆視為為犯罪。大法官安東尼‧甘迺迪（Anthony Kennedy）採用了歐洲人權法院（European Court of Human Rights）與其他國際行動的決議，來撰寫主要意見書的理由，藉此作為推翻「雞姦法」之正當依據，這也讓許多律師覺得意外：

> 其他的國家也採取一致行動，肯定成年同性戀合意親密行為的權利須受保障……聲請人於本案中提出之訴求為人類自由不可或缺的權利，此點已獲許多國家採納。在本國，始終都沒有明顯證據證明，政府限制個人選擇所獲之利益有更大的正當性與迫切性。[18]

　　下一次，歐洲帶來的影響又會出現在哪個最高法院的判決呢？在羅倫斯一案中，大法官安東寧‧斯卡利亞（Antonin Scalia）[O]在他的反對意見書中提及加拿大最高法院的判決，提及禁止同性結婚的高牆將會倒塌的警告——下一個就輪到美國了。[19]

保守作家們立刻緊抓住斯卡利亞大法官的警告不放。在麻州婚姻平權判決之後，作家史丹利・克茲（Stanley Kurtz）[P] 開始在兩本保守刊物《水準周刊》（*The Weekly Standard*）與《國家線上評論》（*National Review Online*）上發表文章，羅織歐洲同性婚姻與婚姻式微間的關聯。他引用現有學術與期刊出版品中關於歐洲人口統計的內容，力陳如果男女同志可以在美國結婚，那麼北歐與荷蘭的經驗就是美國慘烈未來的殷鑑：「**同性婚姻是否會破壞婚姻制度呢？早就破壞了。**」[20]「**代價之重，不下於婚姻之存亡。**」[21] 這套關於婚姻平權之弊的新穎說辭 —— 更重要的是夠灑狗血 ——

N　編註：又稱美國性悖軌法。此法在美國主要用於起訴同性性行為，該法為美國過去的一種司法傳統，在一九六二年男性與男性性交在美國各州都被視為重刑罪，直到二〇〇三年的勞倫斯訴德州案（*Lawrence v. Texas*）中才被最高法院判定違憲。

O　編註：安東寧・斯卡利亞（1936.3.11 ～ 2016.2.13），為美國最高法院第一位義大利裔的大法官。自一九八六年開始擔任大法官直到離世，為美國目前服務時間最長的大法官。斯卡利亞信奉天主教，支持擁槍，反對墮胎、同性戀以及平權法案，其立場偏保守派。

P　編註：史丹利・克茲（Stanley Kurtz）為美國保守派評論家，其著作涉獵家庭、女性主義、同志議題、平權運動等，其反對同性婚姻之主張也廣受保守派陣營的歡迎。

開始出現於各地論戰、報紙社論、法庭摘要，甚至是參議院裡關於聯邦婚姻修正案（Federal Marriage Amendment）的辯論。過去數年來，在前述法律與政治發展的脈絡底下，美國例外論的主張在婚姻論戰中始終不得要領。

我將在第八章中主張，借鏡歐洲、佛蒙特州與加州經驗，這些婚姻的替代方案只能是個過渡期，最終還是該讓同性伴侶獲得完整平權，才算有益。從大西洋兩岸的經驗可以看到，有時同性伴侶的新法律地位會成為未來變革的阻礙，而且對於其他類型的家庭形式也無所助益。

第九章將呈現美國同性伴侶相關的婚姻法律變革與歐洲大同小異。在美國，由於聯邦政府一般都把家庭相關的法律交由各州自理（華盛頓特區有時也會），美國共有五十一套不同的法律規範了結婚資格。[22] 本書撰寫當下，美國各州依然可以自行獨立開放同性婚姻，或是為同性伴侶建立替代身分[Q]。當前唯有麻州、加州與康乃狄克州讓同性伴侶結婚，雖然二〇〇八年十一月的投票廢除了加州的同性婚姻。紐約州則承認其他州或其他國家的同性婚姻；而在佛蒙特、紐澤西、新漢普夏與康乃狄克州，民事結合（civil union）賦予了同性伴侶所有州政府能提供的權利與責任；加州與奧勒岡州的同居伴侶身分（domestic partnership）則與民事結合相當類似。夏威夷的互惠受益人（reciprocal beneficiary）身分、華盛頓與紐澤西州的同居伴侶法（domestic partner laws）以及緬因州的同居伴侶註記（domestic partner registry），則給予同性伴侶更為限制的權利。美國不同的作法與歐洲各地的種種差異看起來非常相似，一如第九章所述，美國改變的步調也與歐洲類似，用來預測歐洲變化的政治與社會條件也能預測美國的變化。透過立場較自由的州府來引領變革，為著某天其他可能會跟進的州政府立下典範，改革的到來既合理又不令人意外。

愈來愈多人注意到，大西洋另一端承認同性婚姻的改革經驗在美國派得上用場，美國人若可以更深入地觀察歐洲的同性婚姻經驗，應該會很有收穫。以學術的角度來說，這差事令人有些怯步。一則，我所羅列出的關鍵問題涉獵多門社會科學與理論，其範圍甚廣，這也表示我們要加入經濟學家常用的知識來理解真實世界正在發生的事，而不應限於理論。最後我蒐集了新的資料，實際訪問了許多考慮要結婚、

Q 編註：美國於二〇一五年六月二十六日，最高法院判決同性婚姻應受美國憲法保障，全美各州不得立法禁止同性婚姻，美國成為了全世界第五個同性婚姻合法化的美洲國家。

或已婚的同性伴侶；引用了荷蘭及美國男同志、女同志、雙性戀與異性戀的調查報告；集結了來自於許多不同國家的資料——關於婚姻、家庭、社會政策、從政者、男女同志社群；諮詢了其他學者並探討其研究；也學會了一些新的技巧，可以仔細詮釋並分析所有數據，找到本書核心的關鍵問題及政治論戰的答案。因此，儘管身為經濟學家的訓練與經驗無可避免地出現在我的研究當中，我還是將此書定位為跨領域社會學者的心血。

雖然本書以社會科學研究為基礎，但以我的親身經歷作為楔子，對我而言婚姻不僅僅只是學術議題。伊莉莎白與我抵達荷蘭時，不論是荷蘭法律或美國法律都不允許我倆成婚，返抵麻州家鄉時，世界已經不一樣了。我們與成千上萬對同性和異性伴侶一樣，正面對著一個決定：要不要結婚？

把作者本人的經歷寫進一本以研究為基礎的書中好像有點怪。不論書裡寫不寫，說到底，我自身的經驗與立場都奠定了我對這個主題的熱情，以及我所問的特定問題。但這代表我就一定抱持著某種偏見，而我的結論就有所偏頗嗎？顯然我不這麼想。談到家庭的時候，我們都有自己的第一手資訊——用經濟學家的話來說，我們自己的人生常常就是自己的第一個「訊息點」。經驗形塑了我們如何看待及周遭的世界——普世皆如此，婚姻平權正反兩造也一樣。增添婚姻故事、以實際人群為脈絡（受訪的荷蘭伴侶，甚至是我自己的故事），為這場論戰補足了大量遺漏掉的知識，這便是此作法的價值所在。這些個人的故事，將廣泛抽象的數字及力量強大的文化制度、受法律影響的個人生命銜接了起來。

若我們沒有意識到這些個人觀點的影響力，很有可能造成研究缺陷。過去二十年來，經濟學者的訓練與實務經驗灌輸了我一些價值觀，其一便是願意質疑自己的假設——將自己的見解攤開讓其他學者細細審視之後，再反思與修正。有了學者間的來往切磋帶來辯論與建設性的批評，相信我自己的想法與結論透過這個過程會更上一層樓。

不過坦白說，進行這個研究的時候，我的確受到了來自外在的影響。訪談的對象所說的話、參與公共論戰時的閱讀與思考，的確大幅影響了我的婚姻觀及結婚的決定。對個人及社會來說，傾聽、思考、辯論是強而有力的改變動力。我邀請讀者，在本書的脈絡中與我一同探究這些重要的問題。

詞彙註解：荷蘭人會立刻說「這裡沒有所謂的同性婚姻，我們結的婚是一樣的。」想一想也就明白了，同性伴侶與異性伴侶的法律地位是一樣的，所以根本不需要另外用「同志婚姻」（gay marriage）或「同性婚姻」（same-sex marriage）這種的詞彙。本書要探討的主題有更好的詞彙可以描述，例如「同性伴侶可平等使用結婚權」，不過，雖然這種說法顯然正確，在本書中我還是會經常使用「同性婚姻」這個詞，避免句子拗口。同時，在本書中我所討論的多半都是女同志及男同志的同性婚姻，雖然雙性戀也可能會結婚或是想要與同性伴侶結婚，不過近期的研究顯示雙性戀通常都是與異性伴侶結婚。[23]

註釋

1   Tony Perkins, "Here comes the groom," Washington Update, Family Research Council (June 16, 2008), http://www.frc.org/get.cfm?i=WU08F10&f=P G07J01(accessed August 16, 2008).

2   Janet Folger, "How same-sex marriage points to end of the world," *World-NetDaily* (May 20, 2008), http://www.frc.org/get.cfm?i=WU08F10&f=PG07J01 (accessed August 16, 2008).

3   Maggie Gallagher, "The stakes: Why we need marriage," *National Review Online* (July 14, 2003), http://www.nationalreview.com/comment/comment-gallagher071403.asp.

4   見 e.g. Nan Hunter, "Marriage, law and gender: A feminist inquiry," in *Sex Wars: Sexual Dissent and Political Culture*, ed. Lisa Duggan and Nan D. Hunter (New York: Routledge, 1995).

5   William N. Eskridge, Jr., *The Case for Same-Sex Marriage: From Sexual Liberty to Civilized Commitment* (New York: Free Press, 1996); Andrew Sullivan, "Unveiled: The case against gay marriage crumbles," *The New Republic* (August 13, 2001).

6   David Brooks, "The power of marriage," *New York Times* (November 22, 2003), http://Query.nytimes.com/gst/fullpage.html?res=9B06EED133BF931A 15762C1A9659C8B63(accessed May 24, 2008); Jonathan Rauch, Gay marriage: *Why It Is Good for Gays, Good for Straights, and Good for America* (New York: Times Books, 2004).

7   Douglas W. Allen, "An economic assessment of same-sex marriage laws," *Harvard Journal of Law & Public Policy* 29 (June 2006): 949–980.

8   Michael Warner, *The Trouble With Normal: Sex Politics, and the Ethics of Queer Life* (Cambridge, MA: Harvard University Press, 1999); Nancy D. Polikoff, "We will get what we ask for: Why legalizing gay and lesbian marriage will not 'Dismantle the legal structure of gender in every marriage," *Virginia Law Review* 79 (October 1993): 1535–1550.

9   Amitai Etzioni, "A communitarian position for civil unions," in *Just Marriage*, ed. Mary Lyndon Shanley (Oxford: Oxford

University Press, 1999); William Galston, Comments on "Can gay marriage strengthen the American family?" (2004), www. brookings.edu/~/media/Files/events/2004/0401children%20 %20%20families/20040401.pdf (accessed January 8, 2008).

10 Angela Shah, "Frank calls for order in gay-rights effort; lawmaker tells UT crowd that political discipline is best way to get results," *Austin American-States-man* (Texas) (April 3, 1999).

11 Elizabeth Birch, "Wedded States," Online Newshour (May 23, 1996), www.pbs.org/newshour/bb/law/may96/gay. marriage.5=23.html (accessed Oc-tober 28, 2008).

12 Robert Mankoff, "There's nothing wrong with our marriage, but the spectre of gay marriage has hopelessly eroded the institution" (cartoon), *The New Yorker* (July 26, 2004).

13 舉例來說，凱瑟琳·霍爾（Kathleen Hull）發現同婚反對者聚焦道德與文化議題，而同婚支持者重點擺在個人權利。我的方式與她的有關，但較重視協調文化與個人差異。見 Kathleen E. Hull, *Same-Sex Marriage: The Cultural Politics of Love and Law* (Cambridge: Cambridge University Press, 2006).

14 例外就在威廉·艾斯克里居（William Eskridge）與達倫·史匹戴爾（Darren Spedale）近期著作裡《同性婚姻：甘苦與共？證據教了我們什麼》（*Gay Marriage: For Better or for Worse? What We've Learned From the Evidence* [New York: Oxford University Press, 2006]），這本極具洞察力的作品探討了丹麥與其他國家的經驗。

15 William N. Eskridge, Jr., Equality Practice: *Civil Unions and the Future of Gay Rights* (New York: Routledge, 2001); Robert Wintemute, "Introduction," in *The Legal Recognition of Same-Sex Partnerships: A Study of National, European and International Law*, ed. Robert Wintemute and Mads Andenaes (Oxford: Hart, 2001); Kees Waaldijk, "Major legal consequences of marriage, cohabitation and registered partnership for different-sex and same-sex partners in the Netherlands," in Waaldijk, *More or Less Together: Levels of Legal Consequences of Marriage, Cohabitation and Registered Partnership for Different-Sex and Same-Sex Partners* (Paris: Institut National d'Etudes Demographiques, 2004).

16 見 Barry D. Adam, Jan Willem Duyvendak, and Andre Krouwel, eds., *The Global Emergence of Gay and Lesbian Politics: National Imprints of a Worldwide Movement* (Philadelphia: Temple University Press, 1999).

17 Joanna Radbord, "Lesbian love stories: How we won equal marriage in Canada," *Yale Journal of Law and Feminism* 17 (2005): 99–131.

18 Anthony M. Kennedy, *Lawrence et al. v. Texas* (opinion), Vol. 02-102, Supreme Court of the United States (2003).

19 Antonin Scalia, *Lawrence et al. v. Texas* (dissent), Vol. 02-102, Supreme Court of the United States (2003).

20 Stanley Kurtz, "The end of marriage in Scandinavia: The "conservative case" for same-sex marriage collapses," *The Weekly*

Standard 9 (February 2, 2004): 26–33.

21   Stanley Kurtz, "Deathblow to marriage," *National Review Online* (February 5, 2004).

22   美國最高法院判決確立了結婚是「基本人權」（fundamental right），因此美國憲法不讓各州限制結婚權。目前聯邦各法院還未裁決不讓同性伴侶結婚違反了基本人權。但是，最高法院已說各州不能限制跨種族合法通婚（《羅汶夫婦訴維吉尼亞州》〔*Loving v. Virginia*〕案）。

23   M. V. Lee Badgett, Gary J. Gates, and Natalya C. Maisel, "Registered domestic partnerships among gay men and lesbians: The role of economic factors," *Review of Economics of the Household* 6 (2008): 327–346.

為何要結婚？

婚姻的價值

Why Marry?

The Value of Marriage

想像一下，在月色朦朧的一座橋上，位於運河之城阿姆斯特丹某些迷人的地方，漸漸成了浪漫的求婚勝地。莉姿在橋上緊張兮兮地向她的伴侶寶琳求婚──可是她立刻就退縮反悔了。

　　幾年後，我拜訪了莉姿與寶琳位在郊區的舒適小窩，「現在一想，其實第一次求婚的時候，妳竟然說好，嚇死我了。」莉姿回想道。「她說好，然後我的反應是『噢天啊，不會吧！』」浪漫的一刻很快就在莉姿突然反悔下迅速失色。

　　寶琳還記得當下情緒宛如乘坐雲霄飛車，一開始她回想：「我很怕，不敢答應，但我還是隨著自己的心答應了。不過這很有意思，因為我從來都不是那種會承諾任何事情的人……可是當我說好了以後，她就討饒退縮了，所以我說『唉呀妳也知道，這太蠢了，我幹嘛要說好呀？』」

　　等到莉姿從震驚和猶豫不決中回過神來，她又試著再度說服寶琳與她結婚，不過這一次，寶琳拒絕她了。

　　寶琳為什麼要拒絕呢？「應該是因為剛開始我覺得（對莉姿來說），她比較像是為了務實理由而求婚，所以我不願意。」寶琳回憶道。

　　「因為我把結婚講得像是為了納稅一樣。」莉姿有點心虛地承認了。

「對啊。」寶琳邊笑邊附和。

「都是我的錯，後來過了好久她都不肯點頭。」莉姿坦承。

寶琳要的是浪漫的宣言：「要結婚的話，當然是因為彼此相愛，不過我很清楚我們相愛。我真的沒有關係……但求婚真的必須得很浪漫才行 —— 我是說，一輩子就希望有這麼一次！」

第三次求婚成功了，雖說莉姿是又另外花了一年說服寶琳，她是為了正確的理由才要結婚 —— 到了那一刻，寶琳才終於點頭答應。

我從寶琳與莉姿中的談話感覺到，在初期的理性與感性碰撞之後雙方終於結婚了，她倆都鬆了一口氣。寶琳對婚姻有著浪漫的想法，但同時又對於許下承諾的焦慮感到矛盾。她對婚姻的看法與莉姿偏務實的觀點不合 —— 儘管兩人的關係穩固，因為對婚姻的看法不同，這對伴侶必須要在感情的困境中摸索，不只是要顧好自己的情緒與目標，同時還要照顧好對方。

你或許覺得這些故事聽起來很熟悉，這對我們認識的異性戀伴侶來說或許也是種日常 —— 在婚姻的不確定感中掙扎。但是對同性伴侶來說，結不結婚的掙扎是相當特殊的經驗，絕對非比尋常。直到最近，對大多數的男女同志來說，決定是否要與同性伴侶結婚，是件從沒想過的事。探討同性伴侶為何要結婚、結與不結，可以讓我們直搗公共論戰重要的核心問題。二十一世紀的婚姻到底是什麼？同性伴侶對於婚姻的想法和異性戀伴侶一樣嗎？他們結婚的方式一樣嗎？同性伴侶是不是真的想要、也需要結婚呢？

目前除了一些簡單的數據之外，實際上沒有任何資料能解開這些與同性伴侶有關的問題。在荷蘭，估計在五萬三千對的同性伴侶中，八千對已經結婚了；另外約有一成已登記為「註冊伴侶關係」[A]，這種制度擁有與婚姻類似的權利與責任。[1] 將這兩種法律身分加在一起，我們發現僅有百分之二十五的同性伴侶擁有法定認可的關係，但相對的，異性戀卻有八成。從其他國家的官方統計局處的資料來看，只有相對少數的同性伴侶結婚或登記為註冊伴侶。[2]

政治論戰告一段落，同性伴侶可以自由結婚之後，在男女同志與雙性戀社群（GLB Community）[B] 中，我們可將結婚這種個人決定，視為一種社群的大型民意調查。某些評論家發現在荷蘭及北歐，已經結婚或登記為註冊伴侶關係的同性伴侶人數相對為少，他們以統計數字為證，說明同性伴侶因為意識形態而輕視或反對婚姻。[3] 評論家們亦主張同性伴侶或許是為了「錯誤」的理由而想結婚：「只是為了獲得福利而已。」既然以荷蘭與北歐環境來說，結婚的具體好處甚少，當然結婚的同性伴侶也就不多了。仔細爬梳伴侶結婚的理由便可發現伴侶對婚姻制度的看法，或許也可以看出婚姻制度與同性伴侶們在相互影響下，可能會有什麼轉變。

　　既然光靠數據並無法告訴我們伴侶結不結婚的原因，我便直接去找出願意與我聊聊婚姻的荷蘭同性伴侶。[4] 我所訪談的對象中，有些人不是荷蘭本地的族群，因此某種程度上，我也可以知道同性婚姻是否對所有族群來說都是重要的議題。[5] 我所訪談的十九對同性伴侶告訴我他們感情的進展過程，這些故事有趣、精彩又動人——從命運意外的邂逅、雙方談論到是否要結婚，一直到今天的他們。由於同性伴侶在制度上感覺像是局外人很久了，當他們走上結不結婚的這條抉擇之路時，不會只像異性戀伴侶一樣，只是尋常地心靈探索與協商。當一對男同志或女同志伴侶決定要結婚時，這

A　編註：荷蘭的註冊伴侶關係（registered partnerships）於一九九八年一月一日生效，一開始是為提供同性伴侶在法律上所被保障及認可的關係，但也適用於異性伴侶。

B　編註：男女同志與雙性戀社群，簡稱 GLB 社群（取 gay、lesbian、bisexual 字首之縮寫）。

對伴侶有時候所經歷的變化不會只是法律身分的改變而已。

　　如先前所述，荷蘭同性伴侶在制度上的選項超乎尋常的多，在我所訪談過的伴侶可以看到所有可能的選擇。有四對為註冊伴侶關係、九對結婚、一對打算在訪談後的幾個月舉行婚禮，另兩對伴侶是「分居交往」（living apart together）。由於註冊伴侶制實行的三年後婚姻才成為同性伴侶的法律選項，若是當時便可以結婚，四對註冊伴侶中有三對會選擇結婚。因為這些相同點，在本章中我將這三對註冊伴侶與在法律上成婚的伴侶擺在一起談。我在下一章中會更進一步探討為何伴侶會選擇結婚，而不是登記為伴侶註冊關係。然而，這五對沒有結婚（或者是還沒有結婚）的伴侶並不認為自己的關係比起已婚關係，不那麼重要抑或不值得社會認可。因此，要了解這兩組伴侶為何在法律身分上不一樣，並不那麼容易。訪談完這些伴侶後，我自己對這些數據的看法大幅改觀 —— 為何這麼多同性伴侶會選擇結婚，或許這樣的問題才較合適。

選擇的重要性

　　要從同性伴侶之於婚姻的選擇中有所學習，我得先梳理出「選擇」在婚姻上的各種不同意義，因為在公共論戰、以及我與同性伴侶們的討論中，皆帶出選擇的各種面向。舉例來說，「有選擇」是一回事；「做選擇」又是另外一回事。開放同性伴侶結婚代表他們有了選擇，本章的重點會放在這十九對伴侶實際做的個人選擇。然而在訪談中，我聽到「選擇」這個詞有許多不同的用法，因此我決定先回到荷蘭伴侶身處的歷史及社會脈絡，扼要從選擇的個人因素開始談起。

從歷史角度來說，同性婚姻的論戰在同志權利中，反映出的是「政治選擇」（political choice）。即便不是全部——至少多數的歐洲及北美國家，都出現了（或是出現過）GLB組織，積極在政治上為同性伴侶爭取結婚權利。在這些國家中，部分 GLB 社群成員並不同意把爭取婚權作為運動的目標，這個議題我會在第七章及第九章中深入討論。

尚未結婚的安娜卡與伊莎貝爾參加過一九八〇年代的一個女性主義團體，這個團體屬意不同的選擇，安娜卡稱之為「政治歸政治，個人歸個人的選擇」。她的伴侶伊莎貝爾說：「我們抵制婚姻。你可以爭取同性婚姻，但最好是全面對抗婚姻——我們應該推翻婚姻觀念。」不過，廢除婚姻看起來沒希望的時候，伊莎貝爾轉了念：「想結婚的同志也應該有這個選擇，所以我們自己的想法不變，但我們會為了同志而爭取可以選擇的權利。」我所訪談的每個人都相信，就算他們自己並不想要結婚，且贏得結婚權也不是他們首要的政治目標，但是同性伴侶應該要有選擇的權利。

這樣的政治選擇與 GLB 運動在政治上的勝出，讓荷蘭的同性伴侶享有與異性戀同樣的選擇權利。不論每對伴侶所做的個人選擇是什麼，有選擇的權利本身具備了重要的影響力。楊恩在家鄉是最早與其伴侶結婚的男同志，他意識到擁有選擇權更重要的意義：「就算你沒有要結婚，還是可以選擇要不要結婚，這讓我覺得我們的感情與異性戀一樣，地位相同、同等重要。」

在荷蘭，「選擇」有另外一項重大意義——國家在承認同性或異性伴侶關係時，其實提供了四種「法律選項」。伴侶若想逃避某種程度的法律認可，除了分居以外別無他法。一對伴侶一旦同居一段時間，政府就承認他們是帶有特定目的而結合，除了原有的一套權利責任之外，這對伴侶還可以簽署遺囑以及一份「*samenlevingscontract*（荷蘭語）」——也就是同居協議書，自行補充權利責任。就算沒有協議書，同居伴侶在稅務、親職、移民與其他領域享有達四分之三的婚姻權利與責任。[6]同居與婚姻最大的差異是在關係終止之時——沒有正式關係的人並無自動繼承權，除非同居協議書內包含了共同財產分配或贍養費，那麼未婚伴侶是不受法律規範的。

「註冊伴侶關係」（Registered Partnership）於一九九八年生效，它賦予同性伴侶近似結婚的權利，建立在折衷的法律立場之上。[7]同性及異性伴侶都可以登記為註冊伴侶，獲得的權利與責任和婚姻相差無幾。註冊伴侶關係比婚姻更容易脫離，且某些公民權及親權與婚姻不一樣，但是這兩種身分相當接近，因此我所訪談的四對註冊伴侶中，三對裡至少會有一人自認已婚[8]。

從二〇〇一年四月開始，同性伴侶終於可以結婚了。唯一的差異就是在異性戀婚姻中，已婚女性所生的孩子會推定為丈夫的法定子女，同性婚姻中並無婚生推定。同性及異性伴侶有各種豐富選擇，預設伴侶身分也承認了某些權利，這是荷蘭獨有的現象，也是這十九對伴侶選擇結不結婚的背景脈絡。

這種獨特的多元選項也反映出一件事 —— 在荷蘭、其他歐洲國家與北美，婚姻都是「**個人選擇，而非社會義務**」，一個人已完全長大成人、可以為人父母並行使完整公民權。受訪的對象中，有幾位注意到「為了結婚而結婚」的舊時代已經過去了；在文化及法律層面上，伴侶都有了選擇。瑞秋與瑪莉安是我訪談對象中年紀最輕的，好笑的是，社會期待的改變及隨之而來的法律身分變化，反而讓他們在心理上更願意接受結婚。瑞秋解釋說：「有結與沒結的差異也不大，可以不結婚這件事反而讓我們更有得選，如果每個人都應該要結婚，那我想我們就不會結了。」

不過大家使用「選擇」一詞的方式也反映出「選擇與特定的人結婚」有重要的個人及社會意義。對琳恩來說，有選擇並選擇與瑪莎結婚才是重點所在：

> 我就是希望可以像我兄弟姐妹一樣，可以就這樣勇敢地說「她是我的真命天女。」在我家，可以直接說出「這是我的選擇」頗重要的。且我有得選，一如家中兄弟二十年前那樣，一如我的姐妹二十五年前那樣，想怎樣都可以，我認為這就是圓滿，就是那種對了的感覺，本來就該如此。

透過結婚，琳恩宣布她選擇瑪莎為伴，這樣一來，家人就知道瑪莎現在也是家人了。

本章接下來會聚焦另一個不大一樣的觀點，有別於「選擇」所內含的意義。既然同性伴侶在政治上獲得相同的婚權、享有明確的法律選項、身處特別的社會與文化脈絡中，也與另外一個人也建立了感情，為什麼有些伴侶會選擇結婚，而其他伴侶則不結呢？我認為，「個人與集體的決定」透露了重要的訊息——也就是對同志社群與廣大社會來說，婚姻所代表的意義，遠超過了這些伴侶所歷經的其他「選擇」。

做決定

我拜訪了瑞秋與瑪莉安，她們的公寓坐落在阿姆斯特丹數一數二的古老區域，兩人用了婚禮收到的禮物為我煮了一杯義式濃縮咖啡，然後向我描述了她們的婚禮。

瑪莉安製作了一張四面的喜帖，按照公寓可以容納的人數，發送給親朋好友。喜帖第一面寫了一個問題「猜猜看？」，下方用小字寫了答案「瑞秋與瑪莉安要結婚了。」；第二面的問題是「猜猜在哪裡？」，然後寫了地點；第三面是「猜猜什麼時候？」，提供了日期及時間；第四面的問題沒有答案，且還寫了讓人有更多疑問的問題：「猜猜為什麼？」

這份喜帖讓許多人引起了討論，疑惑瑪莉安她們為什麼想結婚。瑪莉安回憶道：「大家就是問個不停。」但兩人並沒有要吊人胃口，瑞秋認為「我想妳會做這樣的喜帖也是因為我們也不太確定為什麼要結婚。」

　　我們怎麼能知道別人選擇結不結婚的原因是什麼呢？連她們自己都不確定了。顯然單刀直入是一種辦法，瑞秋與瑪莉安的朋友們就直接問了。我在每一次訪談的開始也會提這個問題，我得到的回答內容相當豐富，且多半都會包含這對伴侶對婚姻的看法，以及選擇是否結婚的理由。除了這些明確的答案之外，在訪談的過程當中，我也思考了他們所說的婚姻——包含婚姻的觀念或其文化建構——受訪者的說法可能肯定、補充甚至抵觸先前提出是否要結婚的理由。最後我也評估了受訪伴侶的生命經驗，尋找可能會左右他們決定的事物，例如一起生了小孩、來自特別重視婚姻的家庭、或是需要某些法律的保障。

　　社會學家一般的研究方法，都是透過一套理論，再從訪談中過濾訊息。經濟學家則認為人都是在意識清楚、理性作用下選擇結婚，大部分是滿足自己對物質的幸福感。一段穩定的關係以法定婚姻鞏固之後，可以提升伴侶家務分工的效率，也讓人們看重家庭生活所需的事物，例如飲食、物資或子女。法定身分可能也帶來一些好處——也就是利益——加強了人們結婚的吸引力。在美國，同性婚姻議題的主流定調，就是能在眾多的法律與財務上獲得平等權益，這也顯示經濟學家認為穩健的財務狀況與其他實際考量大幅影響同性伴侶的決定。

除了經濟學家的理論之外，要找出一套理論來解釋一對伴侶選擇是否結婚並不容易；有些社會學家認為是否結婚的決定是感情「劇本」的一環，這套劇本安排了感情要歷經的階段；而人類學家則關注形塑婚姻行為的文化限制與規範。同性伴侶可能會為了要獲得傳統已婚配偶能享有的社會認可而結婚，或因為結婚被公認是進入感情的下一個階段 —— 特別是如果這對伴侶有計畫要生孩子。這些觀點皆顯示同性伴侶可能面對社會或文化壓力而結婚，但這些觀點卻也無法說明為何一對長期交往、用心經營的伴侶，在面對這些壓力時，還是有可能決定不婚的。

人口學家研究了已婚配偶及未婚同居伴侶間的差異，幾項研究呈現了美國同居者與已婚者之間有幾項不同的特徵。在這些研究中發現，如果有宗教信仰的人，且政治傾向是非自由派的話，他們會結婚的可能則高於同居；另外若有強烈生小孩的意願、對性別角色的觀念較為傳統、且不太重視個人自由，他們也較可能傾向選擇結婚。[9]人口統計學家凱薩琳‧基爾南（Kathleen Kiernan）歸納選擇同居的人，可能為了想迴避一種討厭的狀態而刻意做的決定：

> 婚姻約定內隱藏著典型的附屬觀念，而同居──特別是對女性而言──可能象徵著她們可以躲避這個附屬觀。女性可能會因為這紙法律合約而感到焦慮，擔心婚姻可能會改變伴侶在協調關係上的權力平衡；另一方面，某些人可能是出於不安全感才同居，譬如說，離婚率節節高升可能會讓人覺得投資婚姻的風險提高；為了回應對婚姻的未知數，同居會興起大概也順理成章。[10]

　　如果婚姻符合伴侶對子女的規劃、承諾及相守的信念，且與他們的性別角色觀念、關係穩定發展的可能性沒有衝突，那麼伴侶就可能會決定結婚。
　　雖然社會科學的理論與研究都是從異性伴侶開始，但若要研究同性伴侶的問題，這些理論起碼是良好的著手之處。從我與同性伴侶的對話中，我觀察到他們選擇是否要結婚，經過多個層面又細緻複雜的考量過程，也包含了所有社會科學的因素。圖 2.1 呈現了伴侶在決定是否結婚的這個過程中，各部分的因素。因為我與其他社會科學家研究方法類似，所以我原本預期異性伴侶在此過程中的因素至少會比較類似，但這裡的某些因素對男女同志伴侶來說更加重要。

我所訪談的伴侶都有重要的「先決條件」（pre-condition），例如個人特質。這些伴侶關係幾乎都是用心投入、感情恩愛、維持長達數年，甚至更久 —— 我後續會再深入討論這個部分。伴侶要走到選擇是否結婚的這一步，需要發生某件讓人徹底思考或重新考慮結婚的可能性，這樣的「火花」可能是浪漫的或是務實的。既然這些伴侶都有共同的先決條件及可能結婚的動機，但是實際上後來的法定身分都不一樣，那麼必定有其他因素左右了結婚的決定。

接下來在決定過程中的三個部分中，顯示出在有些條件很相像的伴侶中，有的選擇結婚，但有的不結婚。身為經濟學家，我揣測他們是按照財務、社會與情感的條件，來權衡結婚的代價（cost）與利益（benefits），但是這裡所謂的利益或代價並不是經濟學家常指涉的那種。一旦動了結婚的念頭，伴侶考量的是結婚可能為他們帶來的價值（value），不論是務實的（例如法律與物質面的好處）、感情的、表態的、政治的價值；每對伴侶所謂的價值都不一樣，對每個人來說也都不一樣。伴侶在婚姻上，常常會面對到非財務型

圖 2.1

先決條件	火花	價值	阻礙	過程	結果
教育程度 收入 年齡	浪漫衝動	法律框架：益處	結婚的想法 ・隱私 ・承諾 ・壓迫 資產階級的・資產・產物	重新定義 反對	改變婚姻的想法 （接受）
愛情＋承諾＝找到對的人	務實因素：房子、小孩	表達：和對方互許承諾 表達：政治表態	與伴侶意見不同	協商 自我省思	法律認可的關係
法定關係選項 政治環境	有人問起 參加婚禮 媒體證事 研究者	表達：家人朋友的意見	家人因社會環境而反對（例如：母親）	說服 小規模 大規模	儀式＆慶祝：大小與形式
個人					
伴侶					
社會					

（nonfinancial）的「阻礙」（barriers），例如自己的政治理念、伴侶間之於結婚的意見不同、父母反對他們結婚……等。不過這些阻礙並不是克服不了，個人與伴侶可以在刻意或不經意間，透過某些過程（process）來克服阻礙：調整、協商與說服。

已婚身分是最顯著的「結果」（outcome）——我稍後會試著說明。同時我也觀察到在決定結婚的過程中，可以引導出另外兩個結果。有時一個反婚主義者卻結了婚，會有這樣的矛盾是因為此人重新建構「婚姻」的意義。而對已婚雙方來說，婚姻的形式——婚禮與喜宴——不只反映出婚姻的價值，還反映個人或雙方的意識形態理念。

我用這樣的方式拆解決定結婚的過程，並不是要說每對伴侶走的每一步都分得清清楚楚，之後便可以作出謹慎清醒的決定。我訪談的對象中，有些人清楚地知道自己為什麼結婚或不結婚、為何會走到這個地步，但有些訪談對象就不是了。且決定也不是一次就結束了，我訪談的某些個案依然相當頻繁地與伴侶討論婚姻，有的嘻嘻哈哈、有的則是嚴肅討論。我會整理出這個架構的原因，除了是想分享這些啟發性的故事，也利於我有系統地整理這些故事。當法律制度向同性伴侶開放的時候，這個架構強調了一些有趣、重要但大多未被深入研究的關係動力，此動力有助於解釋在婚姻向同性伴侶開放的時候，GLB族群以及婚姻本身會有什麼樣的改變。

先決條件：找到對的人

在我所訪談的伴侶中，大部分都有影響他們決定的「先決條件」。他們都住在荷蘭，且處在相同的法律制度與政治氛圍中。荷蘭在歷史上以包容少數而著名，不過這個國家正上演一場激烈的論戰，激辯圍繞著穆斯林國家的移民融入問題，以及移民是否有能力接受荷蘭人的價值觀 —— 亦即平等對待女性及男女同志的價值觀。對某些保守的穆斯林來說，法律允許同性伴侶結婚，是一項特別難接受的政策。

大概是因為我是透過自己的人脈尋找訪談的伴侶，這些伴侶也有其他共通的「先決條件」。[11] 他們和我一樣，大多都受過大學教育，也是身為中產階級的中年人。[12] 這些特質可能會影響伴侶做決定的方式以及原因。羅伯指出，因為他受過良好教育且收入優渥，所以他可以弄清楚（或是雇人來弄清楚）同居協議、註冊伴侶制與婚姻之間複雜的法律差異。如果在關係上需要有自定的協議，就得要律師，當然對較低收入的人來說，若他們希望能擁有法律認可的關係，婚姻或註冊伴侶制是比較好入門的。當然，一定有低收入的男女同志及同性伴侶存在，不過本研究無納入該群體。因為經濟的先決條件不同，收入較低的伴侶是有可能做出不一樣的決定，在他們決定婚姻關係的過程，或許也異於我在此所勾勒的，不過我強烈猜測不論收入高低，都還是有些同樣的因素作用於其中。[13]

　　除了這些基本條件，在婚姻都還未浮上檯面的可能性之前，這對伴侶的感情須達到某個階段 —— 他們的關係會建立在愛情之上、有某種程度的承諾，且也預期倆人關係會持續走下去。瑪莎考慮結婚很長一段時間了，她說：「我以為只要找到對的人我就會結婚，那應該會很有趣的。」寶琳回想時又說：「結婚一定要浪漫，首先必須要有愛情才行。」

　　我訪談的伴侶們都有相同的情況 —— 他們都已經交往了很多年，且感情也非常親密。不過，若要談到結婚，對這些伴侶們來說，「找到對的人」是至關重要的，而這個方式會以兩種形式在關係中出現：

　　第一，在這些伴侶結婚之前，他們交往時間的長短會有些差異。有兩對未婚的伴侶表示，對於這段關係是否能長久感到懷疑，而這樣的懷疑顯然也影響了他們之於婚姻的決定。哈維耶移民荷蘭與保羅同居，保羅說明了為何會選擇註冊伴侶制而非婚姻：「因為他小我太多歲，我一直都不是很確定兩人的未來……我不認為這是一段長久的關係，一開始就覺得不會長久。」因為內心有疑慮，保羅選擇了註冊伴侶制，這樣的法律身分可以達到務實的目標——哈維耶獲得公民權——而且對外也不會被貼上「已婚」的標籤。

南西與喬安也覺得當跨國情侶很辛苦。對喬安來說，想到她們所面對的其他挑戰，結婚這一步還言之過早，她還住在美國且尚未順利在荷蘭找到工作。南西有個孩子要養、兼差工作，且還跟前伴侶住在一起。喬安擔心在她們感情的這個階段，結婚無法滿足她們的需求，她們需要一個實際可以待在同一處的方式。

要理解到伴侶在感情中該階段的重要性，第二種方法便是觀察每對伴侶告訴我他們的交往歷程。受訪的伴侶多半都住在一起，且共同分擔家庭財務。有兩對伴侶是人口學家所說的「分居交往」，他們會一起過夜、用餐、共度大多數的日常生活。所有的人都提到了愛，他們渴望、也覺得感情在近期的未來會繼續下去（除了保羅以外）。所有已婚伴侶在一頭栽進婚姻之前，感情都到達了這個階段。

婚姻成為關係的選項之前，許多伴侶就已經承諾相守。

對寶琳來說，承諾相許的那一刻早在婚禮之前就發生了。寶琳回憶道：「我想，對我而言，這個重大的承諾就是她從美國來到這裡，放棄了自己的工作與一切……和我同居。所以我想就是那一刻……我們倆都覺得那就像是承諾相許了……因此結婚非常特別、非常浪漫，我真的很開心我們結了婚。但是我正式許下承諾那時，其實比結婚還要早很多。」

雖然對伴侶而言，走到相許相愛的那一步看起來「有必要」，但這一個階段並不「足以」將伴侶推向婚姻——這點很重要。我所訪談的未婚伴侶，每一對都達到了這個階段，不過要讓這些未婚伴侶來決定是否要結婚，還得多些火候。

火花

要讓一對伴侶考慮要不要結婚，需要某些火花去點燃討論，推動他們進入決定模式才行。要做決定的那個動機有時候貌似無厘頭，不過有時當然也不是。在某些情況下，推力來自實際層面的考量，常常與另外一個決定有關，例如買房或一起生小孩。而其他情況下，火花是一時衝動——且通常是浪漫型的衝動。對另一些伴侶來說，親朋好友的催促也促成了他們考慮結婚的動機。

◆ 實際層面的推力

我詢問了瑪塔與蒂內珂，為什麼決定要結婚，她們想都不想就回答了：「孩子。」瑪塔迅速回答，蒂內珂附議。瑪塔是她們的兒子亞伯特的生母，蒂內珂可透過與瑪塔結婚而取得亞伯特的「親權」（parental authority），為亞伯特做決定。且蒂內珂最後也可以合法收養亞伯特，享有完整親權。值得注意的是，五對有小孩或想一起生孩子的伴侶，統統都已結婚或登記為註冊伴侶。

無獨有偶，蘿拉與莉雅也是出於實際層面的理由而登記為註冊伴侶，當時兩人還一起買了一間公寓。蘿拉表示：

> 要在法律與財務上為我們的生活作安排，這看起來是非常輕鬆的方式，這樣如果其中一個人出了什麼事，至少清楚地知道我們實質上已經結婚了，而她就能獲得我的遺產，反之亦然⋯⋯大家好像都建議這樣做，要讓法律在財務上整合我們的生活，這大概是最好的做法。

其實，這個實際層面的動機推了蘿拉與莉雅兩把。我初期訪問她們的時候，兩人剛發現莉雅懷孕了，她們正要把註冊伴侶關係變更成婚姻，好確保自己能獲得瑪塔與蒂內珂都想要的相同親權。[14]

婚姻實際層面的重要性也在我與未婚伴侶的訪談中浮現。安娜與優卡就是想不到結婚的好理由，不過她們也提到，兩人都還未經歷可以讓婚姻變得比較實際的條件。當我問她們為什麼沒有結婚的時候，安娜表示：「好難回答，因為只要住在一起就好了，怎樣都沒有必要啊！只要沒有想要小孩——當然啦，我們沒有小孩。我想等到一起買房子的時候，結婚真的就會變成慎重的選擇了。」

但是為了務實的需要而求婚，這樣的理由很尷尬，所以本章開頭寶琳才會抗拒莉茲的務實求婚，這種「務實的矛盾」在某些伴侶的討論中皆有出現。當我訪問艾瑞克的時候，他與詹姆士並沒有立遺囑或是同居協議，雖然這一年多以來，兩人已討論了是否需要採取某些方式，讓兩人的關係擁有正式名分。「我不想要只為了處理關係中的財務而結婚。但若說是因為要處理財務方面的事，我有在考慮結婚。這矛盾真的是很難解。」艾瑞克精準觀察道。

寶琳與莉茲刻意迴避這些現實的層面，只專注在婚姻的浪漫與結婚的政治面向，因此避開了這個難解的矛盾。只要婚姻不僅僅「只是」財務安排，同時也肯定了一段恩愛相許的感情，那麼她們就可以接受務實的需求是結婚的重要動機之一。這個矛盾顯示，反同婚人士批評同志伴侶結婚只是為了現實福利——他們搞錯了，因為務實考量可以與感情上的承諾相許同時存在。

✦ 浪漫衝動

不意外地，濃情密意也會讓人想結婚。不過濃情密意何時會襲來常常難以預料。在阿姆斯特丹的時候，艾倫與我坐在她家的餐桌旁，陽光灑落室內，她回憶著當時也是一個大晴天促成了她與薩絲琪雅即將舉行的婚禮。當時艾倫和朋友正到荷蘭鄉村間騎摩托車旅行，讓她難以置信的是，這趟放鬆的旅程讓她莫名之間就萌生了一股浪漫衝動：「我就坐在菲斯蘭（Friesland）鄉間，五月美好的陽光灑落，我的腦海裡就浮現了一幅景象，出現了一個畫面，就是我想……和薩絲琪雅求婚。我自己都覺得好訝異。」艾倫一邊笑一邊覺得不可思議。

✦ 社會壓力

對我所訪談的伴侶來說，社會刺激的形式各式各樣、有多有少。對有些伴侶來說，路過婚禮用品店、聽到新聞報導或是參加婚禮而開啟了話題（不論認不認真），就連我提出訪談的要求，也觸動了某些未婚伴侶的思考，讓他們再度考慮結婚與否的決定。我們常常聽到未婚的異性戀伴侶被父母親友催婚，那麼同性伴侶呢？琳恩玩笑道：「我們沒有被逼婚的壓力！」不過實際上，所有未婚的同性伴侶都多少提到朋友或家人會關心、鼓勵甚至逼婚。[15]

當我問瑪莉安她為何會和瑞秋結婚時，她覺得一開始大概是媒體上的討論，讓她有了結婚的念頭，但是瑞秋提醒她：「其實是妳祖父提的，我們跟妳祖父母一起吃了晚餐，然後祖父就問我們說『妳們為什麼不結婚呢？現在可以結了，所以妳們為什麼不結婚？』」

瑪莉安接著說：「他講了一整個晚上。」問了一堆問題：「那妳們兩個既然相愛的話，為什麼不結呢？而且『現在可以結了啊，不結婚還要幹嘛！』所以我們真的被說服了。」

做決定

一旦浪漫的、現實層面的，或是社會壓力造成的火花促使伴侶中至少一方開始考慮結婚，這一方必須要更積極參與決定，自己要深思熟慮，還要與伴侶協商。有時候，對那些在某些階段選擇不結婚的伴侶來說，這個過程還會捲土重來，直到他們結婚。

婚姻的價值

　　對伴侶及個人來說，在決定結婚的這個過程中，找到婚姻的價值是一個關鍵。不過一般而言，有形的物質福利對伴侶的決定沒有作用，基於許多目的，在法律上未婚的荷蘭伴侶也受到認可。令人訝異的是，只有一對伴侶講得出他們因結婚而獲得的實質福利。威勒受僱於一家航空公司，因為他與伴侶葛特登記為註冊伴侶關係，所以公司給了葛特搭機優惠。如前所述，婚姻的務實價值不是來自於金錢福利，而是能享有一套法律制度，除了保障更廣，也更容易些，比起一疊疊的各種法律文件更好——像是同居協議及遺囑。對有小孩或計劃生小孩的伴侶來說，這套法律制度的務實價值更加明顯，所以這些伴侶都已婚或登記為註冊伴侶。如前所述，婚姻賦予無血緣關係的家長共同親權，也可讓收養順利進行。單純只有務實需求的伴侶還有其他的法律關係選項，至少在荷蘭是這樣。一項規模更龐大的伴侶研究發現，荷蘭的同性及異性伴侶在考慮擁有正式法律關係身分的時候，都有共通的務實動機，例如生養小孩或買房；不過，比起已婚的伴侶，那些登記為註冊伴侶關係的人更看重務實層面的理由。[16]

　　這些伴侶認為結婚還有其他益處（而且通常是更重要的益處）──這個益處起碼和務實的福利一樣重要。他們認為婚姻的感情價值及表態價值是最重要的因素，因為他們想要表達相許的心意。[17] 某種程度而言，婚姻是向伴侶許下諾言，一如瑪莎指出：「對我來說，結婚觀就是……你許下承諾……就像是一道 drempel（德語）。」「一道門檻」琳恩翻譯。瑪莎接著說：「像是要跨越一道門檻。」葛特指出結婚既是向伴侶許下諾言，同時也是向世人的宣告：「但是去（註冊）只是要告訴彼此和大家你們要廝守終身，你們認定彼此。」

　　向對方及其他人宣告相許，對結婚的人來說是有價值的。「讓感情更豐富。」瑪莉安觀察道，「不只是說你們彼此相愛而已，未來也不會分開，你不是誰都可以，還要特別是這個人才行。比較起來，只是兩個人住在一起對彼此訴衷情，我覺得結婚的確感覺不一樣。現在大家都知道我們結婚了，所以我想對我來說，結婚還多了一點什麼。」

就連鐵桿反對婚姻的女性主義者都認同這項宣言的力量。安娜毫無結婚的意願，但是她承認「嗯，我想這種互許的承諾，還有公開的宣言，有其美好之處。我不否認這點。」

　　某些時候，國家認可的公開宣言力量很強，導致有些伴侶會擔心婚姻會壓垮他們在結婚前所建立的感情。伊莎貝爾擔心結婚會減損他們先前感情的價值。如果她與安娜卡在同居十六年之後結婚，別人可能會誤以為她們是從結婚開始才認真談感情。「明天結婚，然後過個四、五年再來慶祝結婚紀念日，我總覺得這樣有點笨。」伊莎貝爾不滿地說：「不行！這樣對不起從前在一起的那段日子。」

　　對於婚姻的公開面，莉雅也有類似的矛盾感覺：「我不介意舉行儀式，讓所有我愛的人的到場……見證我們承諾相守，可是大家都很清楚，清楚得不得了，我們早就矢志不渝。」莉雅認為她與蘿拉必須要很小心，才不會違背兩人先前相守的諾言。「如果要辦喜宴慶祝的話，不能用結婚（getting married）這個理由，我們要提出不一樣的原因，這是我們共度人生的派對（a party），用派對來慶祝我們倆要共度一生，和朋友一同慶祝。」

　　我訪談中的一對伴侶，他們處於是否要結婚的過程中搖擺不定，我看到一個寫實的例子 —— 婚姻在社會中宣示的力量。在南西與喬安的對話中，南西難以說明為何她要向喬安求婚，當時喬安還沒有給南西答覆。正式訪談結束後，喬安和我聊到了舊金山的發展，當時舊金山市長開放讓同性伴侶結婚。喬安提到這些婚姻的感情力量很有可能被法律推翻（後來也是如此），南西突然開口了，帶著她之前討論時所沒有的急迫感。

南西開口道：「或許就是情感的部分。」喬安附和：「占了很大一部分。」

南西繼續說道：「現在如果要結婚，我覺得可能說不通，因為我們甚至不住在同一個國家……但是」喬安幫她講完「但是之後就會知道了。」

南西又提到她之前在討論時說過的話，她的家人與朋友都希望她找個原本就住在荷蘭的女友，我問她：「如果妳們兩個已經結婚了，那麼這代表什麼意思？」

南西回答：「這樣他們就會知道，哇原來他們是認真的，來真的。對！」她又強調：「結婚，可是卻不住在一起，我想是可以的。」這樣一來，家人朋友就會認為她們的感情是「認真的」，即便喬安住在另外一個國家，即便沒有同居，婚姻也有定義一段感情、讓別人能理解的力量。伴侶可以透過婚姻告訴其他人他們感情的意義，還有該怎麼對待這段感情。

有些伴侶想要的是另外一種政治性表態，可能與性別角色有關，藉此襯托出荷蘭的平等與美國的不平等、抑或是荷蘭認可同性關係與異性關係地位平等。對莉茲來說，「說自己結婚了比說自己……登記為註冊伴侶什麼的，力道還是不同，特別是可以對著來自美國的人說，『沒錯，我真的結婚了』這類的，這本身就是種態度，因為這意味著國家的認可，我們享有的權利與異性戀伴侶是一樣的。」

不過對那些以結婚作為政治表態的伴侶來說，脈絡是一切。某些伴侶認為，處於包容的社會與法律環境，減弱了同性婚姻在荷蘭的政治力，但即便如此，他們有時也坦承如果住在另外一個國家的話，他們的想法與行動可能就會不一樣了。羅伯是反對結婚的，他卻表示：「我想如果我住在美國，搞不好現在我就結婚了」，這讓我嚇了一跳，即便選擇不結婚，他也珍惜可以結婚的權利。

結婚的各種理由也有另外一層重要性。我觀察到婚禮規模的大小與該對伴侶看待結婚所帶來的具體利益有著驚人的連結。為了婚姻在務實層面的價值而結婚的伴侶，他們所舉行的婚禮都是小小的——有法定要求的證人、可能再加上一兩位觀禮人；儀式結束之後，這些伴侶就會去喝杯咖啡或是用個便飯，然後就照舊過日子了。

對比之下，想要透過結婚告訴全世界自己要與另一半長相廝守的伴侶，他們的儀式就盛大多了，有時還辦得相當隆重。其中有一對，他們騎著馬抵達市政廳，兩位新人舞者在大批親友面前跳完一支婚禮之舞後，就在舞台上舉行婚禮。另一對伴侶的婚禮主題企劃是環遊世界，邀請許多賓客資助他們的蜜月旅行基金。其他伴侶則是籌備了盛大的喜宴來慶祝。最後，與異性戀伴侶不同的是，沒有一對伴侶表示自己是出於宗教因素而結婚，也沒有一對伴侶在完成法定要求的市政廳儀式後，在教堂舉行婚禮。自一九五〇年以降，約莫半數的異性戀伴侶都在教會祝福下成婚。[18] 婚姻的價值及新人所選的禮節儀式之間有清楚的關聯，證實了在結婚選擇上，伴侶的動機也非常重要。

對某些伴侶來說，萬事具備，就欠一股東風吹起結婚的迫切渴望，在這些情況之下，伴侶若肯定婚姻的實務面或表態價值，相對來說，就足以順順利利地讓他們步入市政廳的結婚禮堂。只不過，大部分的伴侶都還要應付阻撓因素。

結婚路上的阻力與彎彎繞繞

結婚路上會遇到的潛在阻力與財務限制沒有關聯，雖然有幾對伴侶依稀意識到、也曾提過結婚的不利之處。不過，阻礙橫跨了三個分析層面：內在的個人層面，擔心定下來會讓一個人變得遲緩或裏足不前；另外，有時結婚的前景與個人的政治原則或婚姻觀念有所衝突。

其他阻礙則是外在的，有時候伴侶其中一方想結婚，但是另一方不想或是搖擺不定。寶琳與莉茲的故事讓我們看到伴侶間的往來互動有多麼複雜，兩個人都想結婚，但是對於結婚的理由卻沒有共識，而且「理由」很重要，因為結婚是一種表態。另外一重社會障礙則是親朋好友的反應，並不是所有親人家屬都支持同性伴侶結婚，如果有反婚的朋友，也會讓想結婚的伴侶感到有壓力。

對有些伴侶來說，他們一路上透過調整、協商、說服這些策略來克服障礙，結婚之路走得彎彎繞繞。在其他個案中，這些阻礙生生地阻擋了他們選擇婚姻這個選項。

◆ 對於定下來有疑慮

如我之前所述，保羅與哈維耶為註冊伴侶關係，因為保羅不認為兩人的關係會長久。對保羅來說，結婚是一種他不願意許下的承諾，「我認為結婚是一輩子的，且是終身的選擇，我不是很確定是不是就是他。」保羅解釋道。保羅與哈維耶並沒有結婚的必備先決條件：長久定下來的打算。

甚至連長久交往的伴侶都不想在法律認證下，對彼此說出相守誓言。他們的疑慮反映了伴侶嚴肅看待終身廝守的傳統承諾，他們不願意或是沒辦法如此許諾。艾瑞克解釋了他與伴侶詹姆士抱持的疑慮：「按理說，這種要一輩子忠誠的誓言，讓我們兩個都覺得不大對勁，我們認為這種事無法保證。當然我們是想的，現在感情也很好，但是我不確定五年後我們的感情會是什麼樣子。那麼為什麼我現在就應該要決定，再也不能有下一次或是從此不能改變的心意？」

艾瑞克的疑慮突顯了我所訪談的同性伴侶中，對於現代婚姻相當實際的觀點。照理來說互許承諾是一輩子的，但實際上，婚姻經常是愛情的墳墓。在許多西方國家中，一段婚姻的結束，離婚與喪偶的機率竟是相似的。[19] 幾對伴侶都提到，結束婚姻比起結束未婚關係，在法律與感情上都複雜許多。很明顯的是，對婚姻存疑的伴侶，皆提及了在社交圈與家庭中，那些婚姻失和與非和平離婚的例子。艾瑞克與詹姆士都親眼見過明顯失和但依然在一起的已婚伴侶。艾瑞克在拜訪這些伴侶之後，回想道：「我們看著對方，然後想著『這些人幹嘛要結婚？』」因此，有趣的轉折就來了——儘管許下了「至死不渝」（til death do us part）的諾言，有些人還是會擔心他們最後會以離婚收場，其他人則擔心自己會因為這個承諾，明明該離婚卻「不」離婚。

不過還是可以清楚地看到，這些伴侶分得清楚互許承諾與法律承諾的差別。伊莎貝爾與安娜卡溫馨的家坐落在北方的一處小村落，當我們坐在她們家的花園時，伊莎貝爾解釋為什麼她不想向交往十六年的安娜卡作出法律承諾。「我依然抱持著這個念頭，不向任何制度承諾終身廝守，我無法承諾，但同時——與此同時，我也知道我要與安娜卡一起生活，也打算永遠在她身邊，這就是理論與務實。」她笑著說：「在務實上我不會離開她，但我不認為有必要用白紙黑字把保證寫下來。」有心在一起就已經夠了——有法律承諾不會有什麼差別，但卻會違背她的理念。

✦ 在政治上反對婚姻

雖然伊莎貝爾與安娜卡對於互許誓言抱持疑慮，但是她們決定不結婚的原因，主要還是因為在政治上，對婚姻有著根深蒂固的排斥。我在第一章中描述的故事中透露，女性主義者對婚姻特別不信任，這在荷蘭相當普遍，在歐洲國家甚至是美國也是如此。[20] 一如蘿拉在我們討論時所說，許多女性主義者認為「結婚就像是成為男性的奴隸。」婚姻的歷史清楚地展現在許多地方與許多時代，這套法律制度讓女性成為男性的從屬。[21] 一九六〇年代與一九七〇年代，在女性主義者猛烈撻伐婚姻及其他性別歧視制度之時，許多美國及西歐的女性主義者當時紛紛出櫃了，這些女同志抱持著對婚姻的批判態度，依然是一道難以克服的個人婚姻關卡。

多數受訪的女性都自稱是女性主義者，要不然就是表現出了女性主義價值觀。安娜卡強烈反對婚姻，她口氣強硬道：「婚姻制度的政治與宗教歷史，就是我最痛恨婚姻的地方，我認為婚姻是父權、資本主義之流的工具，這也是我絕對不會拿自己去為婚姻錦上添花的原因。」

伊莎貝爾與安娜卡對婚姻的批判相似，因為她們倆都是激進的女性主義者，也相信婚姻仍然是壓迫的制度。安娜卡解釋道：「現在比以前好多了。許多婚姻附屬的法規依然造成了壓迫——不是壓迫女性，而是壓迫個人。我覺得比起已婚配偶來說，單身的人很弱勢。」兩人始終深信，讓女性不用靠婚姻也能自立生活是相當必要的。

羅伯反對婚姻的意識形態也很類似，雖然其根源不在女性主義。用他的話來說：「我認為應該照著個人主義觀點來設立社會制度，大家可以自己選擇各種感情關係、人數、對象。這是最好的安排，而不是把所有人都配成對。」

有些人排拒婚姻是因為婚姻讓國家介入私密或個人的關係當中。對有些人來說，不論在個人層面或政治層面，隱私都非常重要。就連有些已婚人士或登記為註冊伴侶者都不喜歡婚姻的這個面向。瑪格麗特抗拒臣服在國家的威權之下：「我不用讓某個官員來說『好，現在你們結婚了，這一輩子不論是好是壞……』該怎麼想、該怎麼做這都是我的事，輪不到別人指手畫腳。」無獨有偶，蘿拉一直認為國家扮演的角色很有問題：「婚姻讓國家介入且約束個人生活，我頗厭惡這種方式。」

◆ 繞開政治關卡

對某些伴侶來說，對於婚姻的政治觀點便設下了一道潛在的大關卡。因為一方反對結婚，這些伴侶可以借用其他管道，為兩人關係做務實打算，例如同居協議，這麼一來，被衝突不休地推向婚姻的可能性就減少了。不過對其他人來說，他們的強烈浪漫衝動卻與原則迎頭撞上。

回顧一下艾倫放鬆度假的時候突然浮現了想要與伴侶薩

絲琪雅結婚的「願景」。艾倫長久以來都反對婚姻這個為異性戀設計的父權制度，以前甚至還拒絕出席朋友的婚禮，所以出現了「願景」之後，她陷入了個人的人生危機。

「那時候我就想，怎麼搞的？完全不能接受啊！」艾倫回憶當時的想法道：「所以我得說服自己女性主義者的那一面，相信或許結婚是值得考慮的，我不會無緣無故會有這種感覺……這種浪漫的感覺。」

終於，經歷了三個月的煎熬，艾倫有意識地將婚姻「重新定義」（reframing）為重要的政治行動，藉此調整了自己想結婚的浪漫渴望及強烈反對婚姻的信仰及過去。她相信結婚一方面是向過去贏得婚姻平權的政治努力致敬，同時，面對能見度愈來愈高、勢力與日俱增的保守反同婚派，結婚一舉也為對抗這股勢力出了一份力。艾倫總結道：「所以一方面是我們活在一個可以讓同性伴侶結婚的歷史階段，我們就珍惜並使用這樣的權利，其次在情勢日漸惡化的時候，此舉也是一種表態。」

其他抱持女性主義信念的人，重新定義婚姻的方式就不一樣了。米莉安很熟悉女性主義抵制婚姻的論述，但是她並不覺得想與另一位女子結婚就與女性主義有所衝突。同性伴侶可以賦予已婚女性更加平等的待遇，她主張「改變（婚姻）的方式就是讓我們與女同志結婚……以前和男人在一起的時候，我想我是不會結婚的……太傳統了 —— 不過現在結婚也是在打破傳統。」

不只一對伴侶用類似的方式來重新定義，迴避他們認為「婚姻很 *burgerlijk*（荷蘭語）」的觀點，有好幾位在訪談中都提到這點。他們翻譯「*burgerlijk*」這個詞的意思是一板一眼的、過時的、傳統的、俗套的或資產階級（bourgeois）的。對這些伴侶們來說，這層考量似乎不是結婚的重大阻礙（與政治上的反對不同），不過在「想要結婚」與「把婚姻視作資產階級產物」之間的緊張關係還是需要一個解決之道。

為瑞秋與瑪莉安辦理結婚的公職人員幫助她們克服了這種感受，瑞秋跟他說：「我覺得同性婚姻太俗氣了。」結果對方已經料到會有人這樣說，還擊道：「這個嘛，就像妳衣服上的虎紋一樣，俗氣是俗氣，但是穿在我身上的時候就不俗氣了！」瑞秋講這段故事的時候我們全都笑了，不過這位公職人員的說法點出了一條出路，為嚴重的內心衝突解套。把結婚變成一種個人宣言，每處細節都充滿個人特色，特別是同性伴侶的選擇，讓同性婚姻既不落俗套也不刻板。在荷蘭，既然伴侶同居不婚是很普遍的事情，那麼瑞秋與瑪莉安可以扭轉傳統窠臼：「這年頭結婚比起不結婚還更來得另類。」

◆ 與伴侶意見相左

若伴侶雙方想做的事情是一樣的，那麼做決定就相對簡單，只不過有時候一方想要結婚，另一方卻不想。艾倫說服自己要結婚之後，她還多花了好幾個月的時間說服自己的伴侶薩絲琪雅，克服她的排斥。既然需要雙方都願意，而且真的要在政府官員前點頭同意結婚，伴侶其中一方意見相左顯然就足以構成這對伴侶結婚的阻礙。

我在這十九對伴侶中，觀察到意見不合的案例數量之豐，足以讓我認為他們的婚姻是「通婚」（mixed marriage），美國人主要用這個詞來稱呼跨種族或跨宗教的婚姻，不過這裡明顯是種諷刺的用法。抵制婚姻一方的觀念通常都建立在女性主義意識形態上，每對伴侶都針對不同意見開誠布公地討論過，而且抵制婚姻的一方都特別提及支持婚姻方的意見確實重要。這些伴侶處理這道關卡的主要策略就是「協商」。

針對結不結婚討價還價，不論是開門見山還是含蓄婉轉，似乎都對信念比較強烈的人有利。譬如說，雖然優卡不像安娜在意識形態上反對婚姻，但想結婚的慾望也沒有強烈到需要調解衝突的地步，但同時也醞釀著意見相左的可能性。當我問她們，能否想到任何會讓她們願意結婚的情況，下列的對話明白顯示著兩人的理念在拉鋸，雖然是玩鬧式的：

安娜：我想不到有什麼事會讓我改變主意。

優卡：沒有嗎？

安娜：沒有，我真的覺得沒有。

優卡：妳會說「不」嗎？（一邊笑，身體微微傾向
　　　安娜）

安娜：我只是希望妳不會開口求婚──不然我會很
　　　難拒絕。

　　安娜較強烈的感覺似乎預設了她們的立場，在兩人感情的這個階段維持法律上的單身身分，未來總有一天，優卡可能會出於實際層面的因素，譬如說必須要買房，更強勢地催促安娜結婚（最近安娜寫信來告訴我她們買了房子，但是她們選擇簽同居協議書而不是結婚）。

　　艾瑞克也有類似的遭遇，「我想如果只讓我決定的話，我們早就結婚了，因為我跟詹姆士的感情有個奇怪的地方，

在一起的第一週我就覺得一輩子全部屬於他了，這種感覺從來沒有變過。」艾瑞克解釋道：「所以我想——對啊，他比較反對結婚，或者說，比起我他更不願意結婚，不過同時我也必須說這個問題還沒有嚴重到因為結不成婚而感到很挫折。」

有時候伴侶雙方的主觀想法都很強勢，在這種情況下，我觀察到一套與稍早討論過的「重新定義」相似的過程——也能用來調和內在的矛盾。蘿拉與艾倫、以及其他和我聊過的女性主義者一樣，蘿拉也討厭婚姻，這種態度也左右了她結不結婚的決定。蘿拉解釋道：「我確實是在一九七〇年代的第二波女性主義運動中長成的，對我來說，婚姻……只代表著對女性的宰制，為了財產……所以，就算是可以結婚，我這一輩子從來沒想過自己會想結婚。」不過蘿拉的伴侶莉雅並不會從政治角度分析婚姻，莉雅扼要地強調：「剛好就只是我懶得去管這樁事。」根據蘿拉對莉雅的分析，「她（對婚姻）的看法比較感性也比較浪漫，她很願意結婚，辦個盛大的喜宴，而我對這有意見……天曉得，搞不好我們哪天會走到那一步，但我還沒準備好就是了。」

蘿拉講得好像她和莉雅沒有結婚一樣，這一點大概完美說明了她內在重新調適的過程之複雜，可是實際上，我前面已提過，這兩位已經登記為註冊伴侶許多年了，也預備在訪談結束後的那個禮拜將伴侶身分變更為婚姻關係。我問到身分變更的時候，蘿拉坦承道：「我不覺得會有什麼不同，所以也說不太上來為什麼要變更，只能說我想莉雅會希望跟別人說我們已婚了。」大家都笑了，莉雅反唇相譏道：「我早就這樣說了！」註冊伴侶制滿足了兩方面的需求，一方面莉雅可以說她們已婚，另一方面蘿拉也可以主張她們沒有結婚。

不過，尚未將兩人的關係變更為法定婚姻，是件她們不得不面對的事，且也更難調解。蘿拉在重新定義變更身分一事時，更關注在傳統婚姻中某個她依然反對的一面——也就是正式公開慶祝這部分。跳過公開的這一部分，在莉雅看來，她們依然是已婚的，而在蘿拉眼中，她們並非傳統的已婚關係。我發現，伴侶面對親朋好友反對時，婚禮慶典儀式在實用面上很有用，下文將加以討論。

◆「萬一你被拒絕了怎麼辦？」

同性伴侶在荷蘭可以合法結婚，但這並不代表在文化上會獲得溫暖的接納。本書稍後的章節裡，我會更仔細爬梳異性戀親朋好友的反應，看看他們是怎麼看待同性婚姻。此時我更想知道的是，有不被認同的可能、或真的不被接受，對同性伴侶決定是否結婚，將有什麼影響。瑪莎點出同性伴侶的風險：「我認為對同志來說，要結婚另一個很難的原因在於，萬一被拒絕了怎麼辦？萬一身邊其他人說『不行，我覺得這樣不好』或者『我反對』怎麼辦？」

大多數的伴侶都說親朋好友沒有反應或是回應很正面，但有些人面對的是積極的反對。孩子的感情或結婚計劃有時會與父母的婚姻觀念衝突，特別是媽媽們，聽到兒子或女兒打算要跟同性的伴侶合法結婚，她們好像特別難以接受。

聽到艾倫及薩絲琪雅要結婚的打算，艾倫母親的反應不佳，「她說『妳們怎麼會想要結婚，結婚就是為了要生小孩，妳們也沒有要生小孩？為何要結婚？』這表示她認為這不算結婚。她接受薩絲琪雅是我的伴侶和愛人，但是讓我們的感情獲得正式法律名分，這一步對她才困難。」

只不過，故事並沒有在艾倫母親的反對而收尾，艾倫表示一旦媽媽習慣了這件事之後，就改變了主意，決定來參加即將舉行的婚禮了：「媽媽要參加，也要幫忙出錢，她很興奮，問東問西。」艾倫的「說服」策略，用的可能是直接討論，甚至是策略性地用時間換取空間，讓父母可以調適接受這個想法。

不過其他人就沒有那麼皆大歡喜的結局了。威勒的母親雖然之前參加過一位親戚的同性婚禮，但還是反對他跟葛特結婚，這傷了威勒的心。他描述了兩人起的衝突：「她一兩個月前還先問，『為什麼要結婚？有必要嗎？』我當時想，妳為什麼要問？妳為什麼要問？我已經不是小孩子了，我真的很吃驚，她這樣問我真的很訝異，她沒辦法為我開心。」因為母親的反應，威勒沒有邀請她來參加婚禮，也跟母親斷絕往來三年之久。

　　沒有人提到家長的反對是不結婚的理由，但是家長負面的反應的確影響到了伴侶對於婚禮儀式的大小與形式的選擇。先前我有提到伴侶重新定義婚姻，並把婚禮儀式作為化解「是否要結婚」這個矛盾情緒的方式。雷同的是，伴侶列出來的賓客名單也回應了社會反對的阻礙。因為母親反對，威勒不願意邀請母親；同樣的，對於其他伴侶，他們也不邀請那些可能會表示反對或「看不慣」的父母及親戚，因他們有可能會干擾伴侶的婚禮計畫。

同性伴侶是否改變了婚姻呢？

　　當同性伴侶設法繞開阻礙，甚至是因為碰上了過不去的門檻而止步，但在法律上的終點形式卻很簡單：有些伴侶結婚了、有些登記為註冊伴侶，其他人維持法律上的未婚身分，儘管有些人看似走到同樣的境地，每一對經歷的路線卻各有不同。他們到底會不會結婚、結婚的形式如何，端看生活處境複雜的交互作用、婚姻的價值觀、結婚阻礙及接受或迴避這些阻礙的過程等等而定。

　　對一些結婚的人來說，他們的理由聽起來很熟悉，與異性戀伴侶口中結婚的理由相似，我研究的同性伴侶之所以選擇結婚是因為他們有小孩，因為有現實需求或是因為他們想鞏固與表達他們對彼此的承諾並公諸於世；雖然他們有註冊伴侶關係的選擇，也可以獲得與婚姻相差無幾的法律效益。除了其中的一對，其他的伴侶統統都放棄註冊伴侶制，而選擇了結婚。同樣的，在安娜・柯特威（Anna Korteweg）的研究顯示，在荷蘭，這些男女同志伴侶的異性戀同儕，他們對婚姻也有類似的觀點。[22] 異性戀伴侶並不是一直都很確定婚姻能為生活帶來什麼改變，但是知道在某些現實的情況下，結婚比較好（特別是有小孩的時候）。更重要的，柯特威的研究顯示，婚姻的作用像是感情溫度計，結婚的討論突顯出伴侶雙方對一段感情的投入程度。

　　布勒・威爾基（Boele-Woelki）與同僚在二〇〇六年做

的荷蘭已婚及註冊伴侶研究中也發現，同性伴侶結婚動機與異性伴侶類似。[23] 約六成已婚的同性與異性伴侶表示，主要是出於情感因素而選擇婚姻；而在這兩組已婚的配偶中，約有四成的人表示是現實因素驅動下，他們才考慮讓感情有正式名分。相似的是，選擇註冊伴侶制的同志與異性戀伴侶會選擇這套制度的主因也是一樣的：現實因素讓他們想要有正式法律身分，但對於婚姻這套制度依然有疑慮。

我訪談的未婚同性伴侶說法與異性戀伴侶很像。愈來愈多荷蘭的異性戀伴侶選擇不婚，三十歲至三十九歲間的荷蘭人約有三成與伴侶同居，但沒有結婚，且近半數沒有打算與其伴侶結婚。[24] 整體來說，人口學家估計三分之一的荷蘭人不會結婚，僅管這三分之一的人幾乎都與伴侶同居。[25] 荷蘭的同性伴侶與異性伴侶不想結婚或不覺得會結婚的理由也相當相似。在一項針對沒有結婚打算的異性戀同居伴侶的調查中發現，有四分之三的人拒絕結婚，因為「結婚不會為感情加分」，這顯示他們並不需要婚姻的實際、感情或文化利益。[26] 這些異性戀伴侶中，有小部分的理由與我訪談聽來的也很相似（每個理由都占不到百分之二十的比例）：抵制婚姻、伴侶不想結婚、不想承諾定下來、不打算生小孩。

不過，訪談荷蘭同性伴侶過程中，我發現了一些內心對婚姻的個人衝突，我猜這些內在調適可能於同志伴侶間更常見，特別是在決定結婚的過程中，畢竟改變的並不只有伴侶的法律身分而已，他們對婚姻的想法有時候也不同了。我觀察到的變化，主要是重新調整婚姻在政治上的意義。我所訪談的男女同志對於婚姻的政治本質意識相當強烈，這些伴侶都經歷過為荷蘭與其他地方的同性伴侶開放婚姻而進行的政治拼搏，但現在他們在荷蘭看到了同性婚姻的議題，捲入了伊斯蘭國家移民之融入問題的政治論戰。

更進一步來說，一套過去剝奪過女性權利的制度，常讓女性主義者排斥進入，但是女性主義者有時候也得調整意識形態信仰、婚姻感情與需求間的衝突，特別是他們的伴侶沒有相同政治信仰的時候。政治脈絡讓某些女性主義者可以重新將結婚一舉定調為進步的政治宣言，視結婚為女性主義思維，在這些重新定位的過程中，兩位女性結婚或兩位男性結婚打破了丈夫與妻子的刻板性別角色。

認為婚姻很「*burgerlijk*」，或老套刻板，似乎是同性伴侶從他們的異性戀手足或朋友身上吸收過來的想法，也阻擋了他們結婚的選則。不過許多同性伴侶自己找到了出路，充滿個人特質的婚姻，以原創又貼近自我的方式來結婚，看起來是對付這種疑慮的解藥。對於比較年輕、新潮（及異性戀）的世代來說，婚姻可能很老套——例如像瑞秋以前就這麼想過；不過她選擇了結婚，而在荷蘭的脈絡底下，她的這個選擇反倒是更另類了。

最後，同性伴侶有時會調整婚姻文化的繁文縟節，主要是婚禮與喜宴，來調解伴侶間對於婚姻看法的歧異或是回應社會反對，約莫在暗指婚姻這套文化制度也會有些改變。不過同性伴侶的婚禮大多映照出荷蘭異性戀婚禮的豐富多元，唯同性伴侶的婚禮可能有三大不同之處。首先，我所訪談的九對已婚伴侶中，沒有一對是在教會見證下結婚的。第二，有些女性主義者利用她們的婚禮來傳遞關於婚姻之於女性主義的原則。第三，同性伴侶邀請賓客時大概更加精挑細選，親人反應不佳的話，有時候就不會受邀，不過這一招是為了保證讓伴侶的大喜之日可以開開心心、沒有壓力。

整體來說，同性伴侶決定要不要結婚、實際結婚的過程與異性伴侶的經驗相似得驚人，同大過於異。關於同性婚姻之後，婚姻的觀念或意義在更廣的社會層面可能發生什麼變化，我在第四章會再回來探討這個問題。

與美國論戰間的關聯

　　談到這裡，看起來可以順理成章來問這個問題了：對於美國的同性婚姻論戰，這些荷蘭伴侶的經驗又可以帶來什麼啟發呢？這些經驗可能適用於美國，其中一個明顯的原因就是我所訪談的三十四人之中，有六位來自於美國。在許多國家，跨國交往的男女同志伴侶特別弱勢，因為外籍配偶在美國可以拿到優先移民身分，而同性伴侶並不符合這個資格，使得某些同性伴侶必須要「為愛流亡」（love exile）── 這是某些我訪談的伴侶所用的詞彙 ── 跨國到像荷蘭這樣的地方。

　　更重要的是，幾位學者經年研究美國同性伴侶的互許承諾儀式，還有一位最近在研究麻州的已婚同性伴侶。而在這些研究發現，即便大多數互許承諾的儀式都不具法律意義 ── 直到最近才有所改變 ── 與其他國家的同性伴侶一樣，美國伴侶結婚的動機與阻礙都相似，有些因素在其他國家也一樣重要。同性伴侶舉行互許承諾的儀式來表達他們對彼此的相守之心，也向親朋好友昭告他們對感情的認真之意。[27]

　　對麻州的伴侶以及有表達結婚意願但婚姻還不是合法選擇的伴侶來說，婚姻的法律與實質益處，在結婚決定上扮演了重要的角色。[28] 強調結婚益處的重要性這點讓美國伴侶與荷蘭伴侶有些微不同，後者幾乎無法從婚姻獲得什麼財務益處，一如我在荷蘭的觀察，還有其他人在丹麥、挪威、瑞典所見，例如移民權這類的婚姻實際價值，對一些伴侶來說是有作用的。[29] 其他的法律益處——依照荷蘭人的說法我將之詮釋為安頓伴侶共同生活的法律架構，在兩個國家中都是結婚的吸引力。女性主義以外的政治因素，對於大多數美國伴侶在決定是否要結婚的因素中，相對來說都不太重要。雖然葛瑞琴·史提爾（Gretchen Stiers）與艾倫·勒文（Ellen Lewin）的研究顯示，美國人舉辦互許承諾儀式時，浮現了政治性訊息與政治性反抗，其出現的過程複雜，但與荷蘭伴侶一樣，選擇結婚並不一定就代表向美國或其他有伴侶制國家的常規或傳統低頭。[30]

在美國與其他國家，有些類似的阻礙，讓同性伴侶無法結婚、或不想結婚，主要是因為女性主義的主張，他們認為婚姻是父權的制度。謝克特（Schecter）與她的同僚表示有些麻州的伴侶是出於這個原因而選擇不婚，艾斯克里居（Eskridge）與史匹戴爾（Spedale）在丹麥也聽過類似的說法。[31] 此外，美國伴侶對於婚姻及其繁文縟節的看法也不一定時時相同，而這也可能會阻礙他們結婚的決定。[32] 對於那些在關係中投入許多感情與其他「投資」的伴侶來說，結婚在社會上或經濟上好像沒有必要，大多數舉行相守儀式的伴侶就是如此。[33]

儘管要做的選擇多少不同，荷蘭及美國的伴侶面對的挑戰有些類似。比起其他研究，我的研究更直接去處理荷蘭伴侶在有合法婚姻選項的脈絡下，如何從個人層面與伴侶層面突破障礙。至少普遍來說，伴侶都理解伴隨婚姻而來的法律權利與義務，讓婚姻與單純同居或是舉行互許承諾儀式有所不同。不過，各國伴侶在決定是否舉行承諾儀式的考量上有著相同因素，這也為其他的研究投注了新的概念，也就是儀式是承諾和意義重要的象徵，即便這些儀式並未受到法律的認可。

總的來說，我訪談的這十九對伴侶，雖然只能代表某部分在荷蘭已婚的同性伴侶、加上數以千計在美國本來會結婚、或將要結婚的同性伴侶，不過這些豐富的經驗依然是個起點，讓我們了解對伴侶來說什麼是很重要的因素。雖然我無法用這些訪談來說明這些因素在同性伴侶間有多麼「普遍」。然而，我的許多調查結果與一項規模更大的荷蘭伴侶調查相近，若將來的研究想特別深入了解運作中的決策流程，我訪談的詳細角度指引了方向。[34]

註釋

1　Liesbeth Steenhof, "Over 50 thousand lesbian and gay couples," *Statistics Netherlands Web Magazine* (November 15, 2005) (accessed March 13, 2006).

2　見 Kees Waaldijk, "Small change: How the road to same-sex marriage got paved in the Netherlands," in *The Legal Recognition of Same-Sex Partnerships: A Study of National, European and International Law*, ed. Robert Wintemute and Mads Andenaes (Oxford: Hart, 2001); Eskridge and Spedale, Gay Marriage; Maggie Gallagher and Joshua K. Baker, "Demand for same-sex marriage: Evidence from the United States, Canada, and Europe" (Manassas, VA: Institute for Marriage and Public Policy, 2006), 3.

3　Caleb H. Price, "Do gays really want 'marriage'?" *Citizen* (June 2006) (accessed June 1, 2006); Stanley Kurtz, "Why so few? Looking at what we know about same-sex marriage," *National Review Online* (June 5, 2006) (accessed January 14, 2007).

4　與人數相對少的群體進行訪談是社會科學常見的研究方法，用來探討調查難以掌握到的複雜新議題。

5　附錄二收錄了訪談方法及受訪者的額外細節。

6　Waaldijk, "Major legal consequences of marriage, cohabitation and registered partnership for different-sex and same-sex partners in the Netherlands."

7　Waaldijk, "Small change," 437–464; Hans van Velde, *No Gay*

Marriage in the Netherlands (Netherlands: Gay Krant, 2003).

8 　所有訪談伴侶中只有一對在婚姻成為合法選項前登記為註冊伴侶。

9 　Larry L. Bumpass, James A. Sweet, and Andrew Cherlin, "The role of co-habitation in declining rates of marriage," *Journal of Marriage and the Family* 53 (November 1991): 913–927; Marin Clarkberg, Ross M. Stolzenberg, and Linda J. Waite. "Attitudes, values, and entrance into cohabitational versus marital unions," *Social Forces* 74 (December 1995): 609–632; Ronald R. Rindfuss and Audrey VandenHeuvel, "Cohabitation: A precursor to marriage or an alternative to being single," *Population and Development Review* 16 (December 1990): 703-726; Pamela J. Smock, "Cohabitation in the United States: An appraisal of research themes, findings, and implications," *Annual Review of Sociology* 26 (2000): 1–20.

10 　Kathleen Kiernan, "Unmarried cohabitation and parenthood: Here to stay? European perspectives," in *The Future of the Family*, ed. Daniel P. Moynihan, Timothy M. Smeeding, and Lee Rainwater (New York: Russell Sage Foundation, 2004), 65–95.

11 　詳見附錄二。

12 　然而，卡薩里娜・布勒沃爾基（Katharina Boele-Woelki）、伊恩・克里桑諾（Ian Curry-Sumner）、米蘭達・楊森（Miranda Jansen）與溫蒂・莎瑪（Wendy Schrama）所做的研究 *Huwelijk of geregistreerd partnerschap? Evaluatie van de wet openstelling huwelijk en de wet geregistreerd partnerschap* (Utrecht:

Ministerie van Justitie and Universiteit Utrecht, 2006) 採樣了荷蘭同性伴侶，這些特徵在該調查中也很常見。在該研究中，同性註冊伴侶與已婚伴侶的平均年齡為四十出頭，比起已婚的異性伴侶或註冊伴侶關係平均年齡年長上許多。同樣的，不論同性或異性伴侶，所有註冊或結婚的伴侶平均教育水準與收入水準都相似。

13　更多討論詳見附錄二。

14　截至二〇〇二年，在登記為註冊伴侶之後，生母的註冊伴侶會自動獲得親權，因此要獲得該身分，不一定就要變更註冊伴侶為婚姻。見 Waaldijk, "Major legal consequences of marriage, cohabitation and registered partnership for different-sex and same-sex partners in the Netherlands," 140.

15　該發現與艾斯克里居與史匹戴爾的發現不同，這兩位研究者的受訪對象並沒有感到家庭催促註冊的壓力。或許此發現的差異表現出婚姻與註冊伴侶制之文化詮釋間的差異。

16　Boele-Woelki et al., *Huwelijk of geregistreerd partnerschap?*

17　同上，這些研究者也發現，比起註冊伴侶，這些結婚的同性與異性伴侶，出於更多與愛情及承諾相關的理由而結婚。

18　Matthijs Kalmijn, "Marriage rituals as reinforcers of role transitions: An analysis of weddings in the Netherlands," *Journal of Marriage and the Family* 66, (August 2004): 582–594.

19　Rose M. Kreider and Jason M. Fields, *Number, Timing, and Duration of Marriages and Divorces: Fall 1996* (Washington, DC: U.S. Census Bureau, 2001); see Eurostat for Western Europe.

20   Rosemary Auchmuty, "Same-sex marriage revived: Feminist critique and legal strategy," *Feminism & Psychology* 14 (February 2004): 101–26; Eskridge and Spedale, *Gay marriage.*

21   Nancy F. Cott, *Public Vows: A History of Marriage and the Nation* (Cambridge, MA: Harvard University Press, 2000); Stephanie Coontz, *Marriage: A History* (New York: Viking, 2005).

22   Anna C. Korteweg, "It won't change a thing: The meanings of marriage in the Netherlands," *Qualitative Sociology* 24 (Winter 2001): 507–525.

23   Boele-Woelki et al. *Huwelijk of geregistreerd partnerschap?*

24   Jan Latten, *Trends in samenwonen en trouwen: De schone schijn van burgerlijke staat* (Netherlands: Centraal Bureau voor de Statistiek, 2004) (accessed May 25, 2008), Charts 5 & 6.

25   同上。

26   同上。

27   美國情況請見 Ellen Lewin, *Recognizing Ourselves: Ceremonies of Lesbian and Gay Commitment* (New York: Columbia University Press, 1998); Gretchen Stiers, *From This Day Forward: Commitment, Marriage, and Family in Lesbian and Gay Relationships* (New York: St. Martin's Griffin, 1999); Kathleen E. Hull, "The cultural power of law and the cultural enactment of legality: The case of same-sex marriage," *Law and Social Inquiry* 28 (July 2003): 629–657; Michelle V. Porche, Diane M. Purvin, and Jasmine M. Waddell, "Tying the knot: The context of social change in

Massachusetts," paper presented at the panel "What I Did for Love, or Benefits, or...: Same-Sex Marriage in Massachusetts," American Psychological Association, Washington, DC (2005); Ellen Schechter, Allison J. Tracy, Konjit V. Page, and Gloria Luong, "'Doing marriage': Same-sex relationship dynamics in the post-legalization period," paper presented at "What I Did for Love, or Benefits, or...: Same-Sex Marriage in Massachusetts" (Washington, DC, 2005); Pamela Lannutti, "The influence of same-sex marriage on the understanding of same-sex relationships," *Journal of Homosexuality* 53(2007): 135–151; Michelle V. Porche and Diane M. Purvin, "'Never in our lifetime': Legal marriage for same-sex couples in long-term relationships," *Family Relations* 57 (April 2008): 144–159. For Denmark, see Eskridge and Spedale, *Gay Marriage*. 英國情況見 Beccy Shipman and Carol Smart, "'It's made a huge difference': Recognition, rights and the personal significance of civil partnership," *Sociological Research Online* 12 (2007), http://www.socresonline.org.uk/12/1/shipman.html.

28　麻州伴侶見 Schecter et al., "Doing marriage,"; Stiers, *From This Day Forward*；及 Hull, "The cultural power of law and the cultural enactment of legality," 詢問伴侶結婚的意願以及結婚的優先順序。

29　丹麥資訊詳見 Eskridge and Spedale, *Gay Marriage*, 102. Gunnar Andersson, Turid Noack, Ane Seierstad, and Harald Weedon-Fekjaer, "The demographics of same-sex 'marriages' in Norway and Sweden," *Demography* 43 (Febru-ary 2006): 79–98，發現許多於挪威及瑞典註冊的男同志伴侶都為跨國伴侶。

30　丹麥與英國的伴侶也抗拒一旦登記為註冊伴侶，他們就「出賣」了女性主義或其他政治價值這樣的看法，見 Eskridge and Spedale, *Gay Marriage*, 97; Shipman and Smart, "'It's made a huge difference.'"

31　Schechter et al., "'Doing marriage'"; Hull, "The cultural power of law and the cultural enactment of legality"; Stiers, *From This Day Forward*; Lewin, Recognizing Ourselves.

32　Sharon S. Rostosky, Ellen D. B. Riggle, Michael G. Dudley, and Margaret Laurie Comer Wright, "Commitment in same-sex relationships: A qualitative analysis of couples' conversations," *Journal of Homosexuality* 51.0 (October 11, 2006): 199–223; Stiers, *From This Day Forward*.

33　Rostosky et al., "Commitment in same-sex relationships"; Hull, "The cultural power of law and the cultural enactment of legality"; Stiers, *From This Day Forward*.

34　Boele-Woelki et al., *Huwelijk of geregistreerd partnerschap?*

徹底排除其他婚姻的
替代方案

♥
♥
♥

Forsaking
All Other Options

前一章中，諸位伴侶的故事及其決定之複雜程度，提供了背景脈絡來解釋同性伴侶選擇結婚的數據。各國開始在法律上認可同性伴侶後，歐洲學者很快便注意到，登記為註冊伴侶的數字似乎低得驚人。比方說在丹麥[A]，法律開放同性伴侶登記的十六年後，共有 2,641 對伴侶註冊；一九九三年至二○○四年間，挪威有 1,808 對伴侶註冊；瑞典在法律開放的十年間內才超過 4,000 對伴侶註冊[B]。[1] 截至二○○七年，荷蘭約有 10,700 對同性伴侶結婚；[2] 如果加上已登記為註冊伴侶的人，就會發現截至二○○五年，至少有 22% 的荷蘭伴侶獲得正式法律身分。[3] 而在英國，直至二○○六年底，同性伴侶相關法規通過的十三個月後，粗略估計在 80,000 對同性伴侶中，有 18,000 對伴侶登記為民事伴侶，這比例也大約是 22%。[4]

　　美國的反同婚人士瑪姬・加拉赫（Maggie Gallagher）與約書亞・貝可（Joshua Baker）統計了同性伴侶結婚的數目，再將統計結果與各國（或美國境內的州，如麻薩諸塞州）男女同志估計人數來比較，加拉赫與貝可宣稱同志結婚人口占同志人口比例為 1% 至 17% 不等，這樣的結婚率「很低」，不過他們也坦言從這些低結婚率中得不出其他結論。[5] 然而其他的評論家抓緊了這份報告，解釋低結婚率證明同志沒有很想結婚，或是不太需要結婚的權利。[6]

　　當然，並非每個人都認為加拉赫等人統計出來的結婚率超乎尋常的低。要期待同婚才剛通過，同志的結婚率就會從 0 漲到 54（這是美國二〇〇六年間，年滿十八歲已婚人士的百分比），實在有點不切實際。[7]同志伴侶壓抑許久的結婚需求可能需要數年才能緩解，在最初幾年先結婚的伴侶很有可能都是長期交往且早已互許終生。因此我們也無法從年度間結婚率的變化，看出之後年度結婚率的常態。

　　我的同事蓋瑞・蓋茲（Gary Gates）認為，未婚異性戀者每年的年度結婚率也相當低，從這個角度來看，同志伴侶的結婚率就不算低了。不過他也預期，在壓抑已久的結婚需求都緩解了之後，同性伴侶的結婚數目也不會驟降。時間一長，同志伴侶結婚之後，單身的同志人口總數就會縮水，這

A　編註：丹麥於一九八九年六月七日通過同性註冊伴侶關係（丹麥語：registreret partnerskab），且於同年十月一日生效，成為第一個認可同性結合的國家。而丹麥也在二〇一二年六月七日由丹麥國會通過同性婚姻法案，成為全球第十一個通過同性婚姻的國家。

B　編註：瑞典於一九九四年將同性性行為合法化，隔年（一九九五年）起可合法登記伴侶關係。瑞典也於二〇〇九年通過同性婚姻。瑞典也是目前公認對 LGBT 族群最友善的國家之一。

樣每年未婚同志的結婚占比就會增加。這項爭議也顯示,若要拿同性結婚率與異性結婚率的常見指標相比,小心一些並不為過。

然而,在同性婚姻的政策論戰當中,結婚率似乎反映了同性伴侶對婚姻的想法,因此這些數字是相當重要的依據。不過,各國結婚率的差異也很有可能只是反映出伴侶各有各的考量。將結婚率擺回脈絡裡檢視,可以讓我們更了解伴侶結婚與否的原因。因此在本章開頭,我會將幾個國家的結婚率與各種衡量結婚的潛在原因進行比較。這些比較結果顯示,不管該國的結婚率是高是低,也很難用目前關於人們為何結婚的理論來解釋不同國家之結婚率;也因此這個比較結果也無法針對婚姻觀提供有效的民調數據。

本章第二部分,我提出另外一個不同的關注角度,透過伴侶選擇結婚或註冊伴侶制的比率來看,可以深入了解婚姻的意義與定位。在荷蘭,同性伴侶與異性伴侶同樣都會在這兩種不同的法律身分中選擇,所以非彼即此的選擇,反映出婚姻在社會、文化與個人面上相對認知的價值。荷蘭同性伴侶的數目及評論皆顯示,同性及異性伴侶在碰到關係選項的時候,「婚姻」每次都名列前茅。

為什麼沒有更多的同性伴侶結婚？

在第二章中關於個人決定的特寫觀點，提供我們解決數據中所引導出的問題的新答案，如上章所述，我與荷蘭伴侶的訪談顯示，低結婚率的原因不但複雜，也可能環環相扣：

- 長期交往的伴侶已透過法律文件及社會支持建立了婚姻替代方案，因此便降低了結婚的實質價值。
- 在荷蘭（還有其他國家），同居的同性伴侶享有某些結婚的權利與責任，而國家增加了某些原本婚姻才能提供的社會保險機制，這點又再度降低了結婚的實質價值。
- 同性伴侶生養孩子的機會可能比異性伴侶來得低，因此降低了對婚姻的需求。
- 伴侶已經努力爭取了非法定的認可，如親朋好友對兩人感情的肯定，結婚可能會貶抑了先前努力的意義及結婚前經年情感的價值。
- 由於過去同性伴侶被排除在婚姻制度之外，再加上其他意識形態的信念，有些男女同志在政治上反對婚姻。

明顯低的結婚率可能就是上述因素加總作用的結果，有一些因素是男女同志特有的，抑或是該因素對於同性伴侶的影響力大過於異性伴侶。雖然異性伴侶可能也會面對某些相同的壓力，但對同性伴侶來說，嶄新的結婚權、加上多年來只能靠自己經營關係，都可能加深了影響。

　　除了決定婚姻時所需的各種因素，實際決定的過程可能會花上一段時間，就算是目前有互許承諾的伴侶也是如此。從我的訪談中可看出，所有伴侶在決定結不結婚時，皆涉及兩組複雜的動機及觀念，因此即便只有一小部分懷疑婚姻的因子存在，都會延遲或阻礙婚禮的舉行。做完了這些訪談之後，從男女同志所處的背景脈絡及面對的障礙來說，我輕鬆得出結論 —— 結婚率及註冊伴侶率根本就「高於」我的預期。

　　初期的數據已經引來滿天飛的揣測了。時間一久，我們對統計數字背後的原因應該會有更深入的認識，但是我發現其他人所提出的原因無法令人滿意。有幾位作家，包括戴爾・卡本特（Dale Carpenter）、保羅・瓦奈爾（Paul Varnell）、威廉・艾斯克里居（William Eskridge）、達倫・史匹戴爾（Darren Spedale）皆認為比起異性戀來說，男女同志結為承諾關係的機率較低的原因，是因為同性關係在這個歷史階段上，缺乏法律與制度的支持。[8] 我們沒有如歐洲國家一般，有同志人口結為伴侶機率的好數據，不過美國最近的研究顯示，有 25％至 50％的男女同志處在互許承諾的關係中。[9] 就算荷蘭與其他歐洲國家也是這樣的模式，也無法說明「實際」同性伴侶的低登記率與結婚率的原因。在荷蘭，22％的同性伴侶已結婚或登記為註冊伴侶，同時異性戀伴侶該比例為 80％。

有些作家認為，結婚或登記率低，反映出婚姻在同志關係中是很新穎的概念。[10] 儘管這主張聽起來合理，但在我訪談的男女同志中，他們都回顧了童年時對於婚姻的願景與期待，這種主張沒有完全將兒時的願景與期待納入考量。那些試著解釋低結婚率的人指出，麻州同性伴侶對結婚的接受程度比較高，以此證明一個國家「結婚的文化」很重要，因為美國的結婚文化更勝歐洲。[11] 但是美國同性伴侶的結婚率與登記率依然比國內的異性戀伴侶低。北歐的伴侶已經有許多年可以考慮是否要結婚，原以為隨著新的關係形式之形成與蓬勃發展，伴侶登記數也會急遽攀升，但尚未見到此種情況。

這些人也提出其他可能的原因——例如排斥結婚的想法，這和我所發現的原因有些相關。[12] 但如果真的要了解意識形態的阻礙為何很重要，我們也得思考到，我訪談過的幾對伴侶一樣還是可以繞開阻礙，且最後還是結婚了。瓦奈爾、艾斯克里居與史匹戴爾提出另一個可信的解釋，由於伴侶對社會汙名與歧視的恐懼，讓他們待在深櫃而無法進入戶政系統中。然而，我所訪談的那些未婚或註冊伴侶，在職場與家庭都頗公開自己的感情，所以「櫃內說」無法充分解釋為何有些伴侶決定不結婚。我訪談的那位未向家人出櫃的女同志也結婚了，她也發現隱藏自己結婚的事實並不比隱瞞自己是女同志來得難。

若我們深入仔細比較各國同性伴侶的登記率與結婚率，而不依賴伴侶人數相對較少的訪談數據[c]，就會發現要找出降低結婚率的單一特定因素很困難。我在此透過比較各國伴侶登記率、以及婚姻實務與文化價值的衡量指標，想藉此找尋出模式。結婚實務價值低的地方，伴侶登記率是否就比較低呢？或者，在婚姻被視為過時的國家數據會比較低嗎？如果這樣的模式出現，我們或許可以說同性伴侶結婚率低是因為在他們的認知中結婚的好處不多，抑或是不喜歡這套制度。

衡量伴侶登記率需要謹慎的架構與若干調整。我按照丹麥、瑞典、挪威、冰島、荷蘭與比利時的國家分類，加總所有登記的伴侶數（法國並無在民事伴侶結合法〔PACS，

Pacte Civil de Solidarité〕^D中區分同性或異性。德國與芬蘭也沒有公布這類的數字），接著建立了一套方法來調整各國法律與大小上的差異。因考量到隨著時間經過便會有伴侶結婚，以及因為某些國家法律的生效時間比其他國家來得久，我便按照可得的身分資料，計算出每年平均的伴侶登記數或同性伴侶結婚數。接下來，因考量到某些國家潛在的同性伴侶人數比他國多，我便再以該數除以二〇〇四年各國十五歲以上的未婚人口數。在調整數據過後，每十萬未婚人士中，每年伴侶登記率（或結婚率）如下：丹麥 12.5，冰島 13.7，

C　編註：這裡指的是作者所訪談的同性伴侶。

D　編註：在法國的民事伴侶結合法（Pacte civil de solidarité，PACS）施行前，法國僅有婚姻制度。許多人不願（或無法）締結婚姻關係，而只能選擇「同居」（concubinage），在法國民法典中，同居屬於伴侶結合的一種，且不分同性或異性。不過同居人彼此並無忠誠義務，也無扶養義務、相互代理權或繼承權等。隨著同居人數逐年上升，法國政府便開始考量要賦予同居人在法律上的何種權利義務。因婚姻所涉及之權利義務較為複雜，而同性戀伴侶也因為無法進入婚姻關係而只能選擇以「同居」方式生活，因此其實同居也需在法律上受到保障；在 LGBT 人權高漲的脈絡下，以及希望政府正視同居的同性戀伴侶在社會上遭受到的困境與阻礙，法國政府便於一九九九年十一月十五日頒布民事伴侶結合法，成為法國第三套除婚姻與同居之外能賦予伴侶關係法律地位的制度。

挪威 10.9，瑞典 13.0，荷蘭（註冊伴侶關係）25，荷蘭（結婚）39.8，比利時（結婚）77.3。

接下來，我針對幾種可能會影響同志結婚或登記為註冊伴侶的因素，在圖表上繪製了每項調整後的登記伴侶關係比率。若某項因素與結婚率關係密切，我們應該會在圖表上看出清楚的模式：在同性結婚率高的國家，對於我們也有所考量的特定因素，他們也會視其具有高（或低）的價值。為了檢視是否有統計顯著性（statistical significance），我也測試了伴侶登記率或結婚率與該因素之間的關聯度。

可惜卻不令人意外的是，從這些比較中得出的結果，並無單一的因素能解釋伴侶結不結婚或要不要去登記的原因——請想想結婚之後的第一個實際收穫。歐洲的法律學者基思‧瓦迪克（Kees Waaldijk）與其同僚建立了一套結婚與註冊伴侶關係的「法律成果程度（level of legal consequences）」衡量法。在二〇〇三年賦予同性伴權利的九個國家中，律師按照親權、稅務、財產劃分、繼承、健康保險、年金等面向，將異性戀的合法婚姻之權利與責任，與同居、登記或結婚的同性伴侶做比較。[13] 當我將「伴侶比例」與結婚或登記的同性伴侶——相較單純同居者——所增加之權利及責任相較，兩者互相比對的結果卻看不出關聯性。（見圖 3.1），圖表上各點成隨機分布。

另一項未得出結論的比較，是各國的社會保障支出。伴侶登記率較低的國家，社會支出並不一定比較高。（見圖 3.2）（些微負相關不具統計顯著性）這兩項比較顯示，在歐洲，不論如何，就算婚姻實際價值低並不會導致較低的結婚率。

另外一項評估婚姻價值的方法，便是比較同性伴侶與異性伴侶決定是否要結婚的表現。這項比較觸及某些評論家提出的「結婚文化」解釋。異性戀同居率（見圖 3.3）與異性戀結婚率（見圖 3.4）是兩項很好的衡量指標。[14] 比利時的同性結婚率很高，但同居率與結婚率皆很低，如果排除比利時的話，異性戀伴侶的同居率、結婚率與同性伴侶的註冊、結婚率並無明顯關聯（就算納入比利時，關聯度也沒有統計顯著性，但是同居率就比較接近了）。換句話說，數據中並無證據顯示，異性伴侶對婚姻興趣缺缺與同性伴侶的登記率和結婚率有所關聯。

不過我的確發現了伴侶登記率與婚姻信念間具有令人玩味且強烈的關聯。在「世界價值觀調查」（The World Values Survey）中，訪問了許多國家的受訪者是否認為婚姻是套過時的制度（我會在第四章深入檢視這些資料）。一個國家如

圖 3.1 因法律權益增加而締結為伴侶之比例

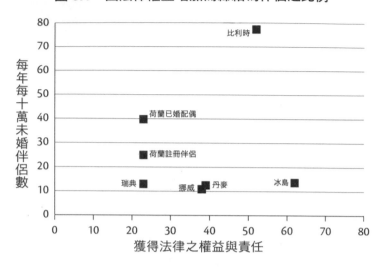

圖 3.2 因社會保障支出而締結為伴侶之比例

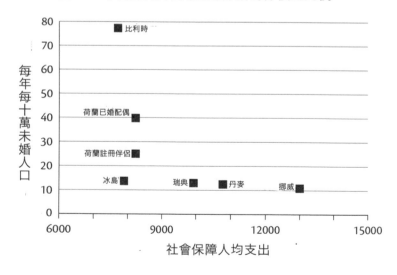

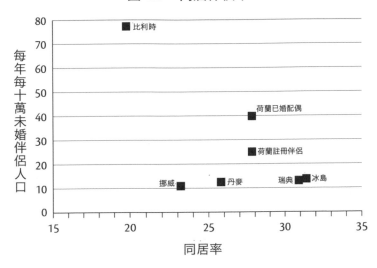

圖 3.3　同居伴侶率

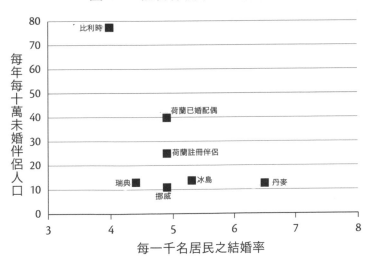

圖 3.4　註冊伴侶率 VS. 結婚率

果有許多人認為結婚是過時的，我們或許順理成章覺得會得到低結婚率的結果。不意外地，在圖 3.5 中顯示，較多人認為婚姻過時的國家，異性戀結婚率比較低，雖然這種負相關不具統計顯著性。

出乎意料的是，圖 3.6 中的同性伴侶模式反其道而行──在普遍認為婚姻過時的國家中，同性伴侶的登記率或結婚率反而比較高！或許這項關聯性顯示出了瑞秋在第二章中所指出的轉折──對異性伴侶來說，結婚可能很老套（burgerlijk），但是考慮到同性伴侶結婚或登記有著不同的政治脈絡，他們比較容易忽視這點。又或者比起異性戀伴侶來說，同性伴侶比較不會把這些權利視為理所當然，因為要贏得這些權利不得不掀起一場政治大戰。

最後一個檢視數據的角度證實了婚姻的信念具有潛在重要性。丹麥、挪威、瑞典、比利時與荷蘭的同性伴侶，在同性婚姻／伴侶登記剛通過時，男同志伴侶的登記數遠遠高於女同志伴侶。然而，時間久了，女性也開始迎頭趕上，現在每年男女同志伴侶的登記數都相差無幾。這個模式符合我與荷蘭伴侶訪談的結果，透過訪談可以發現，對於婚姻的特定想法都會成為決定是否要結婚的障礙。首先，在我的訪談中發現，意識形態的障礙對於許多女同志來說是特別難以跨越

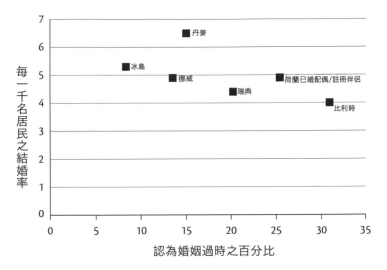

圖 3.5　異性戀結婚率 VS. 認為婚姻過時之比例

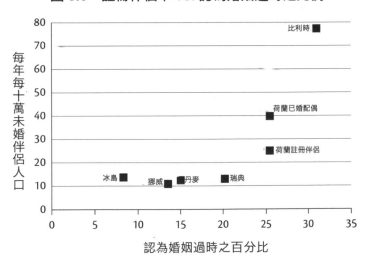

圖 3.6　註冊伴侶率 VS. 認為婚姻過時之比例

的。綜觀全局——隨著時間經過，女性會對於結婚的看法有所轉變，抑或是她們為了讓結婚成為人生中更好的選擇，而在她們特定的需求上做了改變。

比較歐洲與美國 GLB 族群對結婚的興趣，可以發現在伴侶的結婚決定中，實質的福利有潛在的重要性；比較中也顯示出在美國的同性伴侶比起歐洲同性伴侶更想結婚。一九九〇年代初期，葛瑞琴・史提爾訪問了九十位住在麻州的男女同志（78％有交往對象），詢問他們「如果可以結婚的話，是否會想結婚？」，58％的受訪者表示會。其他的證據顯示從自此以降，對結婚的嚮往與日俱增：

- 哈里斯民調公司（Harris Interactive）與威特康姆通訊公司（Witeck-Combs Communications）於二〇〇三年線上調查了 748 位 GLB 族群，78％的受訪者表示如果他們有互許承諾的交往對象，會想要合法結婚。比起一般同志，年紀較輕以及教育程度較低的同志更有意願會想結婚。[15]
- 在二〇〇一年的一項調查，訪問了 405 位來自於美國十二大城市地區的 GLB 族群，調查顯示 74％的人希望總有一天能結婚。[16]

- 近期一項針對紐約地區的 GLB 青少年的調查中也發現，他們對婚姻很感興趣，61％的年輕男性與 78％的年輕女性表示他們很有可能會與同性伴侶結婚。[17]

　　若有機會結婚的話，比起歐洲的同性伴侶，美國的同性伴侶結婚或登記的可能性高上許多。美國人口普查局（U.S. Census Bureau）進行的「美國社群調查」（The American Community Survey）也提供了有關同性伴侶更好的數據，作為更恰當的比較基準。[18]二〇〇〇年至二〇〇七年間，佛蒙特州有 51％的同性伴侶登記民事結合；[19]而在麻州，同性婚姻成為合法選擇之後的最初三年，有超過 10,385 對同性伴侶結婚，為居住在該州之同性伴侶總數的 44％；在二〇〇八年加州短暫開放同性伴侶結婚之前，有超過 44％的同性伴侶登記為同居伴侶關係（domestic partnership）。

　　但是，異性伴侶還是比男女同志伴侶更有可能結婚，因為美國 91％的異性伴侶都結婚了。既然同性伴侶的數字持續攀升，可能有一天便會迎頭趕上。另外，美國的女同志伴侶結婚與登記的機率比男同志伴侶還高，恰恰與歐洲的模式相反，這也顯示了結婚與生養小孩相關的務實價值可能很重要。在美國，有小孩的女同志家庭超過男同志，而美國同性伴侶生養小孩的比例也比荷蘭及北歐高。

　　本章提出了一些因素來解釋為何美國的同性伴侶比荷蘭的同性伴侶更有可能結婚。在荷蘭，估計只有四分之一的同性伴侶已婚或民事登記：

- 在美國結婚的好處比荷蘭多，例如雇主提供的健康保險。
- 與荷蘭不同的是，美國的同性伴侶若只是同居的話，並不會獲得明確的權利或責任。
- 根據美國人口普查局的資料，美國同性伴侶家庭中，有小孩的機率更高一些。粗略來說，男同志伴侶中，每五對中就有一對家中有小孩；女同志伴侶則是每三對就有一對。相對於荷蘭的資料顯示，只有9％的同性伴侶家裡有小孩。[20]
- 可能是因為宗教信仰與其他價值重要性更高（討論詳見第四章），美國的結婚率比較高，這麼一來就改變了同性伴侶（以及異性伴侶）做結婚決定的文化背景。

整體而言，荷蘭與美國的同性伴侶研究顯示，決定不結婚並不代表瞧不起婚姻或徹底地排斥婚姻制度。相反的是，荷蘭與美國的同性伴侶認為結婚是嚴謹的一步，若該對伴侶沒有互許承諾的心與相守的打算，那麼便不會踏出這一步。而對許多人來說，透過重要的法律與文化牽絆，生小孩的決定也與婚姻綁在一塊兒了。如我在第二章中所述，那些選擇不結婚的人，有時會不認同婚姻的各個面向，但這些觀念都是有可塑性的，時間久了似乎也會改變 —— 後續我會在第五章中深入探討。影響伴侶結婚決定的複雜因素，加上伴侶處在各式法律及社會背景做的結婚決定，都毫無疑問地說明了為何同性伴侶的結婚率比較異性戀伴侶來得低。

在結婚的替代方案中選擇：「正統」VS.「四不像」

要掌握同性伴侶結婚決定的情況，最直接的辦法就是去看同性伴侶的結婚或登記百分比，但是一如本章目前所述，這絕對不等同於婚姻觀的民意調查。就我的觀點，有個不同角度能來檢視伴侶的結婚決定，更能顯示出同志伴侶對於婚姻普遍價值的看法。如我在第二章所述，所有在荷蘭的伴侶都有各種不同的選擇，決定是否、以及如何建立關係的正式地位。我在本章後半部會檢視同志與異性戀伴侶是如何看待婚姻的，並與其替代形式比較。這些故事與數字都清楚告訴我們，對伴侶而言，在所有正式合法的選擇中，婚姻當屬第一。

一九九八年荷蘭在政治上妥協，賦予同性伴侶在婚姻中大多數的權利與責任，為所有的荷蘭伴侶迎來註冊伴侶制的權利——唯不用「婚姻」（marriage）一詞來稱呼。大多數我訪談的同性伴侶都意識到婚姻與註冊伴侶制之間有些許法律差異，但他們覺得差異微小（有趣的是，如先前所說，他們也覺得同居與結婚的法律與實務差異相對微小）。大多數的伴侶也都支持同性與異性伴侶都應該要能在結婚與註冊伴侶間有所選擇。然而幾乎每個人，不論法律身分為何，皆對註冊伴侶制表達了嫌惡的態度。顯然，他們認為這種身分在社會與文化上，與婚姻相比都是次等的。

我所訪談的四對註冊伴侶都是在婚姻合法化前取得註冊伴侶關係。這四對當中，只有保羅與哈維耶偏好註冊伴侶制多過婚姻。如第二章所述，保羅把做這個決定的原因講得相當清楚，他解釋道：「我認為婚姻是一輩子的終身選擇，我不是很確定是不就是他。對我來說，這就立刻構成一個不結婚的理由。」長長久久是婚姻的文化理想，並不是法律理想，對保羅來說，有不同的選擇又不用承擔文化期待是很有幫助的。

另外三對已登記為註冊伴侶的說法，顯示出他們認為婚姻不只是不一樣，在某些方面還具「較優等的」地位。威勒與葛特稱呼他們的註冊伴侶關係（與儀式）為「婚姻」，為紀念這個特殊的盛會，兩人精心策畫盛大婚禮，且舉行了整整一個週末，接著便是一場由婚禮賓客所資助的環遊世界蜜月旅行。這兩位並沒有正式將註冊伴侶關係變更為婚姻，因為在他們看來變更的支出（數百歐元）多過法律賦予婚姻的微薄好處。蘿拉與莉雅準備在我們訪談的一週後將註冊伴侶關係變更為婚姻；伊內珂與戴安娜表示要是當初可以結婚的話，就會選擇結婚，因為註冊伴侶制「不是正統的婚姻……只是為了要讓基督教政黨滿意。」

不意外地，已婚的伴侶是最不支持註冊伴侶制的。他們面對的是明確的選擇，也選擇了婚姻；就連沒有結婚也沒有登記為註冊伴侶的人也表示，註冊伴侶制的吸引力太低了。這兩組伴侶對註冊伴侶制的看法，從厭惡到肯定婚姻較為優越。瑪格麗特表示：「我認為註冊伴侶制根本就是糞土，很CDA 風格（荷蘭基督民主黨ᴱ），完全就是四不像。」她與伴侶米莉安兩人在有小孩沒多久之後便結婚了。羅伯反對婚姻，因為他比較喜歡社會體系能依個人，而非雙雙對對，但是他依然認為註冊伴侶制比起婚姻「更荒謬」。

乾巴巴的「註冊伴侶制」身分與婚姻的豐富情感，在意義上有著強烈的差異，安娜回憶並表示：「我認為對大家來說，這是邁向婚姻的一步，所以我支持。」她沒有註冊也沒有結婚，「但我私下認為，我並不想登記——聽起來很像會計報告：『我登記好了。』」

奧圖與布拉姆結婚的決定，是出於情感上與精神上的，這與註冊伴侶制格格不入，奧圖對於這個替代方案沒什麼好話可說：「結婚的決定充滿了感情——我雖然不會說是很精神上的決定，但它最後的確是很心靈層面的，這是我們帶著感情做的決定——而我認為註冊伴侶制這個名字聽起來就已經非常務實。好像你得去記錄、計算，然後得出餘額。」

的確，二〇〇六年布勒與威爾基等人所做的調查，也贊成「註冊伴侶制」對於有選擇的伴侶來說，這個制度有著非常不同的意義。在他們所調查的伴侶當中，相較於選擇結婚的人，選擇註冊伴侶制的大多會提到他們正式建立法律關係的務實原因；而選擇結婚的人，談及較多感性及象徵性的理由。

大多數我訪談的荷蘭伴侶都認為，在歷史時空下，註冊伴侶制是邁向平權很好的一步，但同時也認為婚姻就是比較好──因為他們認為婚姻是比較完整的法律身分，抑或是因為婚姻代表了完整的法律平等地位。艾倫與薩絲琪雅在有結婚念頭的時候，也考慮過註冊伴侶制，但她們覺得自己想要的是異性戀擁有的「正統婚姻」。艾倫有力地說：「我們都是一樣的，不想要次等的。」

許多荷蘭伴侶認為婚姻更優，因為它具有附加的社會意義，而這卻是最近因著政治才發明出來的「註冊伴侶制」所缺乏的，因為婚姻擁有「實質內涵」。瑪莎與琳恩放棄註冊伴侶制而選擇婚姻，對琳恩來說結婚就是告訴別人「這是我選擇要共度一生的女子」，就如她的兄弟姊妹結婚時一樣，註冊伴侶無法傳遞一樣的訊息。

婚姻不只是可以傳遞獨一無二的訊息，而且接收到訊息

E　編註：荷蘭基督教民主黨（Christen-Democratisch Appèl，縮寫為CDA），為荷蘭中間偏右派之政黨。過去基民黨主要支持者來自新教和天主教，現主要集中在荷蘭之農村地區與老年人。在二〇〇〇年九月，同婚法案在荷蘭的眾議院進行表決之時，當時執政的工黨（PvdA）與自由民主人民黨（VVD）皆表態支持同婚，最後以 109票贊成，33 票反對，9 票棄權，而通過同婚法案。當時反對的政黨中，基民黨便是其中之一。

的人也可以理解。[21]「婚姻很棒的一點就是大家都懂。」瑪莎指出，「兩歲小孩都懂，這是社會背景，大家都了解婚姻的意思。」其他伴侶表示，婚姻與註冊伴侶制不一樣，其他國家都能接受婚姻的意義，但有某些情況是他們承認荷蘭的同性婚姻，但卻不承認註冊伴侶制。

雖然荷蘭能提供伴侶如此豐富的法律選擇是相當獨一無二的。但註冊伴侶制次於婚姻的地位所帶來的類似反感，或許可以解釋為何伴侶登記率在其他國家較低。但艾斯克里居與史匹戴爾並不認為丹麥低落的登記率之原因，是因為註冊伴侶制並不是「正統的婚姻」。他們認為在丹麥伴侶眼中，決定登記為註冊伴侶關係就等同於結婚，而註冊伴侶制在社會層面上的待遇與婚姻相同。但是丹麥的同性伴侶並無結婚的選擇（異性伴侶不能使用註冊伴侶制），所以我們也無從得知，如果可以結婚的話，現有的選擇是否會被視為退而求其次的選項。

在某些地方，非婚身分的文化與政治狀態，會向男女同志發出極為明顯的差異與次等之訊息。婚姻的替代方案一般來說都缺乏典禮儀式，也未曾深植在歐洲或北美的文化及社會當中。除了婚姻之外，任何替代方案都沒有文化性的儀式或理解來加強其意義。為了強調自己與伴侶互許承諾的決心，同志伴侶在打造自己的儀式時非常足智多謀，不過婚姻與非正式、或較輕的法律承諾之間，不平等差距依舊清晰。[22] 伴侶清楚且正確地認知到，給同性伴侶的婚姻替代方案在設計上就比婚姻劣等。

例如在法國，異性伴侶要在市政廳結婚時，證人須得陪同。[23] 該對伴侶會與其他即將成婚的新人在外頭的一個專屬房間等待，輪到他們的時候，兩人便在市長或代理人面前交換誓詞。民事伴侶結合法（PACS）是法國同性伴侶關係法律認可效力最強的形式，按照該法登記的同性伴侶，雙方不用證人，只要在法國地方法院（tribunal d'instance）的書記辦公室登記契約成立即可，在這個重要的場合中也省去了傳統儀式或例行公事。伴侶要登記時，他們要和其他來上法院處理債務或租賃糾紛的人一同在等候區等待。人類學家威爾佛瑞・雷特（Wilfried Rault）所說的「象徵暴力」（symbolic violence），便是這些提醒他人其次等地位的事物。同性伴侶很明白自己的劣勢，所以他們會盡可能地盛裝、偕同親朋好友出席（親友必須在書記辦公室外等待），事後再安排私人儀式或慶祝活動。

連重視平等的瑞典在註冊伴侶與結婚間都有差別。楊思・史托姆（Jens Rydström）認為婚姻與伴侶制間在民事儀式上的微小差異強化了象徵上性的不平等。比方說，主持儀式的公務員會「宣布」（declare）異性戀伴侶結為夫婦，然而換作是同性伴侶時，他們卻是「告知」（inform）該伴侶已完成登記。「這樣更強調了註冊伴侶制公事公辦的合約性質，但是婚姻卻好似魔法配方一般，將夫妻二人成為一體了。」[24] 婚禮儀式肯定了異性戀夫妻「造福下一代的責任」，這是註冊伴侶制中付之闕如的職責，也因此在象徵意義上排除了註冊伴侶。

在歐洲同性伴侶的經驗中得知，因為無法結婚，婚姻的替代方案在象徵與表態的意義上顯示出這只是同性伴侶退而求其次的選擇。在二〇〇八年，加州最高法院指出了同居伴侶制（domestic partnership）的不足之處——與婚姻相較，同居伴侶制可能會讓同性伴侶被貼上次等公民的標籤，也缺乏社會上的理解。[25] 實務上來說，婚姻是一套發展成熟的社會制度，這些婚姻的法律替代方案因無法體現結婚在文化與社會的意義而受限。一旦結婚有望，象徵階級的地位就很清楚了：對同性伴侶來說，婚姻優於替代方案。

選擇的排序浮現

我們也可分別比較選擇「婚姻」與「註冊伴侶制」的人數，再來評估這兩者的相對價值。只有荷蘭提供所有的伴侶這兩種法定關係選擇，以及有著明確的同居協議書（amenlevingscontracts）（可選擇要或不要）的同居關係。實際上，端看國際與美國的統計數字所勾勒出來的大方向，如同我們在荷蘭伴侶訪談中的觀察，可看出伴侶在做決定時對替代方案興致缺缺。比起異性伴侶，同性伴侶比較願意使用新的法律身分，但這或許是因為他們想要在開放的選項中，選擇一個最接近婚姻的身分。

一九九八年至二〇〇七年間，荷蘭有 10,401 對同性伴侶註冊，換句話說是一年 1,040 對。然而，開放同性婚姻之後，在更短的時間內（二〇〇一年至二〇〇七年），將近有 10,700 對同性伴侶結婚，換算下來是一年 1,528 對。更加明顯的是登記為註冊伴侶的人數急劇下滑；二〇〇一年後，從一年 1,500 對至 3,000 對不等，下滑至一年 500 至 700 對不等；同時結婚的同性伴侶數目則為註冊伴侶的兩倍，顯示同志伴侶強烈偏好婚姻。

二〇〇一年，當荷蘭的同性婚姻合法化時，立法者意識到某些已註冊的同性伴侶可能會想結婚，因此新法也包含了身分變更，讓註冊伴侶制能變更為婚姻，而反之亦然。我們不知道有多少對註冊伴侶變更為婚姻，因此這裡有些數字可能會重複計算。人口學者莉絲貝・史登霍夫（Liesbeth Steenhof）利用荷蘭人口普查（該普查區分了註冊伴侶與結婚伴侶），並推估至二〇〇五年，荷蘭有近 12% 同性伴侶已結婚，另有 10% 的同性伴侶已登記為註冊伴侶，[26] 因此這表示已婚或採用近似結婚制度的同性伴侶比例至少占 22%。

異性伴侶一樣也支持婚姻。至二〇〇七年，荷蘭七年間只有 37,500 對異性伴侶登記為註冊伴侶（一年約 3,700 對），比起每年七萬到八萬對的新婚夫妻數以及七十萬對同居異性伴侶數來說，該數真的相當低。[27] 荷蘭總共有三百五十萬對已婚伴侶，再加上七十萬對未婚伴侶，我們可以計算出對未婚的異性伴侶來說，註冊伴侶制的「使用率」只有 5.3%，不計結婚與否，註冊伴侶占所有異性戀伴侶的比例只有 0.9%。

註冊伴侶制作為替代方案一事，有個有趣的插曲 —— 異性戀伴侶間，註冊伴侶與婚姻身分轉換有個奇妙的新現象。二〇〇七一整年，除了約 3.7 萬對的異性戀伴侶登記為註冊伴侶外，28,576 對的異性戀已婚夫妻把婚姻變更為註冊伴侶制，這讓政策制定者大吃一驚。多數的變更都是經由快速註銷（flash annulment）或只提供給註冊伴侶使用的精簡行政解除手續來完成。[28] 當法律賦予同性伴侶結婚權，這些快速註銷現象則是無心插柳的結果。不過荷蘭的人口學者注意到，自二〇〇一年以降，離婚率降低的幅度大於快速註銷案件數，[29] 因此註冊伴侶變更並沒有讓更多婚姻劃下句點，只是改變了婚姻結束的「方式」。

當然，許多荷蘭的異性戀伴侶根本懶得結婚或登記為註冊伴侶。二〇〇三年，荷蘭有七十萬對伴侶（應多為異性戀伴侶）未婚同居，約占所有伴侶人口數的 17%。這些伴侶約半數簽了同居協議，換句話說，約有 8.5％的荷蘭伴侶（大多數為異性戀）在法律關係上選擇了同居協議，而非婚姻或註冊伴侶制。從我所訪談過的同性伴侶角度來判斷，對同居伴侶來說，若要申請貸款或是獲得福利，同居協議相當重要，這也說明了為何同居協議的比例高得驚人。

從異性戀伴侶的角度來看，婚姻顯然是安排法律關係的首選，附帶或不附帶同居協議的同居關係次之，而註冊伴侶制遙居第四。相對的，男女同志伴侶決定要賦予關係正式名分時，會選擇婚姻，儘管目前有更多同性伴侶選擇單純同居，不用正式法律身分。我們再次看到，同性與異性伴侶對婚姻態度的相似度高得驚人。

　　沒有任何國家可以提供同樣有效的婚姻民意普查。法國與比利時是最接近的了，兩國皆提供為同性伴侶量身訂做的法律身分，同時也開放異性伴侶使用。可惜的是，我們並沒有法國異性戀結合為民事伴侶（Pacséed）的統計數字，或是比利時的法定同居伴侶（legal cohabitants）的數據。法國法律甚至不讓國家分別按照異性或同性伴侶追蹤或回報民事伴侶結合的數字。[30]

　　在美國，大約有四分之一的男女同志伴侶在州級層面上可以選擇某種類型的法律認可。美國的同志伴侶對婚姻或近似婚姻權利與責任的身分制度最為熱衷。如先前所述，麻州男女同志結婚的步調相當驚人，同婚開放第一年就有37%的伴侶結婚[F]。[31] 對比之下，在佛蒙特州、紐澤西州與康乃狄克州開放民事結合（civil union）的第一年，只有12%的同性伴侶登記[G]；而加州、華盛頓州、紐澤西州、緬因州與哥倫比亞特區在開放同居伴侶（domestic partnership）的第一年，只有10%的同性伴侶註冊[H]。有另一觀點，比較同性伴侶在第一年簽署完整或近似婚權（主要為婚姻與民事結合）關係的比例，與簽署更多限制的法律身分之比例，婚姻與近似婚權的身分在第一年吸引了 21％的伴侶，然而有限法律身分在第一年只吸引到 10％的伴侶。

在加州與紐澤西州，年紀大的異性戀伴侶也可以註冊為同居伴侶，而他們的行動也證實了大多數的伴侶都偏好婚姻，[32] 僅有少數人選擇了該方案。加州只有 5％至 6％的註冊同居伴侶為異性戀，[33] 因為伴侶中至少要有一方是 62 歲以上才能註冊，限制了符合資格的總額。在二〇〇〇年美國人口普查，加州的數據顯示，該數字只占該年齡層中符合資格之異性戀伴侶的 6％，剩下約 94％未註冊或未婚。二〇〇四年七月至二〇〇六年五月間，紐澤西州 4,111 對伴侶中只有九十對註冊為同居伴侶[34]，拿此數字與紐澤西州約 3,400 對符合年齡資格的異性戀未婚伴侶相比，結果為相當低的 2.7％

F　編註：麻薩諸塞州內同性婚姻於二〇〇四年五月十七合法化。

G　編註：佛蒙特州於二〇〇〇年七月成為美國第一個給予同性伴侶民事結合身分的州，並於二〇〇九年於州內通過同性婚姻；紐澤西州則於二〇〇六年十二月通過同性伴侶之民事結合的法律；康乃狄克州在二〇〇五年十月一日起，同性民事結合關係登記正式生效，該州並於二〇〇八年通過同性婚姻，為美國第二個承認同性婚姻的州。

H　編註：加州於二〇〇三年通過伴侶關係法律，緬因州是二〇〇四年，哥倫比亞特區則是二〇〇〇年。

註冊率。也有另一項研究發現，在美國其他地區，大學城
（college town）¹中只有約 10％的註冊伴侶為異性戀 ³⁵，也
顯示出異性伴侶對婚姻以外的制度興趣缺缺。

有意思的是，如此低迷的註冊率，與美國有提供同居伴
侶福利的資方經驗反差相當顯著。在這種情況下，異性伴侶
的註冊數量遠高過於同性伴侶，雖然異性伴侶在註冊系統下
只占九牛一毛。³⁶ 或許對可以結婚的異性伴侶來說，當他們
要的是完整的法律與社會認同時，替代方案的法律身分象徵
意義便較低，又或者對異性伴侶來說，註冊伴侶的義務不讓
人嚮往，福利的吸引力也不高。

整體來說，迄今歐洲與美國的伴侶替代法律身分經驗可
以歸出幾項結論：

- 同性伴侶希望關係能在法律上獲得認可，偏好最近似
  婚姻的選擇。
- 同性伴侶與異性伴侶都偏好婚姻而非其他法律形式。
- 極少未婚異性伴侶會選擇替代性法定身分。

如前一章所述，在此章可看出同性伴侶在決定結婚的情
況是為人所熟悉的，並非標新立異。儘管在觀察家眼中，荷

蘭與美國決定結婚的同志伴侶人數貌似低落，但在我看來，從歷史與社會處境來說，這數字算高的了。就像異性戀伴侶一樣，在各種關係上的安排與形式化的選擇中，婚姻是荷蘭同志伴侶的優先選項，我們在一些證據中看見了美國也有相同的情況。在許多國家中也證明了，異性戀對於婚姻的疑慮日趨高漲之時，同志伴侶甚至逆此趨勢而行。

　　在下一章，我會更直接探討同性與異性伴侶之於婚姻選擇的可能關聯。

Ｉ　編註：大學城（college town）或稱大學鎮，一般是指城市或郊區某一大學所聚集的區域。

註釋

1   Eskridge and Spedale, *Gay Marriage*.

2   請見 http://statline.cbs.nl/StatWeb/publication/DM=SLEN&PA=
     37772eng&D1=0-47&D2=0,50-57&LA=EN&VW=T.

3   Steenhof, "Over 50 thousand lesbian and gay couples."

4   民事伴侶數目來自 http://www.statistics.gov.uk/cci/nugget.
     asp?id=1685 (accessed 5/25/08)，於二〇〇八年三月三十一日
     私人通信中強納森・沃茲沃斯（Jonathan Wadsworth）就勞
     動力調查未發表的估計值製成伴侶數目表。

5   Gallagher and Baker, "Demand for same-sex marriage," 7.

6   Price, "Do gays really want 'marriage'?"

7   U.S. Bureau of the Census, *America's Families and Living
     Arrangements: 2006*, Table A1, "Marital status of people 15 years
     and over, by age, sex, personal earnings, race, and hispanic origin,
     2006," www.census.gov/population/www/socdemo/hh-fam/
     cps2006.html (accessed March 28, 2008).

8   Dale Carpenter, "The Volokh Conspiracy: Why so few gay
     marriages?," (April 28, 2006) http://volokh.com/archives/
     archive_2006_04_23-2006_04_29.shtml#1146256206 (accessed
     July 28, 2008); Paul Varnell, "Do gays want to marry?," (May 10,
     2006) http://www.indegayforum.org/news/show/30943.html
     (accessed July 28, 2008); Eskridge and Spedale, *Gay Marriage*.

9   有些男女同志的任意抽樣（convenience samples）顯示結果為

伴侶率較高，但隨機抽樣（random samples）的結果顯示範圍介於 25％至 50％之間。見 Christopher Carpenter and Gary J. Gates, "Gay and lesbian partnership: Evidence from California," *Demography* 45 (August 2008): 573–590; Dan Black, Gary J. Gates, Seth G. Sanders, and Lowell Taylor, "Demographics of the gay and lesbian population in the United States: Evidence from available systematic data sources," *Demography* 37 (2000): 139–154; Henry J. Kaiser Family Foundation, *Inside-out: A report on the experiences of lesbians, gays and bisexuals in America and the Public's views on issues and policies related to sexual orientation* (2001), http://www.kff.org/kaiserpolls/3193-index.cfm (accessed February 18, 2007).

10　Carpenter, "The Volokh Conspiracy: Why so few gay marriages?"; Varnell, "Do gays want to marry?"

11　Carpenter, "The Volokh Conspiracy: Why so few gay marriages?"

12　同上；Eskridge and Spedale, *Gay Marriage.*

13　見 Waaldijk, *More or Less Together*。該衡量指標比較了同性伴侶與已婚異性伴侶的權利，建立同性伴侶獲得特定法律身分時的權利百分比衡量指標。我計算了伴侶制或婚姻及次好制度所能提供的權利差異。

14　我用了一九九九年的「世界價值觀調查」計算了所有國家的比例，挪威則是例外，我用了一九九六年的比例。

15　Patrick J. Egan and Kenneth Sherrill, "Marriage and the shifting priori-ties of a new generation of lesbians and gays," *PS: Political Science and Politics* 38 (April 2005): 231.

16   Henry J. Kaiser Family Foundation, *Inside-out*.

17   A. R. D'Augelli, H. J. Rendina, A. J. Grossman, and K. O. Sinclair, "Lesbian and gay youths' aspirations for marriage and raising children," *Journal of LGBT Issues in Counseling* 1(4): 77-98.

18   透過伴侶制生效年份長短與該州未婚伴侶人數調整同性結為伴侶率，這種替代計算法也會得出比歐洲高許多的數字。

19   本段與下一段的圖表可見 Gary J. Gates, M. V. Lee Badgett, and Deborah Ho, "Marriage, registration and dissolution by same-sex couples in the U.S.," Williams Institute, UCLA School of Law, July 2008, http://ssrn.com/abstract=1264106。

20   Steenhof, "Over 50 thousand lesbian and gay couples."

21   Boele-Woelki et al., *Huwelijk of geregistreerd partnerschap?* 一文也發現 30％的已婚同性伴侶表示其他人的肯定是他們選擇結婚的一項重要因素，而異性伴侶與同性註冊伴侶在解釋選擇原因時，只有不到一半的機率會這樣說。

22   美國互許承諾儀式的研究，請見 Lewin, *Recognizing Ourselves* 或 Stiers, *From This Day Forward*。

23   婚姻與 PACS 的差異說明來自 Wilfried Rault, "The best way to court. The French mode of registration and its impact on the social significance of partnerships,"。該論文發表於 "Same-sex couples, same-sex partnerships & homosexual marriages: A focus on cross-national differentials," 會議 Institut National d'Etudes Demographiques, Paris (2004).

24   Jens Rydström, "From outlaw to in-law: On registered

partnerships for homosexuals in Scandinavia, its history and cultural implications," 論文發表於 "Same-sex couples, same-sex partnerships, and homosexual marriages: A Focus on cross-national differentials," 會議 Institut National d'Etudes Demographiques, Paris (2004), 179.

25　見主要意見書，*In re Marriage Cases*，加州最高法院，S147999 (2008)，特別是第 81、101-106 與 117-118 頁。

26　Steenhof, "Over 50 thousand lesbian and gay couples."

27　Statistics Netherlands, *Key figures marriages and partnership registrations* (2004); Arie de Graaf, "Half of unmarried couples have a partnership contract," *Central Bureau of Statistics Web Magazine* (March 22 2004), http://www.cbs.nl/en-GB/menu/themas/bevolking/publicaties/artikelen/archief/2004/2004-1418-sm.htm (accessed March 30, 2006).

28　Ian Sumner, "Happily ever after? The problem of terminating registered partnerships," paper presented at the conference "Same-sex couples, same-sex partnerships, and homosexual marriages: A focus on cross-national differentials," Institut National d'Etudes Demographiques, Paris (2004), 35–46; Mila van Huis, "Flash annulments remain popular," *Central Bureau of Statistics Web Magazine* (May 24 2005).

29　Van Huis, "Flash annulments remain popular."

30　Claude Martin and Irène Théry, "The PACS and marriage and cohabitation in France," *International Journal of Law, Policy, and the*

Family 15.0 (April 2001): 135–158.

31 本段圖表來自於 Gates, Badgett, and Ho, "Marriage, registration and dissolution by same-sex couples in the U.S."。

32 限制同居伴侶制只給異性老年伴侶這樣的思維看來是因為不願意減少結婚的可能性，同時也正視年長伴侶可能不想結婚，避免繼承或年金問題。

33 與 UCLA 流行病學系 Susan Cochran 於二〇〇五年私人通信。

34 見 M. V. Lee Badgett, R. Bradley Sears, and Deborah Ho, "Supporting families, saving funds: An economic analysis of equality for same-sex couples in New Jersey," *Rutgers Journal of Law & Public Policy* 4 (2006): 37-38.

35 Marion C. Willetts, "An exploratory investigation of heterosexual licensed domestic partners," *Journal of Marriage and Family* 65(2003): 939-952.

36 Michael Ash and M. V. Lee Badgett, "Separate and unequal: The effect of unequal access to employment-based health insurance on same-sex and unmarried different-sex couples," *Contemporary Economic Policy* 24 (October 2006): 582-599.

第
4
章

同性婚姻對異性戀
的衝擊

The Impact of Gay Marriage
on Heterosexuals

荷蘭的冬季烏雲低垂，惡名昭彰，但是對荷蘭的同性伴侶來說，一九九八年一月一日卻是讓人歡天喜地的一個冬日，他們終於可以登記為註冊伴侶，獲得幾乎與婚姻並無二致的權利與責任。三年多之後，荷蘭國會賦予同性伴侶完整婚權。同志伴侶可以結婚之後，會讓本來就低垂的荷蘭天幕更加陷落嗎？

開放了誰和誰可以結婚的規定，讓男女同志能與同性別的人結婚，顯然改變了已婚伴侶的性別組成。在前兩章中，我描述了同性伴侶在考慮是否要結婚時，小心翼翼看待現有的婚姻制度，展現出他們對該制度的社會影響力與對個人潛在影響慎重的態度。如果到哪同性伴侶都可以結婚的話，會對婚姻制度造成什麼影響呢？有些人認為，婚姻平權運動應該緩一緩或是停下來，一個有力的理由就是婚姻平權可能長期造成異性戀伴侶決定是否結婚、以及婚姻制度本身的負面影響。也就是說，有些人會擔心婚姻在廣義文化的意涵上已改變。他們特別擔心開放婚姻制度會降低異性戀伴侶結婚的意願，進而降低雙親投入育兒的用心與注意力，因此對下一代不利。

在美國，推廣此一觀點最有影響力的作家就是保守派評論家史丹利・庫茲，其論點基於此假設 —— 婚姻的主要目的是為了生小孩。為了強化此論點,他指出美國長期以來結婚率低落,異性戀未婚同居比例增高,北歐諸國與荷蘭未婚生育率激增,表示同性婚姻造成異性戀對於婚姻及育兒二者漸行漸遠。庫茲歸納出「婚姻與育兒脫鉤,同性婚姻為其因也為其果」,同性婚姻加劇了這個由其他因素導致的脫鉤過程。[1] 根據他的結論,讓同性伴侶獲得婚權的長久下場就是災難當頭:「婚姻本身差不多要絕跡了」;「結婚會變成稀有現象」;「我們正眼睜睜看著婚姻終結在北歐。」[2] 庫茲警告這個趨勢對孩童有害,因為同居者分手率更高,兒童由未婚雙親撫養的下場都不好。

在許多方面,庫茲將那些反對同性伴侶婚姻權利的保守派視為傳統智慧。庫茲熱衷閱讀人口研究,且他根據人口數據與其對北歐與荷蘭文化趨勢的解讀,拼湊出一套鉅細靡遺的論述。過去幾年來,我以及其他作家與學者在網路及書面媒體上與庫茲筆戰,爭論人口趨勢是否與政策變革一致。[3] 儘管我認為他的結論錯得離譜,他的觀點依然很重要且值得思量。

其他人前仆後繼地追隨庫茲,證明了他的影響力。二○○六年,參議院針對「聯邦憲法婚姻修正案」(Federal Marriage Amendment)辯論,幾位參議員拿出的圖表,

皆是庫茲所發展出的主題之變化版。[4] 保守派傳統基金會
（Heritage Foundation）的研究員認為人口資料顯示「同性
婚姻並沒有讓家庭更穩固，反而加快式微速度。」[5] 二〇〇
四年，一群研究法律暨其他學門的荷蘭學者，儘管領域與家
庭研究沾不上邊，也發了一份「聲明」，內容與庫茲的主張
驚人相似：

> 有鑒於討論同性婚姻合法利弊的論戰激烈，我們必
> 須知道，尚未有確切科學證據顯示，長久的婚姻平
> 權運動助長了有害潮流。然而，我們有合理的理由
> 相信，荷蘭婚姻式微與推動同婚合法化的成功公眾
> 運動有關。[6]

　　我所訪談過的荷蘭人口學家與其他社會科學家並不同意
這個論點，他們告訴我在荷蘭學者中，這絕對是少數看法。
儘管如此，上述該套說法似乎又為庫茲論點的隱藏觀念添加
了份量。

　　有了如此分明的假設，先點出婚姻與繁衍間的重要關係
——應該先成婚再生子——只要曾有知名或重要人士說過婚
姻是為了愛或承諾，就等於「不是為了繁衍」，藉此庫茲與

其他人就可以輕鬆找到證據來證明婚姻觀已變質。他們認為，同婚論戰在討論同志伴侶權益的過程中，顯現大眾對於婚姻的理解有了罪證確鑿的劇烈變化。他們也說，這些國家在辯論時，提供了一個能見度相當高的平台，政治人物、學者、神職人員與媒體對婚姻的觀點在上頭百花齊放，這些觀點散布到了異性戀者的心中、家中、社會制度與決定中。這些潛在的意見領袖主張婚姻制度的本質是除了生育以外的其他事物，庫茲指控這些人都是瓦解婚姻的推手。[7]

　　歷史學家與社會科學家的一種反駁法，便是指出庫茲與其陣營所推行的婚姻觀念狹隘又有缺漏。歷史學家史蒂芬妮・昆茲（Stephanie Coontz）證明在當代與過去的文化中，結婚還滿足了其他多種的目的，並非僅為了繁衍後代。[8]她認為，婚姻主要是將家庭與更大社會單位串連起來的方法，法定婚姻將財產安排納入制度而鞏固了這些連結。直到近代，婚姻的重點才偏向愛情，而非財產與姻親。在二十世紀，人們愈活愈長壽，花在育兒上的時間減少，再加上經濟趨勢讓伴侶雙方的給薪勞動愈來愈不可或缺，家庭生活與家事法也順應調整。

　　可能還有另外一種反駁之道，近期的人口研究顯示同性伴侶出乎意料地更投入生兒育女。在美國，近三分之一的女同志伴侶有孩子，而男同志伴侶約莫五對中就有一對有小孩。[9]而在荷蘭，起碼9%的伴侶都有孩子；丹麥則是每六對註冊伴侶中就有一對有孩子。[A、10]雖然我們無法得知這當中有多少孩子是伴侶在一起時所生的孩子，但顯然同性伴侶在某個養兒育女的階段，便參與了新生命的誕生。在第三章中，我們也得知某些荷蘭同性伴侶之所以會結婚，是因為有了生小孩的打算，艾斯克里居與史匹戴爾也表示對某些丹麥註冊的伴侶來說，結婚與生小孩兩者間也有相似的關連性。同性伴侶離經叛道的婚姻觀是否可能造成巨大的文化變異，我們在第五章也會更深入探討；在此章我只會指出庫茲等人的保守婚姻觀先預設了「異性戀」是唯一有繁衍能力的人，但由於生養孩子的方式多元，統計實際呈現了另外一項事實。

然而，如果要反駁那些認為歐洲同性婚姻的「實驗」是禍患的人，最直接的方式就是更仔細檢視異性戀結婚與生養行為的證據。在那些異性戀與同性戀皆享婚權或權利近似婚姻的歐洲國家，異性戀伴侶的婚姻決定是否受到影響？既然從結婚的行為與婚姻觀都可以觀察到當下婚姻制度的意義，我同時會看看大家怎麼想與如何做。我採用與庫茲相同的資料（另有一些額外資料來源），但會用一套簡單有力的標準來檢視他的論點：

1. 家庭行為（結婚、離婚、同居與非婚生子）的趨勢與開放同性締結伴侶或結婚的政策時間吻合？
2. 承認伴侶制的國家與不承認的國家是否不一樣？
3. 政策論戰與異性戀之結婚行為與態度彼此間是否有符合邏輯的關聯？

　　針對每一個問題，所有證據皆指向「否定」的答案。因此，針對趨勢與同志伴侶婚權議題的關聯，我得出了相當不同的結論：僅管與數十年前相比，目前景況已大不相同，且同志伴侶也獲得了近似或同等的結婚權，但異性戀的行為及思考都顯示了在大多數異性戀的人生中，婚姻依然是一套重要的制度。

追蹤結婚與離婚的趨勢

　　我們先從最基本的開始。要評估異性戀認定的婚姻意義有什麼變化，一種作法就是詢問他們的想法：當同性伴侶獲得伴侶制或婚權時，異性戀們結婚的意願或是離婚的渴望是

A　編註：文中此處指的是荷蘭與丹麥的同性伴侶。

否變了。如果定義婚姻或鼓勵大家結婚的文化環境有了重大轉變，那麼異性戀個體所作的決定就有可能改變。

不過，我們覺得這樣的轉變不一定會迅速發生。文化變遷並非一朝一夕，因此，得觀察賦予同性伴侶婚權歷時最久的國家才合理。同性婚姻歷史最悠久的前五國為丹麥（一九八九年）、挪威（一九九三年）、瑞典（一九九四年）、冰島（一九九六年）、荷蘭（一九九八年開放註冊伴侶制；二〇〇一年開放同志結婚）。在這些國家中，同性伴侶享擁有這些權利的時間長到足以讓異性戀的「負面行為」浮上檯面。

實際上，當同志伴侶可使用伴侶制或婚姻制時，從數字上是看不出結婚行為有什麼明顯的變化。圖 4.1 追蹤了一九六〇年以降，每個國家每千名居民的結婚數，再加上美國的比例以供比較。首先要注意在這些國家中，結婚率在一九六〇年代晚期或一九七〇年代初期最高；接下來結婚率下滑長達十年以上，也就是結婚之舉變得比較少見。第二個奇怪之處，便是瑞典結婚率的高峰——在一九八九年瑞典結婚率一飛衝天，因為在一九八九年年底前，瑞典修法廢除了未婚伴侶的遺孀撫卹金，雖說是因為修訂政策刺激了強烈動機，才造就了瑞典這個空前絕後的案例，[11] 但這也提醒了我

圖 4.1　結婚率比較圖

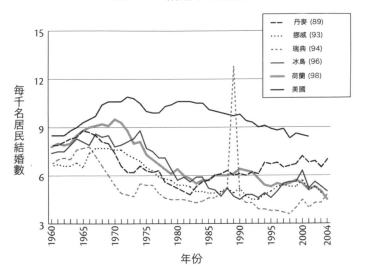

們，有時候在決定結婚與否之時，政策也很重要。

　　婚姻論戰言詞交鋒激烈，我們可能會以為同性伴侶一旦可以結婚或註冊，就會出現如上述一樣的劇烈改變，不過顯然並沒有這種戲劇化的結果。此處的關鍵問題是：在同性伴侶獲得權益之後，婚姻發生了何種變化。在丹麥，一九八○年代初期的結婚率最低；至一九八九年，因丹麥於該年率先賦予同性伴侶註冊伴侶權，結婚率又爬升至每一千名居民就有六筆結婚數。自該年之後，結婚率就節節成長、相對穩定，維持在每千名居民就有七筆結婚數的比例，這也是過去三十年以來最高的結婚率。挪威與瑞典也出現同樣的模式，結婚率達到歷史最低點的時間與同性伴侶獲得婚權的時機相仿，在此之後結婚率便攀升。冰島稍有不同，結婚率攀升後又回到同性伴侶獲得註冊權之前的固定水準。

　　有些如法律學者威廉・艾斯克里居等作家指出證據，在某些國家——特別是丹麥，近期結婚率的提升證明了或許賦予同志伴侶婚權能振興異性戀的結婚率。[12] 看了此圖後，我們要提醒自己對此詮釋要更謹慎，因為丹麥的結婚率在制訂出註冊伴侶制前就已經在攀升了。

　　史丹利・庫茲認為結婚率並非好的衡量指標，因為許多都是再婚而非「初婚」。現有的資料無法讓我們深入探討這個問題，然而瑞典的資料顯示，自一九七〇年代晚期以來初婚的比例就相當穩定，占總結婚數的三分之二；雖然一九八九年撫恤金修訂政策造成結婚率莫名激增，瑞典的每千名居民初婚數要一直到一九九〇年之後才平穩下來。一九八六年開始，在挪威的結婚者中，雙方先前皆未結婚的比例占 70％至 75％。[13] 因此過去幾年來，瑞典與挪威結婚成長率，初婚占了健康的比例，並非只有再婚而已。

　　唯有荷蘭的結婚率些許呈現了不一樣的趨勢，在一九七〇年代初期後就穩定下滑,直到一九九八年同性伴侶獲得結婚權之後也未曾改變。不過荷蘭當地人口學者告訴我,他們並沒有將下滑的結婚率歸咎到同性伴侶權益獲得認可一事上。楊‧拉登(Jan Latten)認為二〇〇一年以降,結婚率下滑是因為經濟蕭條而導致婚禮舉辦的數量也減縮,約普‧加森(Joop Garseen)也指出,現在結婚都是跟著出生率走,而經濟蕭條期間的出生率是下滑的。[14] 放長遠來看,無論短期震盪的原因是什麼,近期荷蘭在數據上主要是反映結婚率長期下滑。

歐洲家庭在行為變化上有個特別值得注意的大轉變,那就是愈來愈多異性戀伴侶同居而不婚。過去數十年來結婚率下滑,至少有一部分的原因是因為伴侶偏好同居。可惜的是,追蹤結婚與離婚比較簡單,但要追蹤這些非常規的家庭組合難多了,不過有幾個國家提供了資料,讓我們可以一窺此一變化。一九九四年,丹麥有 21.0％的未婚異性戀伴侶;至二〇〇四年,有 22.1％為未婚伴侶,變化相當小。冰島在二〇〇四年有 20％未婚同居伴侶,與一九九七年的比例差不多。不過荷蘭的環境背景變遷更快速,一九九五年,荷蘭有 13.1％的未婚異性伴侶,二〇〇四年這個數字增加到了 17.5％。[15] 這些未婚同居伴侶當中有些最後還是結婚了,特別是有了小孩之後，不過並不是全部有小孩的伴侶都會結婚。雖然沒有長期連續性的同居比例，能幫助我們比較這些國家在賦予同性伴侶權益前後時期的差別，不過我在第九章中做了跨國對比，資料中顯示這些承認同性伴侶的國家的同居率成長是發生在法律改變之前。

同性伴侶開始註冊時，離婚率的變化也不大，沒有證據證明異性戀婚姻受到傷害。圖 4.2 呈現了「粗離婚率」（crude divorce rate）──也就是每一千名居民的離婚數據。過去二十年來的北歐或荷蘭，離婚率沒有多大的變化；有趣的是，丹麥人口學家甚至發現一九九〇年代初期的婚姻比一九八〇年代來得更加穩定，因為結婚五年內就離婚的婚姻比例降低了。[16]

因為某些人口研究顯示，比起已婚配偶離婚的可能性，同居伴侶分手的可能性更高，[17] 史丹利・庫茲認為同居興起，離婚率讓我們低估了關係瓦解的整體程度。因此用上述這項指標的話，我們可能會漏掉關係愈來愈不穩定這項事實，這是在觀察離婚率時要特別注意之處。

由於同居者的年度資料相當稀有，很難仔細檢視上述這種說法。不過冰島卻有一項資料可供參考。除了離婚率之外，還確實蒐集並公開了同居伴侶的分手資料；從已婚配偶

圖 4.2 離婚率比較圖

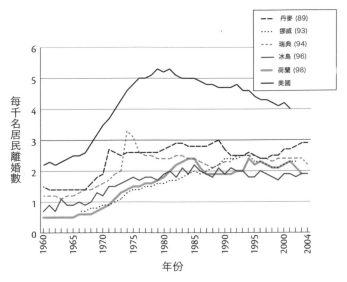

的離婚數據加上同居伴侶的分手數據，我們可以統計出冰島伴侶的整體離異率。從一九九一年到一九九六年，註冊伴侶制開放之後，冰島的年度伴侶離異率平均為每千名中有 4.6 對分手。從一九九七年到二〇〇四年，平均數字為每一千對伴侶有 4.7 對分手——這樣的差異並沒有實際意義。此外，麥可·史瓦雷（Michael Svarer）最近做的研究也發現，瑞典的伴侶在結婚前先同居，比起直接進入婚姻的伴侶，現在離婚的可能性「較低」。[18] 在北歐，不論同居趨勢與同志婚權之間有什麼關係，關於同居異性戀感情不穩定的舊有假設正在改變，愈來愈多人質疑同居對歐洲孩童會造成傷害的這項說法。

對下一代的擔憂

先把結婚與離婚對成人幸福的影響放一邊，大多數抨擊賦予同志伴侶婚權的人士最擔心的便是此舉會危及孩童。主要有兩重憂慮，第一，有小孩的伴侶如果結婚，那麼離婚（在承認伴侶制的歐洲國家尚不會出現這種結果）的可能性提高；第二重憂慮是雙親根本不會結婚。

史丹利・庫茲等人的這些抨擊者，用來證明婚姻式微的主要衡量指標就是未婚女性的生產比例（proportion of births），或是非婚生率（nonmarital births）。自一九七〇年以降，北歐國家的非婚生率就高居不下，粗估半數的新生兒都是由未婚媽媽所生。圖 4.3 呈現了丹麥、挪威、荷蘭長期的非婚生率。在這個情況下，一張圖表勝過千言萬語，我們也可以清楚看到，早在一九八九年這些國家開始賦予同性伴侶註冊制或婚權之前，這個趨勢早已出現。此現象一如前面所提的結婚與離婚之變化，將本就存在的高非婚生率歸咎

圖 4.3　非婚生率

非婚生子女占總出生率之百分比

圖例
- - - 丹麥 (89)
······ 挪威 (93)
—— 荷蘭 (98)

年份

到同志婚權上並不符合邏輯。

　　但是庫茲也用了另一個更高明的主張，他說註冊伴侶制**「更進一步破壞了這套制度」**（粗體字為庫茲的原話）此外，同志婚姻讓婚姻與親權之間的關係漸行漸遠。[19] 換句話說，情況原就很糟了，但是同志婚姻卻要火上澆油。不過這種說法也站不住腳，因為北歐的非婚生育率是從一九七〇年代開始攀升，比起任何法律認可同性伴侶權益的行動都還要更早。而事實上，該趨勢在這幾年才開始趨緩。[20]

第 4 章　同性婚姻對異性戀的衝擊 | 179

比方說，丹麥在一九八九年施行伴侶註冊法，在這之前從一九七〇年到一九八〇年的整整十年間，丹麥的非婚生率從 11％到 33％，翻了三倍之多；下一個十年又再度攀升，不過增幅較小；此情況在一九九〇年收住漲勢前，非婚生率已達 46％。一九八九年通過伴侶法之後，丹麥的非婚生率則完全沒有增加，[21] 非婚生率實際上在那天之後還多少降了一些。

挪威在一九九三年通過「公民伴侶關係」[B] 法案，該國激增的非婚生率在這之前早已發生。一九八〇年代，非婚雙親的生育率從 16％成長到 39％；[22] 一九九〇年代初期，非婚生育率的增長則趨緩了許多，直到一九九〇年代中期持平在 50％。

只關注母親在生育時的結婚狀態，會讓人對這些國家的婚姻與親職關係有誤解，因為大多數未婚媽媽生下的寶寶還是有雙親迎接回家，此點我會在本章後半部討論。比方說 91％有小孩的荷蘭家庭都有兩位家長，不論兩位家長是否有結婚。此外，這些伴侶開始生小孩之後也都會結婚。

然而，庫茲依然宣稱，最主要的衝擊是挪威的伴侶註冊法阻礙了伴侶在第一胎出生後結婚。但是根據未婚雙親生下的第二胎、第三胎等數字來看，數據所呈現的面貌與整體潮流一致。一九八五年，只有10％的第二胎、或第三胎之後出生的孩子有未婚雙親，到一九九三年這個數字已經達31％，翻了三倍之多——而直到該年挪威才通過「公民伴侶關係」法案。[23] 接下來從一九九四年到二〇〇三年的這十年間，該數據只漲到41％，之後看起來便持平了。一九九四年至二〇〇三年間，未婚雙親生下第一胎的比例完全沒有增加。如果真像庫茲所言，即便伴侶已生下第一胎，伴侶法卻會進一步阻撓雙親結婚，那麼一九九三年之後這個數字應該增加得更快才是，但實際上卻是大幅減弱（從第二胎及以上出生後的觀點來看）或是完全停止（從第一胎出生後的觀點來看）。

為了要挽救自己針對北歐各國狀況的說詞，庫茲宣稱隨著文化的轉變遇上了「最後一道支持婚姻的頑強文化勢力」，非婚生率會持平是必須的。[24] 不過，對此說法他也沒有確實的證據。庫茲大量引用人口學家卡薩琳·基爾南提出

B　編註：挪威在一九九三年通過同性「公民伴侶關係」法案（Lov om registrert partnerskap），雖在名稱上並非同性婚姻，但登記為伴侶關係之伴侶可享有與婚姻大致相同之權利，也於二〇〇二年開放同性伴侶收養孩子。

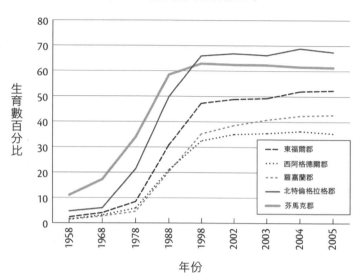

圖 4.4　挪威郡縣非婚生率

生育數百分比 (y軸)

年份 (x軸)

圖例：
- 東福爾郡
- 西阿格德爾郡
- 羅嘉蘭郡
- 北特倫格拉格郡
- 芬馬克郡

的同居階段理論[c]，他光憑此理論來斷言挪威已經衝破了最後階段。庫茲指出在挪威北方風氣自由的郡縣，非婚生率卻比風氣保守的南方郡縣來得高，這就是他主要的進一步證據，證明接納同性伴侶與非婚生育之間互有關聯。風氣更保守的郡縣照理形成了一堵文化高牆，曾經一度減緩了非婚生率，但現在在同志婚姻的打擊下，防堵牆分崩離析，非婚生育趨勢也進入了這些地區。

　　頂著老調重彈的風險，看一下挪威各郡的資料便會了解，就算同志沒有獲得任何權益，風氣保守郡縣的未婚雙親生育數依然會增加。圖 4.4 回溯至一九五八年，個別呈現挪威五郡的非婚生率，另附上較為近期的年度資料。從長久趨勢中，浮現了幾個現在我們很熟悉的重點：

- 其一，某些郡一直以來的非婚生率本就偏高或偏低。五十年來各郡的相對排名都沒有變化。
- 其二，一九七八年與一九九八年挪威每個郡縣的非婚生率全面大增。接下來的十年間，非婚生率持續成長。而在這段期間挪威賦予同志伴侶註冊伴侶制的權益（一九九四年），自此之後趨勢便差不多，各郡的

C　編註：人口學家卡薩琳‧基爾南（Kathleen Kiernan）在二〇〇一年所發表的論文《西歐同居現象與婚外育兒的興起》（*The Rise Of Cohabitation And Childbearing Outside Marriage In Western Europe*），將歐洲社會對同居的接受程度分為四個階段。在第一階段，同居被視為非常前衛且非常規的生活方式；第二階段則是將同居視為婚姻的「試用期」；到了第三階段，社會已將同居視為婚姻的替代形式，伴侶將不再侷限於婚姻；到了第四階段中，同居與婚姻將沒有什麼區別。基南爾表示瑞典與丹麥已經走到了第四階段，而這些階段持續的時間可能有所不同，且一但社會進階到特定階段後，就不可能再恢復到較早的階段。

非婚生率幾乎都持平,唯有一個郡縣可能是例外(東阿格德爾郡〔Aust-Agder〕),該郡改變的步調大幅減緩。若我們以二〇〇二年至二〇〇五年的資料來預估未來,是看不到可以跟過去二十年成長速率比肩的數字。

- 其三,南方幾郡的非婚生率依然低於 50%,庫茲好像覺得這是個里程碑。那些越過庫茲想像門檻的保守郡縣,非婚生率在一九九四年之前就已經來勢洶洶了,與其餘挪威各郡一樣,非婚生率都在迎頭趕上其他郡縣的水準。

庫茲假設同志伴侶制在挪威風氣較保守的郡與較開放的郡有不同的影響,但這種模式根本無法支持庫茲的假設。不論是一開始非婚生率就偏高或偏低的郡,後期的模式都是相同的,早在註冊伴侶法通過之前就已經快速成長,在通過後趨勢又和緩下來。

荷蘭展現的模式與其他北歐國家稍稍不同,但是同樣的,我看不出法律認可同性伴侶制與非婚生率之間有何種關聯──更別說有什麼因果關係了。儘管荷蘭的同居率很高,但就傳統來說,荷蘭人比其他北歐人在婚前生小孩的機率低很多；在一九八八年之前的每十位新生兒中，平均不到一位為未婚雙親所生。[25] 庫茲表示，法律認可同性伴侶就是把荷蘭送進了北歐未婚家庭育兒的行列中。[26] 但就如圖 4.3 所示，自一九八〇年代開始，荷蘭的非婚生率早已穩定成長，一九九〇年代初期某個時間點開始，非婚生率增長的速度便加快了；直到一九九五年這股加快的趨勢已經相當明顯，遠比荷蘭在一九九八年施行註冊伴侶制、二〇〇一年賦予同性結婚權發生得還要早。這波趨勢與第一胎、第二胎及以上的趨勢差不多。

大概是因為庫茲針對北歐國家的論述相當不堪一擊，他便把焦點放在人口組成與政策變遷的時機上，庫茲道：「如果在私生子出生率低的國家引進同志婚姻，可能會刺激其快速成長，這就是荷蘭的遭遇。」[27] 只不過時機點的這種說法在這個例子也說不通。如果在一九八四年至一九九四年的資料旁放一把尺，我們可以看到非婚生率穩定增加。到了一九九五年或一九九六年之後，我們還需要把尺的角度擺得更陡，才能對齊之後數據分布的點，顯示成長速度還加快了（曲線迴歸證實，情況約在一九九五年改變），既然不論是哪一年，約有四分之三的新生兒都是在前一年度懷上，這些未婚母親（其實大多數都是最後會結婚的同居雙親）所生下的「額外的寶寶」，他們大多都是在一九九四年與一九九五年懷上的，要不然就是在一九九七年之前，也就是議會通過註冊伴侶制前幾年懷上的。

　　整體來說，「天塌說」的基本論述都無法通過這些簡單的可信度考驗。異性戀行為可衡量趨勢的時間點，與賦予同性伴侶婚權或註冊伴侶權的政策變化時機，兩者間並無交集。在一九七○年代與一九八○年代早已大勢底定，自從各國認可同性伴侶權利之後，就沒有負面的變化，且與同性伴侶可以註冊前的時期相比，結婚率抬升、離婚率降低、且大多數的非婚生率並無增加。荷蘭的非婚生率持續成長，不過近期的這股趨勢，本就早在同志伴侶可以登記為註冊伴侶或結婚前的許多年就已發生。

　　我們最後再次檢視同性伴侶法與非婚生率之間的關聯，我對照了二○○○年以前就有註冊伴侶法的國家，與二○○○年前沒有該法的國家。如果法律認可同志伴侶真的會增加非婚生率，那麼有伴侶法的國家之非婚生率應該會比沒有伴侶法的國家來得更高，不過比較出來的結果並非如此。事實上在一九九○年代這特定的十年間，承認註冊伴侶的八個國家中，平均非婚生率從一九九一年的 36％ 成長到二○○○年的 44％，增加了八個百分點；[28] 而未承認註冊伴侶制的歐盟國家（包含瑞士），平均非婚生率從 15％成長至 23％，同樣也是成長了八個百分點。換句話說，通過註冊伴侶制的國家與未通過的國家，平均的非婚生率變化是完全一樣的，這也顯示註冊伴侶法並不會增加非婚生率。

就算我們區分出兩種類型的國家，如荷蘭在傳統上非婚生率本就偏低的國家，以及挪威這種非婚生率本來就偏高的國家，也是看不到認可伴侶制與增加非婚生率這兩者間的關聯。荷蘭非婚生率快速成長（從一九九〇年的 12％到二〇〇二年的 29％）的現象，其實也發生在其他非婚生率原本就低的國家。舉例來說在一九九〇年代，非婚生率在愛爾蘭（一九九〇年 17％到二〇〇二年的 31％）、盧森堡（從 12％到 23％）、匈牙利（從 14％到 32％）、立陶宛（從 7％到 28％）、斯洛伐克（從 9％到 22％）與其他幾個東歐國家都增加了，這些國家都沒有通過同性婚姻或註冊伴侶（有些國家是等到二〇〇〇年之後才通過）。

庫茲抨擊經濟現代化、性解放（sexual liberation）、節育不普及等三種因素，使得這些對照國的非婚生率增加，但是這些因素並無法解釋荷蘭在一九九〇年代的變化。此外，要解釋同居率與非婚生率攀升的原因——如墮胎、女性進入職場、宗教信仰式微、福利計畫擴大、法律認可同居伴侶、個人主義抬頭等等這些常見理由，也與荷蘭快速成長的非婚生率時間點對不上。庫茲便認為，既然一九九〇年代中期非婚生率激增無法歸咎在上述這些常見的理由上，那麼同志婚姻就是唯一合邏輯的答案了。

不過在這個情況下，用刪去法來論述是缺乏說服力的。文化影響力複雜的交互作用促使結婚行為的變化，很難及時在文化變遷與行為變遷之間發現俐落關聯。全面掌控這些可能的肇因，刪除某些答案並分析出其他解釋，這種常見的社會科學作法是行不通的，因為我們比較的國家數非常少。我們只能眼見為憑，也就是約十年後荷蘭似乎會與其他幾個北歐國家相同，步上 S 形模式。不過總結來說，荷蘭的異性戀行為變化都比同性伴侶獲得註冊伴侶制還來得早。

對那些想要理解數據的人來說，論戰的細節讓人興致勃勃，但論戰可能會模糊一些訊息。這些數據對那些國家下一代的幸福，到底有何種意義呢？我之前提過，基於以下幾個原因，要判斷北歐與荷蘭兒童的家庭穩健情況，母親的婚姻狀況並非是好的指標：

- **在這些國家非婚生子的母親，大多數都與孩子的生父同居。**比如說挪威統計局（Statistics Norway）報告指出，二〇〇五年有 48％的挪威新生兒是由已婚雙親生下，另外的 42％是由未婚的同居雙親所生。丹麥統計局（Statistics Denmark）報告中顯示，二〇〇五年出生的丹麥新生兒中，有 92％在二〇〇六年時已經與已婚或同居的雙親共同生活，其中有大多數（57％）與已婚雙親一起生活（丹麥統計局報告指出二〇〇六年誕生的新生兒中，46％的母親未婚，清楚顯示有些母親在該年已結婚了）。

- **異性戀同居伴侶有了小孩之後，大多數都會結婚。**[29] 以瑞典為例，70％的同居者在第一胎出生後會結婚，大多數的人也都是在五年內結婚。荷蘭有 30％的非婚生兒童，但只有 21％的一歲以下孩童是與未婚雙親共同生活；而五歲的孩童中，只有 11％是與未婚雙親共同生活。[30] 換句話說，在小孩五歲之前，三分之二的未婚雙親都已經結婚了。

- **北歐與荷蘭大多數有小孩的家庭都還是由已婚雙親擔任家長。**在二〇〇〇年的丹麥，78％有小孩的伴侶皆為已婚伴侶，[31] 如果我們也將單親家庭納入分母，近三分之二的有子家庭都是由已婚伴侶擔任一家之主。在挪威，77％有小孩的伴侶已婚，而在全部的有子

圖 4.5　雙率已婚百分比

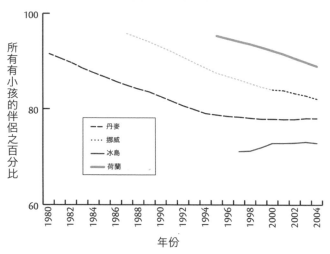

所有有小孩的伴侶之百分比

丹麥
挪威
冰島
荷蘭

年份

家庭中，有 61％是由已婚雙親擔任一家之主。[32] 而在荷蘭，家中有十七歲以下孩童的家庭，有 79％皆為已婚伴侶的家庭。[33] 雖然在這些國家中，已婚且有小孩伴侶的比例在一九八〇年代或一九九〇年代初期時下跌，但是跌勢顯然早在伴侶制度修法之前就已發生，概要如圖 4.5；而美國在對比之下，72％有孩子的家庭是由已婚伴侶擔任一家之主。[34] 圖 4.5 呈現了已婚伴侶撫養兒童的比例，本表也記錄了該比例隨著時間經過而下滑，但與丹麥近期持平的比例相比，該比例還是相當高。

- **後來結婚的同居雙親組織起穩定的家庭**。研究顯示，就算該對伴侶有小孩——如前文所述，北歐未婚同居者的結合比起婚姻更容易分開，不過這個模式看起來有愈來愈穩定的趨勢。但是一旦北歐國家的同居雙親結婚（大多數人最後都會結），比起小孩出生時就為已婚的伴侶來說，後來結婚的伴侶離婚的可能性不會比較高。[35]

- **北歐國家的孩子多半都是與雙親一起生活**。[36] 實際上，比起美國的孩子，北歐國家的孩子與自己的父母一同生活的時間比較多。剛那爾・安德森（Gunnar Andersson）統計了一九八〇年代的孩子與雙親在同一個屋簷下共同生活的平均時間，[37] 而這也是最近可用在跨國比較上的資料 [38]。在安德森檢視的國家中，最低的平均數是在美國，與雙親共同生活的時間為67%；最高平均數是在義大利，平均時間為97%；瑞典平均為81%、挪威是89%、芬蘭為88%。換句話說，結合了雙親同居的時間及結婚的時間來看，北歐國家孩子們的童年時光多半都是與雙親共同度過的。

- **國家的其他政策對孩童幸福的影響力更為重要**。如果這些孩子受到北歐國家高居不下的同居率所傷害，那麼從兒童幸福的標準衡量指標來看，其實傷害並不明顯。以瑞典為例，我們看到瑞典的青少年自殺率、兇殺率、兒童受傷致死率都遠比美國低，而且瑞典的考試分數與預防接種率則比美國高。[39]

既然北歐與荷蘭的婚姻制度並沒有死去，那麼同性婚姻或伴侶權就不可能是兇手，這與媒體的某些說法恰恰相反。在北歐與荷蘭，婚姻與親職還是息息相關的，只是順序與從前不同而已；但是在同志伴侶獲得權利之前，婚姻與親職關係間的變化早就發生了。史丹利・庫茲與我都同意這波文化轉變可能推波助瀾，能幫助男女同志獲得結婚權，但這也不代表開放結婚權一事改變了異性戀的行為。

消失不見的邏輯關聯

「天塌說」最後一個問題就是實際機制，也就是同性伴侶結婚權與異性戀行為之間的關聯機制。與庫茲一起批評同志婚姻的五位荷蘭學者認為，政治辯論本身就是元兇，改變了大眾心中對婚姻定義，只要是嚴肅思考同性婚姻這個議題的地方，相關論戰的報導便會鋪天蓋地。以這點來說，避孕普及、個人意識抬頭與女性經濟自主，本來就會拉開婚姻與繁衍後代間的距離，又因為同志組織與挺同婚的政治及文化盟友，兩者間的鴻溝便愈來愈大。

只不過這些批評人士都過度解讀了文化變遷。首先，我們無法得知新聞媒體與其他文化機構，廣傳關於婚姻的各種矛盾論述──實際上（非假設上）這又會帶來什麼衝擊。難道說二十多歲的荷蘭人聽到國會議員表示結婚是為了愛（而非繁衍），就會決定不婚生子嗎？挪威年輕人結婚前就生了第二胎，是因為媒體報導偏心同志伴侶，暗示婚姻與繁衍後代之間並無關聯嗎？除了先前我已探討過的各種關於變化時機的問題，我們可以清楚看到，不同的影響力會傳遞出與婚姻的嚴肅性與目的相互矛盾的訊息。

試想一下在美國的背景脈絡下，如果同性伴侶獲得了結婚權，會發生什麼事呢？一定會有人指出美國結婚行為的變化似乎是在二〇〇三年時發生，然後把這件事歸到麻州與舊金山等事件的同性婚姻論戰。這些人會提到電視劇裡出現的同志人物，他們會引述國會議員巴尼・法蘭克與其他重量級政治人物在國會有線電視網（C-SPAN）轉播時的發言，議員呼籲必須給予同性伴侶平等結婚權。他們也會找到某些學者的預測，表示賦予同性伴侶結婚權並不會傷害異性戀婚姻，肯定也找得到幾位想完全廢除婚姻制度的激進同志。

不過他們大概不會提這些事情吧 —— 比如說小甜甜布蘭尼曇花一現的婚姻 [D]，或是《鑽石求千金》（*The Bachelor*）、《誰想嫁豪門》（*Who Wants to Marry Multimillionaire*）這種相親實境節目，比起寥寥可數的同性伴侶人數，抑或是不存在的同性戀網羅，上述這些才是影響力遠播的文化事件。隨便選個國家，針對該國幾年前出現的細微人口變化，挑出幾種據說可以「解釋」這些變化的文化影響力，且同時又要忽略其他的現象，這並不是一種有說服力的因果說，特別是並沒有清楚的行為證據證明哪些重要事物有所改變。

不過說來也奇怪，把焦點放在文化辯論上，其實也代表著政治結果根本不重要。即便同性伴侶在公投與法庭訴訟上輸了 —— 比如一九九〇年代初期荷蘭同婚倡議人士就沒有成功，庫茲等人宣稱只要同志有強力的盟友、能見度高的媒體廣宣、公共議題交鋒小小贏了幾次，就能施加同樣的文化壓力。[40] 如果真正重要的是論戰的話，那麼美國也是能說的都說了，我們這些捲入同志婚姻影響論戰的人都可以打包回家了。

威廉・艾斯克里居與達倫・史匹戴爾指出，把同志婚權與異性戀行為綁在一起，還有一大邏輯漏洞。他們認為，關於婚姻與繁衍二者已脫鉤，沒有小孩的異性戀透露出的訊息比起同性伴侶關係的政策強多了 —— 特別是北歐國家最初的法規不讓伴侶領養小孩，確實清楚區分了伴侶制與婚姻繁衍的差異。[41] 這兩位法律學者駁斥，婚姻制度式微的真正原因與伴侶選擇變廣有關，因為關於離婚、性、同居與節育的法規都鬆綁了。[42] 這些變革皆擴大了異性戀伴侶的選擇，但早在各國開放同志伴侶結婚資格或近似婚姻身分之前，他們的選擇早已不同了。保守派堅持資格限制（拒同性伴侶於法律門外）就能支撐婚姻，而卻不是倒轉已鬆綁的婚姻相關法規（如艾斯克里居與史匹戴爾所見）—— 這種想法實在完全不合邏輯。

從人們對婚姻的看法中尋找文化的變遷

　　我們先將庫茲與其同夥某些沒邏輯的論述擺一邊，光檢

D　編註：作者在此指的應為小甜甜布蘭尼於二〇〇四年與她的舞者傑森・亞歷山大結婚閃電結婚，並於五十五個小時後宣布離婚。

視個人決定或政治論，我們可能還是無法得知文化變遷的根源來自同性伴侶政策變革的全貌。如前所述，研究的問題在於要一窺文化變遷的潛在特徵很容易，例如媒體報導或政治人物觀念的變化，不過這些特徵通常都已過度氾濫。談及婚姻，席捲而來的訊息既衝突又矛盾，到底哪些才經得起考驗？哪一些才是未來個人變化的預兆？

若要預測未來，我們可以在調查資料中，觀察大家對婚姻的看法、以及呈現出什麼態度或信念。「世界價值觀調查」在選定國家中問了數以千計的民眾，詢問他們是否同意「婚姻是一套過時的機制」。比較不同時期民眾的說法，我們也能提出問題：在有註冊伴侶制的國家，民眾的說法是否與沒有註冊伴侶制的國家有所不同。在大家的答案中，應該會出現文化變遷讓婚姻失去吸引力、或降低其人生重要性的答案。

「世界價值觀調查」進行了四次，一九九〇年與一九九九年的調查剛好框起歐洲引入註冊伴侶法的前後時間點。雖然嚴格來說，丹麥是在一九八九年通過法案，如果把丹麥算進來，一九九〇年與一九九九年間，有六個國家（比利時、丹麥、法國、冰島、荷蘭與瑞典）通過了這類法案，且在這兩年都做了調查（請記得荷蘭在通過同性婚姻的三年前先通過了伴侶法）。我在這兩年也調查了其他十六個尚未通過伴侶法的歐洲國家，為比較之故，我也分析了來自美國、土耳其、日本與墨西哥的資料。

圖4.6顯示這二十六個國家中同意婚姻「是過時制度」的人數[43]，即便前文討論過婚姻行為變化如此明顯，同意這點的人卻非常少，這或許是最讓人意外的了。按照這份調查，對婚姻疑心最重的是法國人，一九九〇年有29.1%的法國人同意婚姻制度是過時的。而圖4.6要另外注意的是在大多數國家中，隨著時間的推移，同意婚姻制度過時的人數比例就愈高。[44] 而在一九九九年，34.8%的法國人同意婚姻制度是過時的，這也就是說在一九九〇年之後，有5.7%的法國人對於婚姻的重要性改變了看法。

如果給予同性伴侶結婚權會削弱了婚姻的重要性與吸引力，那麼在有此制度的國家中，受訪者認為婚姻制度過時的增幅應會**高於**沒有類似制度的國家。圖4.6第一格列出了有伴侶法的國家，而在此六個國家中，相信婚姻制度過時的比例平均增加了3.8%；但在沒有伴侶制的國家中，認為婚姻制度過時的比例增加得更快。在一九九〇年與一九九九年間，這一批國家的平均變化幅度為5.3個百分點；在沒有註冊伴侶制度的國家，婚姻信念的變化更為快速。換句話說，

圖 4.6　1990 年與 1999 年各國認為婚姻已過時的觀念盛行率

婚姻已過時	1990 年同意之%	1999 年同意之%	變化
第一波伴侶制			
法國	29.1%	34.8%	5.6%
荷蘭	21.1%	25.3%	4.2%
丹麥	18.0%	15.0%	-3.0%
比利時	23.2%	30.9%	7.7%
瑞典	14.1%	20.2%	6.2%
冰島	6.3%	8.3%	2.0%
平均			3.8%
第二波伴侶制			
德國	14.6%	20.2%	5.6%
英國	17.8%	27.2%	9.5%
西班牙	16.0%	20.9%	5.0%
加拿大	12.4%	22.9%	10.5%
芬蘭	12.5%	19.1%	6.5%
捷克	10.5%	10.4%	-0.2%
平均			6.1%
無伴侶制			
義大利	14.1%	17.0%	2.9%
愛爾蘭	9.9%	20.5%	10.7%
匈牙利	11.4%	16.2%	4.8%
波蘭	7.5%	9.1%	1.6%
斯洛維尼亞	17.6%	27.4%	9.8%
保加利亞	10.5%	17.1%	6.6%
羅馬尼亞	8.6%	12.5%	3.9%
葡萄牙	21.9%	24.6%	2.7%
奧地利	11.9%	19.0%	7.0%
俄羅斯	14.5%	20.6%	6.1%
斯洛伐克	8.6%	11.5%	2.9%
平均			5.4%
美國	8.0%	10.0%	2.0%
土耳其	11.3%	8.5%	-2.8%
日本	7.6%	10.4%	3.4%
墨西哥	16.9%	19.8%	2.9%
平均			1.4%
所有無伴侶制國家平均值			4.8%
所有無伴侶制國家平均值（歐洲）			5.3%

認為婚姻過時的觀念在認可同性伴侶的國家還未普及。有人也預測同性伴侶將會破壞異性戀對婚姻的看法，而這項發現與人們的預測恰好相反。

　　我用了一套統計程序，專門用來評估其他與婚姻觀念有關的預測指標，以檢驗這種簡單的比較法。由於每個國家的問卷問題每年都不一樣，每個國家也都有所不同，我針對一組有限的個別特徵進行調整：年齡、參與宗教活動的頻率（一個月至少一次）、性別與結婚狀態，再搭配每位受訪者的國家。比起男性、偶爾上教會的人、目前未婚的人與年輕人，對於女性、信仰虔誠的人、已婚人士與長者通常比較不同意婚姻是過時的。平均來說，比起一九九○年的受訪者，一九九九年的受訪者較認為婚姻是過時的制度；而在一九九九年，與無伴侶制的國家相比，有伴侶制國家的受訪者較同意婚姻是過時的制度。不過就算把這些因素都納入考量，比起無伴侶制國家，有註冊伴侶制國家的同意數在一九九○年間與一九九九年間減少成長。

　　這些調查還有另外一個觀察角度能帶來豐富資訊，也就是關注那些在一九九九年後通過伴侶制或同性婚姻法的受訪國。這六個「第二波」加入的國家（德國、英國、西班牙、加拿大、芬蘭與捷克共合國）與第一波伴侶制國家不同，也與那些還未通過這類法律的國家不一樣。第二波國家的居民對婚姻看法變化幅度大過於第一波的國家或尚未有伴侶制度的國家。平均來說，比起一九九〇年，第二波國家的居民到了一九九九年認為婚姻過時的人多了6.1％。變化的幅度大於第一波國家（增加3.8％的居民同意）以及尚未有伴侶制的國家（增加5.4％的居民同意）。這大概是認為婚姻過時老套的人愈來愈多，而這些人也可能支持賦予同性婚姻權或伴侶制度。這個可能性也顯示了「信念」是後來政策變革的起因，並非政策改變而影響了人的觀念。

整體來說，不論我們看的是結婚的行為或是婚姻的觀念，沒有一筆資料顯示，認可同性伴侶與低結婚率或婚姻重要性式微之間有可信的關聯。本章中的調查資料、人口趨勢、邏輯分析皆無法證明政策的變化會導致婚姻的文化意義有所改變。我在第九章會回來討論婚姻行為與觀念變化、同性伴侶公開爭取法律承認之間是否可能有政治關聯性。不過，就美國與其他國家反同婚人士的「天塌說」來看，這完全是不同類型的關聯性了。

註釋

1　Kurtz, "The end of marriage in Scandinavia."

2　Stanley Kurtz, "Death of marriage in Scandinavia," *Boston Globe* (March 10, 2004); Kurtz, "The end of marriage in Scandinavia"; Stanley Kurtz, Testimony before the Subcommittee on the Constitution, Committee on the Judiciary, U.S. House of Representatives (2004), http://frwebgate.access.gpo.gov/cgi-bin/getdoc.cgi?dbname=108_house_hearings&docud=f:93225.pdf.

3　強納森・勞區（Jonathan Rauch）、安德魯・蘇利文（Andrew Sullivan）、威廉・艾斯克里居與達倫・史匹戴爾都在線上與平面媒體上與庫茲交鋒。

4　美國參議院國會紀錄：二○○六年第109屆會議第二期之議事與動議，Vol. 152, S5415–S5424, S5450–S5473.

5　本份報告只看一九九○年代人口衡量指標趨勢。Patrick F. Fagan and Grace Smith, "The transatlantic divide on marriage: Dutch data and the U.S. debate on same-sex unions," *The Heritage Foundation*, Web Memo #577 (2004), http://www.heritage.org/research/Family/wm577.cfm (accessed October 4, 2004).

6　M. Van Mourick, A. Nuytinck, R. Kuiper, J. Van Loon, and H. Wels, "Good for gays, bad for marriage," *National Post* (August 11, 2004). 凡・穆里克（Van Mourik）以及努伊丁克（Nuytinck）是法學教授。尤斯特・凡・倫（Joost Van Loon）則是一位社會學家，自稱專業領域為風險、科技與媒體，http://www.ntu.

ac.uk/research/school_research/hum/staff/7120.htm (accessed January 18, 2007).

7 Kurtz, "The end of marriage in Scandinavia."

8 Coontz, Marriage: *A History*.

9 Tavia Simmons and Martin O'Connell, *Married couples and unmarried partner households: 2000.* 可在二〇〇〇年人口普查特別報告（Census 2000 Special Reports）中取得，www.census.gov/prod/2003pubs/censr-5.pdf.

10 Liesbeth Steenhof and Carel Harmsen, *Same-sex couples in the Netherlands*，該文章於二〇〇四年法國人口學研究所（Institut National d'Etudes Demographiques）之「同性伴侶、同性民事伴侶以及同性婚姻：聚焦於跨國間之差異」（Same-sex couples, same-sex partnerships, and homosexual marriages: A Focus on cross-national differentials）研討會中發表，Eskridge and Spedale, *Gay Marriage*.

11 Donna K. Ginther, Marianne Sundström, and Anders Björklund, "Selection or specialization? The impact of legal marriage on adult earnings in Sweden," 該文章於二〇〇六年美國人口協會（Population Association of America）會議中發表。

12 Eskridge, *Equality Practice*.

13 *Statistics Norway, Statistics Yearbook 2007*, Table 93, "Asylum applications, by country and the seeker's citizenship. Nordic countries." Oslo, Norway: Statistics Norway, www.ssb.no/en/yearbook/tab/tab-093.html.

14   Jan Latten，二〇〇四年三月十二日之私人通信。也可見
      Trends in samenwonen en trouwen; Joop Garssen，二〇〇四年六
      月十八日之私人通信。

15   所有統計資料皆來自國家級主計單位。

16   Statistics Denmark, *Statistical Yearbook 2003*, p. 5, www.dst.dk/
      asp2xml/puk/udgivelser/get_file.asp?id=3985&sid=entire2003.

17   Ryan T. Anderson, "Beyond gay marriage: The stated goal of these
      prominent gay activists is no longer merely the freedom to live as
      they want," *Weekly Standard* (August 17, 2006).

18   Michael Svarer, "Is your love in vain? Another look at premarital
      cohabitation and divorce," *Journal of Human Resources* 39 (Spring
      2004): 523–535.

19   Kurtz, "Death of marriage in Scandinavia."

20   接下來幾段非婚生率主要來自於一九九〇年代歐洲統計局
      (Eurostat, 2004), epp.eurostat.ec.europa.eu.

21   Statistics Denmark, HISB3 Summary Vital Statistics, www.
      statbank.dk/Stat-bank5a/SelectVarVal/define.asp?MainTable=H1
      583&Planguage=1&PXSIde=0.

22   Statistics Norway, "Live births and late fetal deaths: 1951–2007,"
      www.ssb.no/fodte_en/tab-2008-04-09-01-en.html.

23   Statistics Netherlands, "Size and composition of household,
      position in the household" (January 1, 2004), http://www.
      statline.cbs.nl/StatWeb/publication/?VW=T&DM=SLEN&PA=37
      312eng&D1=31-50&D2=(I-11)-I&HD=081108-2206&LA=EN.

24   Stanley Kurtz, "Unhealthy half truths: Scandinavian marriage is dying," *National Review Online* (May 25, 2004).

25   David Coleman and Joop Garssen, "The Netherlands: Paradigm or exception in western Europe's demography?" *Demographic Research* 7 (September 10, 2002): 433-468; Arno Sprangers and Joop Garssen, *Non-marital-fertility in the European economic area* (The Hague: Centraal Bureau voor de Statistiek, 2003).

26   Stanley Kurtz, "Going Dutch: Lessons of the same-sex marriage debate in the Netherlands," *Weekly Standard* 9 (May 31, 2004): 26–29.

27   Stanley Kurtz, "Dutch debate," *National Review Online* (July 21, 2004).

28   芬蘭直到二〇〇一年才通過伴侶註冊法，因此比較時歸類在無伴侶制國家。

29   Kathleen Kiernan, "The rise of cohabitation and childbearing outside marriage in Western Europe," *International Journal of Law, Policy, and the Family* 15 (April 2001): 1–21.

30   Joop Garssen，私人通信 (June 18, 2004).

31   Statistics Denmark, FAM4: *Families by region, type of family, size, and number of children* (2004), http://www.statbank.dk/FAM4.

32   Statistics Norway, *Statistics Yearbook* 2003, "Population statistics, Marriages and registered partnerships (2002)"; Statistics Norway, Statistics Yearbook 2004, Table 2, "Families, by type of family. Children under 18 years of age, 1974–2004."

33　Joop Garssen and M. V. Lee Badgett, "Equality doesn't harm 'family values,'" *National Post* (Canada) (August 11, 2004); Statistics Netherlands, "Size and composition of household, position in the household" (January 1, 2004), http://www. statline.cbs.nl/StatWeb/publication/?VW=T&DM=SLEN&PA=37 312eng&D1=31-50&D2=(I-11)-I&HD=081108-2206&LA=EN.

34　U.S. Bureau of the Census, "Households and families: 2000" (2001).

35　Kiernan, "The rise of cohabitation and childbearing outside marriage in Western Europe."

36　無法得得荷蘭資料進行衡量比較。

37　Gunnar Andersson, "Children's experience of family disruption and family formation: Evidence from 16 FFS countries," *Demographic Research* 7 (August 14, 2002): 343–364.

38　安德森分析的「家庭與生育研究」（Family and Fertility Studies）也為基爾南在前文所引用的研究中所用。

39　比較來自於下列所提供之資料 The Clearinghouse on International Developments in Child, Youth, and Family Policies at Columbia University, http://www.childpolicyintl.org/ (accessed April 2006).

40　見二〇〇六年強納森‧勞區（Jonathan Rauch）、史丹利‧庫茲與瑪姬‧加拉赫部落格上的作者辯論，http://www. marriagedebate.com/md-blog/2006_02_26_mdblog_archive. htm.

41　Eskridge and Spedale, *Gay Marriage*, 181.

42   同上，184–185。

43   計算的時候我排除了回答「不知道」的受訪者，因為特定年
      度的資料並不包含這些回應。

44   為了要測試國家內發生改變的統計顯著性，我用一九九九年
      的調查並迴歸處理了國家的虛擬變項與交互作用項。從一九
      九〇年到一九九九年的改變具統計顯著性，法國、英國、丹
      麥、愛爾蘭、美國、加拿大、波蘭、捷克共和國、斯洛維尼
      亞與土耳其皆達 10% 以下。

第
5
章

借來的東西

試婚

Something Borrowed

Trying Marriage On

瑞秋與瑪莉安決定結婚後，他們在餐廳請瑞秋的母親朱蒂絲吃午餐，並告訴她這個消息。據瑞秋說，茱蒂絲的第一反應不是喜悅，「別……別……別……，我要怎麼跟我的朋友、姐妹淘們說？」她嚷嚷著。「萬一我說我女兒要結婚了，他們都問我『她先生是做哪一行的啊？』我就得說對方是個女人。我應該說什麼？」她惶恐質問。茱蒂絲早就接受瑞秋跟瑪莉安交往了，但是對她們結婚的打算不是很高興，她覺得沒必要。

　　不過瑞秋說那天晚上朱蒂絲打給了一位朋友，遲疑之下吐露：「你知道今天發生什麼事嗎，我女兒說她要結婚了。」她的朋友說：「哇，真是太棒了！恭喜！」然後她又打給另外一個朋友，對方的反應也一樣；她又再打一通給另一個朋友，對方聽到消息相當熱情，之後朱蒂絲想想：「欸，可能會很好玩。」此時她便打電話給瑞秋與瑪莉安並告訴她們：「妳們要結婚真是太好了！」在此轉變之後，瑞秋說她的母親對於她們結婚一事相當積極。

　　這個故事描繪了婚姻法的修改讓一位女性對自己女兒可能要與同性結婚出現強烈的反感，不過朱蒂絲反感並不是故事的結局。在外界社會與文化脈絡之下，若至少有一些強力支持同性婚姻的聲音，朱蒂絲當下的反感會迅速轉化為支持。

　　對朱蒂絲來說，外部環境到底有了什麼轉變？朋友溫暖與支持的回應消除了茱蒂絲對社會反對的恐懼，顯然她一開始的反應是被這股恐懼給左右。這些朋友們也認可瑞秋舉行在即的婚禮與其他的婚禮一樣，值得同等的盼望──這點可能更重要。朱蒂絲採納了她朋友們的態度，對瑞秋即將舉行的婚禮表示期盼與認同。如果不是朱蒂絲對「婚姻」的理解有變而接納了瑞秋與瑪莉安，那麼就可能是朱蒂絲調整了她對女兒感情的看法。

　　朱蒂絲反應的變化提醒了我們，隨著婚姻平權的政治論戰落幕，也意味著文化上開始有了調適。即便同性婚姻合法，父母與其他人的擔憂依然累積而成了對同性婚姻的排斥，不過同性婚姻的支持者還是可以挑戰這些觀念，說不定還能影響他們的觀念。同樣地，隨著時間經過，個人觀念和接受度上的變化可能會影響婚意義在文化上的定義。這個文化調適的過程很複雜，在婚姻議題上我們還缺乏深入的認識。

　　相比之下，政治論戰的表現通常是相對簡單的法律認可過程。同性伴侶所謂「認可」，指的是他們想要國家賦予他們結婚的法律選項，正式承認他們的關係。國家認可還有另一層重要的意義，且套用在文化調適的過程上相當有幫助：「從前認識的某事物或某人」的認知[1]。要探討關於「同志是否從文化意義上會改變婚姻」這個問題（不是前一章所探討的那種結婚行為變化），我們可以重構該問題，並去詢問異性戀們（在文化上大多由異性戀們組成和定義）他們是否也如茱蒂絲的朋友一般「承認」同性伴侶是可以結婚的。

　　荷蘭十年下來約有二萬對同性伴侶結婚或註冊（與此同時荷蘭有近八十萬對異性戀結婚），如此相對少數的一小群人，人們卻認為這些少數會對婚姻的文化理解造成某方面的困擾，這種想法好像蠻奇怪的。嚴格來說，異性戀在日常生活中，可能連一對已婚同性伴侶都從未留意過。其實我訪談過的某些人口學者就指出，結婚的同志伴侶那麼少其實不會造成文化衝擊。然而，我相信文化改變的可能性確實存在，只不過我的理由與史丹利‧克茲、瑪姬‧加拉赫等其他抨擊同志婚姻的人有所不同，他們甚至在同志可以結婚「之前」就強調政治論戰的影響，我們前一章才拆解了同性婚姻辯論會影響荷蘭與北歐異性戀婚姻的說辭。「當同性伴侶真的可以結婚了，荷蘭會怎麼樣？若婚權在美國這裡普及，美國又會如何？」我認為，這樣問才更有趣、更具挑戰性。

　　無論如何，結婚都是一種公開的行動。結婚伴隨著高調配套，包括公開典禮、盛大喜宴、新的法定已婚身分，以及（有時候）更改姓名。婚姻本身的公開性是了解文化槓桿（cultural leverage）[A] 存在可能的關鍵，即便是為數甚少的伴侶在婚姻生活中與其他人接觸時，文化槓桿也可能具有一定的影響力。政治人物、名流、新聞媒體對於婚姻的見解是否會直接影響外部文化對婚姻的認識？與其關注這個問題，在此我想走向草根，來看看荷蘭伴侶的生活、找找看結婚的意義是否有變化的跡象。如果同性伴侶改變了荷蘭的婚姻制度，那麼起碼可以在受訪的伴侶及社群中，觀察到某些影響。從國家調查資料、同志伴侶與異性戀的互動中，我們可以看到異性戀對婚姻看法受到什麼影響。

男女同志伴侶可能透過什麼方式改變目前文化對婚姻的認識呢？我從兩個方向來探討這個問題：先從男女同志的角度來看、再從異性戀的角度來看。每個人都是文化的一部分，大家會發展出自己及他人對婚姻意義與重要性的看法。研究婚姻的人類學者與社會學者有時稱這些根深蒂固的觀念

A 編註：文化槓桿（cultural leverage）的效應便是少數人也能發揮比多數人更大的影響力，抑或是某一個小地方（或某一小群人）的文化，也可以造成大文化上的改變，或是發展出具有顛覆性的觀念與潮流。

為「文化基模（cultural schemas）」，文化基模反映出了個體複雜的學習過程，同時在有共通經驗的群體中，成員會共享與傳遞這個過程。[2] **同性伴侶如果要改變或動搖這些觀念，結婚的同志伴侶先得展現或傳達出他們對婚姻意義看法的深度差異。**如果婚姻的制度合適，同性伴侶可以直接套用不必修改；但如果制度不合適，那總有得修改之處。若不是觀念改變，那就是同性伴侶改變，抑或是同性伴侶不會試圖要用這套想法與法律制度來架構生活。

不過當我們提到同性婚姻，同性伴侶（或是放大範圍來看的 GLB 族群）顯然不是唯一的文化參與者。**異性戀可能會察覺到婚姻對同性伴侶來說有不一樣的意義，或者觀察到納入同性伴侶的這套「婚姻」制度意義不同，最後異性戀眼中婚姻的意義還是會有轉變。**與婚姻相關的「跨文化」（Cross-cultural）失調（如果存在的話）應該可以在異性戀看待男女同志親朋好友、左右鄰居與同事結婚的反應中看出端倪。藉著本章開頭的故事，我們可以探討瑞秋與瑪莉安結婚一事與是否牴觸了荷蘭文化對婚姻的理解，而朱蒂絲一開始的恐慌是否反映出了這一點，也可以探討茱蒂絲憂慮的解藥是否反映出婚姻意義或其他事物的變化（文化基模的變動）。當同性伴侶結婚，並能對外展現出已婚的清楚徵兆，就有可能浮現衝突、困惑、猛烈的文化變革，抑或出現相對順暢無阻的整合。而在我所訪談的伴侶中，他們所述的經驗包含了以上種種的可能性。

有跡可循：從同性伴侶角度來看的文化變革

婚姻觀念或制度是否在同性伴侶可以結婚時而有所改變，第一個評估方式就是從他們展現結婚的行為與說辭來推斷他們的想法。同性伴侶想要有結婚的選擇（而不是社會義務）在第二章與第三章也呈現得相當清楚，顯然並不是所有人都會選擇結婚。到最後，影響同性伴侶做決定的因素聽起來與荷蘭異性戀伴侶的敘述很相似。

本章再度檢視這些結婚的理由，於此出發，我想聚焦同性伴侶口中結婚的意義。說到選擇結婚或起碼考慮結婚的主要理由，我所訪談的伴侶提出了下列幾項：

- 表達對感情的承諾，展現想廝守的心意。
- 向彼此及親朋好友展現堅定承諾。
- 締結法律關係，處理共同生活的實際經濟問題，部分或全面整合財務資源。

- 確保目前或未來子女的福祉。
- 在感情的重大時刻鞏固這段關係。
- 支持同志平權的政治表態或是支持兩性平權的女性主義表態。

　　即便是對那些抱持傳統觀念的人來說，這些理由所包含的元素他們應該也是一看便很熟悉的：婚姻的重點在於承諾、子女、經濟上互相扶持與家庭的羈絆。一方面來說，這些包含了荷蘭當代文化婚姻觀中大家所熟悉的要素，在安娜・柯特威的研究也如是說。另一方面，這些傳統元素在同性伴侶間的樣貌與運作方式又出現了不同之處。舉例來說，比起異性伴侶在孕育撫養下一代這方面，同性伴侶更有可能借重收養或替代人工生殖技術。同性伴侶也不會照著「妻子」或「丈夫」來定義家庭分工以及複製這些角色，不過有幾對伴侶告訴過我，他們搞不清楚狀況的點頭之交想知道誰是妻子、誰又是丈夫。

　　整體來說，儘管同性伴侶不完全符合「婚姻的目的就是為了繁衍下一代」這種傳統又簡單過頭的特定觀念；不過荷蘭、許多歐洲國家與北美國家的異性戀在這個議題上也不符合。因此，同性伴侶所要表達婚姻觀裡大多數的要素，也是他們異性戀朋友與手足可以認同的要素。為了要讓男女同志伴侶與異性戀伴侶之間的比較更具說服力，我會先仔細檢查從我的訪談裡浮現出來的明顯異同。我同時也運用了歐洲價值觀調查中荷蘭婚姻觀的資料，透過具代表性的荷蘭異性戀範例來呈現大範圍的脈絡。

◆ 是選擇，而非義務

我在第二章中討論過，同性伴侶認為婚姻是種選擇，這源自荷蘭歷史與法律脈絡，以及男女同志的政治運動。實際上如果婚姻依然意味著一種社會義務，人人必須要進入這一套拘束人們、強調丈夫與妻子角色的法律制度，那麼男女同志伴侶大概就不會去爭取結婚的權利了。[3] 西歐與美國的結婚與離婚趨勢清楚反映出婚姻脫離了那套傳統的社會制度，不再要求明確的男女角色劃分，也不再期待永恆的婚姻，人口學者、歷史學者與其他社會科學學者也已經注意到這點很久了。婚姻已經變成了一種關係，兩個個體可以自由選擇進入，但如果之後這段關係不再滿足個人需求，也可以選擇離開。[4] 異性戀觀念的這些變化不再只是理論，前一章就已經顯示了愈來愈多的荷蘭異性戀伴侶選擇同居，反而不結婚。[5]

✦ 生兒育女

對同性伴侶來說，婚姻與生育是綁在一起的，但是婚姻主要是生育的結果而不是起因 —— 至少對我的受訪伴侶來說是如此。當一對女同志伴侶打算生小孩時，他們認為婚姻是鞏固雙親與孩子法律羈絆的方式，也能讓孩子與雙親的相應權利與責任正式獲得認可。在第四章的內容中我們也可看到，荷蘭的異性戀伴侶也常常先生小孩再結婚。荷蘭有三分之一新生兒的雙親都沒有結婚，這當中許多人在孩子誕生的後幾年都會結婚。在荷蘭的年輕世代中，同性伴侶與異性伴侶對於婚姻與生兒育女間的關係明顯有共通的看法。

✦ 共同打理生活財務

同性伴侶並沒有明確提到他們也是財務上的夥伴，但是受訪伴侶在財務生活上是混在一起的，而非分開處理、各自獨立：

- 每一對伴侶不論有沒有結婚，雙方皆有工作，貢獻家庭收入。
- 有幾對共同買房，有些伴侶明確將買房與結婚的考量綁在一起。

- 伴侶會合併收入，應付日常支出，明確顯示他們彼此扶持。即便大多數的伴侶都各有各的帳戶，幾乎每一對都有共同銀行戶頭，這樣一來就可以分攤部分或全部的同居支出。五對伴侶已經完全將他們的收入與資產合在一起，剩下的伴侶中有許多人則是把相當數目的收入與資產匯集在一塊。

- 有些伴侶指出他們支付家庭與其他收入都仰賴雙方的收入，讓我們看到了他們的經濟羈絆。即便這對伴侶沒有結婚，若其中一方收入較高，他或她常常分擔較多的財務負擔。

- 與婚姻有關的主要財務決定涉及該如何處理婚前資產。幾對伴侶選擇簽婚前協議，荷蘭法律可以讓他們合法各自分開保留婚前資產，但是在這種情況都是因為伴侶其中一方自己經營公司，所以需要將資產與家庭財務分開。

整體來看，證據顯示同性伴侶將經濟資源合在一起的程度相當高，符合許多關於婚姻的文化假設。

不過前文婚姻觀念列表上的最後幾項似乎告訴我們，同性伴侶對婚姻的看法有一些重要的不同之處。

◆ 結婚的時機

從傳統意義上來說，結婚代表一對年輕伴侶脫離原生家庭，進入自己結合的家庭。在追求交往之後，兩位年輕人走上紅毯，共同經營成年生活。不過受訪的同性伴侶終於決定要結婚的時候，從舊有的傳統模式來看，他們的關係已經過了這個階段很久了。另一方面，結婚的時機反映了荷蘭同性伴侶的法律現實 —— 要一直到一九九八年才有註冊伴侶制的選擇，或是等到二〇〇一年才能夠結婚。從一九九八年或二〇〇一年開始交往的伴侶，會是什麼樣的情況呢？時間會給我們答案。不過可惜的是，我的樣本沒辦法讓我研究這個問題，因為我的受訪伴侶幾乎每一對都在一九九八年以前就同居了。

隨著同志的想法與生活發生變化，結婚的選項對於結婚的時機又會產生什麼改變呢？我在第六章中會討論這個問題。在此我僅僅要說，受訪的同性伴侶對於結婚適當時機的看法，比起一開始他們給人印象可能更加傳統。有些出於各種意識形態理由而拒絕結婚的伴侶告訴我，如果兩人剛開始交往時是可以結婚的，那麼他們可能早就克服對結婚的排斥而結婚，因為對於在一起時間相對短的伴侶來說，婚姻提供了許多務實的優點。對這些伴侶來說，在同志婚姻合法化之前，那些刺激結婚考量的事情都已經發生了，特別是買房與合併財務資源。這些伴侶早已採取其他措施建立正式關係，來滿足房貸放款方與其他主管機關必要的要求，因此當結婚成為選項的時候，實務價值反而很少了。如果結婚可以早一點成真，我們大概就可以看到更多伴侶在兩人感情更初期的階段結婚。

✦ 政治與意識型態面向

同志伴侶結婚決定的某些政治面向突顯了他們與異性戀婚姻的差異。異性伴侶結婚本身並不包含同志平等的意涵，也無法以此表態，雖然在某些同志無法結婚的地方舉行異性戀婚禮，會讓某些男女同志更深刻意識到自己被拒於法律門外。[6] 不過某些荷蘭伴侶說了他們異性戀朋友的故事 —— 大多數都是女性主義者 —— 他們認為自己有法定結婚的權利是在傳遞一種保守派的宣言，因此為了與男女同志朋友團結齊心，多年下來他們都抵制結婚。瑪莎與琳恩告訴我一位重量級的荷蘭政治人物一直維持法律單身，一直持續到同志伴侶可以結婚，那個時候她才與自己長跑多年的男性伴侶結婚。

為同性伴侶打開結婚管道的方法就是讓婚姻變成政治議題，儘管這樣一來會讓某些信念比較傳統的異性戀緊張兮分。[7] 但是政治與婚姻第一次有交集並不是發生在同性婚姻的論戰中，異性戀老早就讓婚姻變得政治化了，這並不是同志造成的。在許多歐洲與北美的許多國家，長年下來修訂結婚與離婚法的論戰顯示了政治與國家是如何在法律意義上打造婚姻的，一如外部文化也貢獻了我們對婚姻認識的其他要素。瑪莉安‧葛蘭登（Mary Ann Glendon）、史蒂芬妮‧昆茲（Stephanie Coontz）與南西‧考特（Nancy Cott）等歷史學家讓大家明白，大家對婚姻的定義與認識始終不一定是一致的。[8] 婚姻的法律與社會意義皆在變化，也因應了家庭生活現實與社會需求，而政治始終沒有缺席。近期荷蘭與婚姻有關的論戰是關於外籍配偶的移民規定，移民與本土荷蘭族裔通婚率低落的隱憂引發了這場論戰，關於這點稍後會再說明。

如我在第三章所述，同性伴侶間傳遞同志平等的訊息，其實在某種程度上鞏固了婚姻傳統高高在上的地位。一般來說，大多數我訪問的對象都認為給予同性與異性伴侶註冊伴侶制及婚姻的選擇是件好事。實際上，因為大多數的人都認為註冊伴侶制的身分比婚姻劣等，所以其中只有一對在二〇〇一年四月後法定結合的伴侶選擇註冊伴侶制。即便是那些拒絕結婚的人也同意註冊伴侶制是次等身分，僅僅是在獲得完整平權的路上，一個方便暫時妥協的立場。

　　某些女同志女性主義運動者的論述中，她們最具企圖心與明確的政治主張就是同性伴侶有助於瓦解異性戀婚姻中仍存在的性別角色。推測指出，同性伴侶是平等主義婚姻的模範生，因為兩位丈夫或兩位妻子之間的婚姻互動關係與異性戀伴侶不同，也不會施加階級角色或期待在伴侶身上。在美國，有愈來愈多的證據支持這個看法，因為同性伴侶較不受性別限制，決定伴侶雙方在家庭收入與家務工作要付出多少的時候，也會比較平等，不過在同志伴侶間難免還是有一些不平等存在。[9] 不過就算同性伴侶發揮平等精神的潛力，他們不可避免的就是人數較少，代表人數眾多的異性戀還是看不見同志家庭生活組織的內部差異。

　　更尤其，同性伴侶看起來並不會分派特定角色給伴侶或配偶，如負責賺錢養家或照料家人。所有我訪問的對象都有工作，包括所有成為父母的人，許多人的工作並不是全職的，但是從打破男女之間嚴格的家庭角色劃分來看，異性戀也已經進入婚姻「去性別」（de-gendering）的過程中了，荷蘭與美國大多數的異性戀女性現在也為家庭收入出了力。一九七五年，二十五歲至五十四歲的女性中，只有28％有工作；二〇〇四年，同樣年齡區間的女性中有74％都在職，雖然比例比男性低（89％），但是在荷蘭的壯年女性中依然明顯占了多數。荷蘭女性較多是做兼職（60％），然而只有15％的男性為兼職，[10] 顯示出荷蘭女性比男性肩負了更多家務責任。不過，隨著時間的變化，即使夫妻之間仍然具有某些性別差異，丈夫和妻子的角色不再那麼針對性別來區分了。

少數的已婚同志伴侶大幅減輕了一夫一妻制的文化威脅，但這是許多敵視婚姻平權者所擔心的事。至少有些男同志（現在）公開反對感情關係一對一的常規。[11] 有些同志婚姻倡導者推測結婚會增加男同志間單一伴侶關係，因為婚姻契約所含的承諾會降低男性尋找其他性伴侶的渴望。[12] 反對陣營的倡議者擔心在婚姻的脈絡之下，只要是非單一伴侶的行為都會危及認為單一配偶制值得保存的傳統觀點。[13] 從同志與異性戀人口間極端大小差異，就數字的角度而言，異性戀關係中的非單一伴侶關係行為絕對更多，儘管要找到異性戀間非單一伴侶關係實際範圍的可靠數據非常困難。

在婚姻的文化脈絡之下，婚姻中的「規範」似乎比潛在小幅增加的非單一伴侶行為來得重要。受訪荷蘭伴侶提供的說詞來看，他們似乎多少都尊重規範，但在大多數男同志的心中，婚姻與單一配偶制似乎是關係很遠的兩件事。一方面來說，大多數我訪問的已婚與未婚男同志伴侶都不是行單一配偶制，有些人覺得他們的單一配偶規範與傳統婚姻的單一配偶關係不同；另外，證據也顯示更傳統的規範也存在。

比如說，布拉姆決定與伴侶奧圖結婚後就會變成單一配偶關係。就連在性關係上非單一伴侶的男同志伴侶也有自己對於忠誠的定義——重點是愛與誠實。已婚的威勒說：「忠誠不存在兩腳間，而是在於兩耳間。」沒有結婚的羅伯指出，他與伴侶皮耶特的非單一伴侶關係有時候讓他的朋友們很困惑，這些朋友之中也有一些是男同志，他們似乎以為一段長久相守的感情會是（大概也應該是）單一伴侶／配偶。換句話說，儘管男同志並不總是單一伴侶關係，他們顯然清楚認同單一伴侶關係規範的存在，也感受得到其影響力。

關於男同志單一伴侶關係在法定關係中所扮演的角色，其他國家所提供的證據很複雜且難以詮釋。威廉・艾斯克里居與達倫・史匹戴爾也發現，丹麥有些（但非全部）男同志伴侶在登記為註冊伴侶之後也擁抱單一伴侶關係，儘管他們還發現非單一伴侶關係的男同志比較會採用安全性行為來保護他們的註冊伴侶。[14] 男同志在註冊或結婚後可能會變得比較專一，經濟學者湯瑪斯・狄（Thomas Dee）的研究贊成這個可能性。他發現在承認同性伴侶的歐洲國家中，梅毒與淋病這兩種性傳染病的得病率顯著下滑，可能是因為愈來愈多男同志伴侶在關係獲得法律認可之後而變得專一。[15] 儘管 HIV 感染率也下滑，但這個結果不具統計顯著性，但艾斯克里居與史匹戴爾指出丹麥、挪威與瑞典這些國家中，註冊伴侶制施行之後 HIV 感染率下滑幅度超過歐洲其他國家。[16]

從文化角度來看，期待與期許大概比實際的行為來得更重要。我在荷蘭時，我對於單一配偶制有了重要的發現；在我訪談的男性中，他們爭取結婚並不是因為想翻轉婚姻中單一配偶的文化期望。如此一來，同性伴侶單一伴侶關係的規範看起來就與平等性別角色的規範相當不一樣了。同性伴侶受訪者有時會用他們的婚姻來散播性別平等的福音，但是他們不會利用結婚來破壞單一配偶制。

關於男同志性行為與其文化期待的關係的資料 —— 要詮釋這些是很複雜的，而在美國研究中也出現了相同經驗。索羅門等人研究佛蒙特州的民事結合伴侶，研究顯示跟沒有民事結合身分的男同志相比，已締結民事結合的男同志行單一伴侶的機率也不會比較高，大多數的民事結合伴侶皆不是單一關係。[17] 但是比起沒有締結民事結合的男同志，已締結民事結合的男同志會更同意與伴侶以外的人發生性行為是不能接受的。換句話說，締結民事結合的男性就算沒有持續實踐單一伴侶關係，但更有可能抱持著單一伴侶關係的理想。

◆ 異性戀怎麼想

整體來說，同性伴侶對於婚姻的看法以及結婚的好處，說到底與他們同年紀的異性戀同胞所表達的看法相當類似。一九九九年荷蘭人的歐洲價值觀調查給了每一位受訪者一份清單，上面列出能讓婚姻成功的要素，並詢問受訪者這些要素的重要性高低。[18] 我與同性伴侶的開放式訪談中，他們也表達了婚姻的要素，雖然荷蘭調查的這份清單與我的不完全符合，但還是提供了背景脈絡，有助於思考異性戀各種不同的觀點，以及他們與男女同志相似的觀點（雖然這份調查並沒有詢問受訪者的性傾向，我們還是可以合理假設大多數人皆為異性戀）。

圖 5.1 呈現了三十歲至五十歲之間荷蘭人的觀念，這也是我訪談對象的年齡範圍。幾乎所有人都認為與配偶的關係質量相關的重要因素：互敬互重、願意討論問題、理解與忠誠。受訪者普遍皆認為，配偶在社會、宗教、政治與種族背景的相似程度對大多數人來說都不重要。

當我們從廣義的關係特質轉到日常生活時，荷蘭人看待婚姻的樣貌便很多元了。講到孩子、性、家務、相處時間與

圖 5.1　1999 年針對 30~50 歲荷蘭受訪者
關於構成婚姻成功的要素（人數＝ 506 人）

構成婚姻成功的要素	非常重要	有些重要	不是很重要
互敬互重與欣賞	95.9	4.1	0.0
願意討論夫妻間出現的問題	88.4	10.9	0,7
體諒與包容	87.4	12.6	0.0
忠誠	83.6	14.4	2.0
不與姻親同住	55.0	20.2	24.8
有愉快的性關係	48.2	47.9	4.0
有小孩	44.8	28.4	26.8
分擔家務	30.8	53.8	15.4
常討論共同興趣	26.3	63.7	9.9
須盡可能多花時間相處	22.9	58.3	18.7
有合理的收入	19.2	55.1	25.7
居住品質良好	18.7	64.3	17.0
門當戶對	9.4	47.4	43.2
信仰相同	5.1	19.5	75.4
種族相同	2.9	23.3	73.9
政治理念相同	2.0	21.9	76.1

來源：作者根據歐洲價值觀大調查製作此列表。

收入等相關問題的重要性時，我們可以看到對數量可觀的荷蘭人來說，多元的選擇與狀態可能是他們建立成功婚姻的條件。

荷蘭異性戀的觀點裡，我們看不到的是傳統家庭的觀——是他人可能認為同性伴侶會排斥的那種傳統觀念。成功婚姻的條件並不是只有生兒育女一項，在這個年齡區間的荷蘭人，認為有小孩很重要的人不到半數，而四分之一的人認為不重要。建立財務夥伴關係也不再代表夫妻的分工須涇渭分明；分擔家務、育兒與收入責任是新的財務婚姻伴侶關係。滿足傳統夫妻角色並不見得能構成優質的婚姻；感情關係溫暖用心、溝通良好與有時間相處，才會讓婚姻成功。

問卷的其他答案也反應出近幾十年夫妻角色的變化。看起來一人主外、一人主內的家庭模式要被淘汰了。不到四分之一（23％）的荷蘭人同意「有份工作沒有關係，但大多數女性都還是想要有個家跟小孩。」；每五位就有四位（82％）同意父親在照顧小孩上能與母親一樣稱職，再加上前文呈現的女性就業資料，這份調查顯示荷蘭異性戀男男女女的生活在原則與實務上愈來愈相似。

已婚的同性伴侶對彼此互許承諾，也很投入感情，這也符合異性戀伴侶表達主流婚姻的觀念。在同性伴侶間，較容易為人矚目的大概是突破性別常規界線一事，以及質疑單一伴侶關係——不過後者較少。但我們看到性別角色的變化對異性戀伴侶來說也很重要，同性伴侶的各種生命經驗——要不要生小孩、共享所得、買房、參與對方的家庭、規劃未來、決定是否要結婚——這些都是荷蘭異性戀也會認同的。

　　荷蘭同性伴侶對婚姻的理解與美國異性戀伴侶的認知也一致。其實人類學者吉伯特‧赫特（Gilbert Herdt）與精神科醫師羅伯特‧柯茲納（Robert Kertzner）指出，美國同志伴侶提出要結婚或舉行承諾儀式的理由：「在歷史性的文化範疇中，體現美國人對於婚姻普遍的期望，以及他們為何渴望公開宣布婚訊的原因。」[19] 人類學者娜歐密‧昆恩（Naomi Quinn）描述了美國文化的婚姻模式——也就是她研究過程中得出的「核心的期望與經驗」，她說道：「美國人期待自己的婚姻長長久久、相得益彰、不分你我。」[20] 成人從婚姻當中獲得的主要益處，便是關係給予個人需求精神上的滿足，但他們也知道可能要努力才能造就契合的婚姻，並滿足伴侶雙方的需求。昆恩認為結婚牽扯到各式各樣不同的動機，例如符合成人的性別角色、成熟、生兒育女、順應家庭壓力、宗教信仰的實踐以及滿足財務需求，但是「人們意識到了成就感才是你**應該**結婚的首要理由。」，[21] 受訪荷蘭伴侶表達出的婚姻觀密切呼應這套婚姻模式。

　　我們可以更直接地來比較美國同志與異性戀對於婚姻、家庭生活的態度。在二〇〇二年，美國政府的美國國家家庭成長調查（National Survey of Family Growth）調查了超過 12,600 名年齡介於十八至四十四歲間的男女，問卷包含了無數關於生育與育兒的問題，也問了態度與性傾向的問題。圖 5.2 按照四個族群：異性戀女性、女同志與雙性戀女性、異性戀男性、男同志與雙性戀男性，比較了受訪者對於婚姻、離婚、親職、性別角色之表述的同意比例。

　　圖 5.2 的數據突顯了幾個重點。半數異性戀女性與三分之二的異性戀男性同意「結婚」比「一輩子單身」來得好，但是只有三分之一的男女同志與雙性戀同意這個說法。這種巨大差異也不讓人意外，想想在二〇〇二年，美國當時是不允許 GLB 族群結婚的，同志唯一能夠結婚的途徑就是跟某個異性結婚。

　　然而，在其他關於婚姻與生育的表述中，最明顯的特徵是同志與異性戀者的相似程度。儘管同志的觀念沒有異性戀那麼傳統且差異相當小，在家庭議題上，大多數同志與異性戀意見相同的程度也很高。[22] 每一個族群都有約半數的人同意「當一對伴侶似乎再也無法解決他們的婚姻問題時」，離

圖 5.2　美國不同性傾向者對婚姻與家庭的態度
（18-44 歲者之同意比例）

表述	女性		男性	
	異性戀	女同志與雙性戀	異性戀	男同志與雙性戀
1. 結婚比較好，不要維持單身	50.3	33.9	66.8	35.7
2. 如果問題不能解決，最好離婚	45.3	49.2	43.7	52.4
3. 未婚的女性有小孩有不是問題	70.5	83.1	59.7	76.4
4. 年輕情侶除非結婚否則不該同居	34.7	14.5	31.7	13.8
5. 要當爸爸或媽媽，花費金錢與心思是值得的	94.8	91.2	95.0	90.5
6. 職業母親也可以有溫暖與安全的關係	83.2	85.7	72.3	81.1
7. 最好是男主外、女主內	34.0	22.7	36.1	24.2
8. 比起事業成功，男性花時間陪伴家人更重要	73.7	67.7	77.3	69.9
人數	6,235	314	3,807	228

資料來源：作者根據全國家庭成長調查（美國）製作此表格。

婚「是最好的解決之道。」；每一個群組都有過半數的人都同意「未婚女性有小孩是可以接受的」；而很少人同意「年輕伴侶如果沒有結婚就不應該同居」；幾乎所有人都同意

「儘管為人父母的成本高又辛苦，但回報是值得的。」

　　從圖 5.2 最後三行來看，提到關於性別角色的態度時，同志與異性戀的回應也很難分出差別。幾乎是人人都同意「就與家庭主婦一樣，職業母親也是可以建立溫暖和安全的親子關係」—— 雖然異性戀男性同意這點的可能性是最低的。在這個年齡層不論是哪一組，有不到三分之一的人同意「男主外、女主內」，而在每一組間，有介於三分之二到四分之三的人同意「一位男性花許多時間與家人相處，比自己的事業成功更重要」。

　　調查資料與我的訪問皆顯示，荷蘭與美國的男女同志與異性戀對於婚姻有共通的了解。不論是哪一個群組作為現代的婚姻之鏡，已婚的同志與異性戀伴侶都能以此為借鏡。

認同：從異性戀的角度

　　我們也可以更直接的從異性戀如何看待同性婚姻來下手。先從應用最廣泛的文化接納度衡量指標來看，受訪伴侶認為荷蘭大眾現在普遍認同同性伴侶可以結婚的觀念，而民意調查也證實這樣的看法。二〇〇三年，歐洲蓋洛普民調發現 80％以上的荷蘭受訪者同意歐洲各地的同性伴侶都應該可以結婚；[23] 支持婚姻平權態度上，荷蘭僅次於丹麥。所有給予同志伴侶婚權或註冊伴侶制的歐洲國家的多數意見也與歐洲調查結果相符，唯例外是捷克共和國與英國，前者分歧很平均，50%的人同意，而後者是47%的人同意。

然而，就連在自由開放的荷蘭，依然有小股的反抗勢力在僵持。穆斯林居民與移民人數愈來愈多，能見度也愈來愈高，最明顯的緊張局勢就與他們有關；有些人抱持著保守的宗教觀點，認為同性戀敗德，且幾乎所有受訪的荷蘭男女同志都提到此緊張的政治情況。我住在阿姆斯特丹的時候，有人發現當地一座保守清真寺在發一本手冊，內容鼓吹將男同志從高樓上推下去，激起男女同志抗議示威的激烈聲浪。

但是移民一事也激起了新的婚姻論戰，揭示同性婚姻被接納的程度。摩洛哥和土耳其移民或子女結的婚約有半數都是「移民婚」（migration marriage），他們的配偶是來自荷蘭裔伴侶的原籍國，[24] 這樣的模式引起了新一波關於移民融入問題的擔憂。荷蘭的政治人物都用是否能接受同性婚姻作為試金石，就連保守派都是（大概就因為是保守派所以更是如此）。中東或亞洲來的準移民現在都必須觀看呈現荷蘭生活的 DVD（當中包含了同志婚禮的畫面），接著還要考試——問題還包含了同志婚姻是否合法。[25] 顯然的，這樣的目的是想確保這些想在荷蘭生活的移民認識這個國家的文化，或許也可藉此排除那些無法接受同志平等公開放閃的人——至少也可以提醒他們同志享有平等的權利，荷蘭也期待移民尊重他們。關於移民的爭議讓人清楚知道，政策制訂者並不想為了讓移民在文化方面感到更自在而淡化或重新考慮同志婚姻議題，但這項政策造成移民限制的結果可能性更高。

當然，並不是所有的荷蘭穆斯林都反對同志婚姻，但是在移民或穆斯林居民間是很少真的去討論同性婚姻。荷蘭的同志通常也會快速指出反對同志婚姻的態度並不只限於少數族裔，規模更小的保守基督教團體在荷蘭已經存在很久了，我訪問的某些伴侶指出這些團體是荷蘭人反對同婚的例子。然而，民意調查顯示這些反對同婚的勢力很小，雖然有時候他們能見度很高。

只不過，關於同志伴侶是否會在某些方面改變婚姻，廣泛層次上的大眾認同並不足以回答這個問題。異性戀的結婚行為看起來並沒有因為同婚或伴侶權而改變，這點可能也不足以回答關於婚姻制度變化的問題。我反而要用同性伴侶與異性戀的互動來評估，異性戀到底要多費勁才能把同性伴侶納入他們的婚姻觀裡。

異性戀認同「同性婚姻」就是「婚姻」

我訪談的許多伴侶不論是否結婚了，他們都感受到了被一套重要社會制度納入的影響力，雖然感受的途徑各異，但能夠使用這套社會制度，為同性伴侶打開了新的支持管道與理解，顯示同性伴侶也可以輕鬆地被接納與融入。

沒有結婚的同性伴侶，他們的親朋好友會很好奇他們的打算，有時候甚至會逼婚，就像他們逼異性伴侶結婚那樣。[26] 荷蘭異性戀認為交往好一陣子的同性伴侶就會考慮結婚。安娜與優卡的朋友們會問優卡（而不是去問反婚的安娜）她們是否會結婚，不過她並沒有感到多少壓力。艾瑞克去參加其他人婚禮的時候，他的朋友也會問他與詹姆士是否會結婚。伊莎貝爾的同事們比她的朋友還「傳統」一些，也會問她什麼時候要結婚——僅管她並不打算與安娜卡結婚，但伊莎貝爾覺得她的同事們這樣問很好，她說：「我想，對，這樣很好，因為他們是異性戀，他們表現出正經看待同志婚姻是種選擇的態度……他們表現出自己接受同婚，而且鄭重看待我們的感情，且覺得我們有結婚的價值。」

在第二章裡，我描述了瑪莉安的祖父是如何鼓動說服瑪莉安與瑞秋結婚的。瑪莉安說：「他講了一整個晚上。問了一堆問題：『妳們兩個既然相愛的話，為什麼不結呢？而且『現在可以結了啊，不結婚還要幹嘛！』所以我們真的被說服了。」顯然祖父認為自己的感情關係與孫女的感情關係是相同的。

一旦伴侶開始規劃結婚，其他的人有時候也會加進自己對結婚及婚禮的看法。譬如說，瑪格麗特與米莉安訂婚禮蛋糕的時候，蛋糕店為了妝點婚禮，先斬後奏在蛋糕上加了粉紅色的糖霜玫瑰，因此讓這對新人相當崩潰。再比如說，婚禮所在的餐廳與飯店員工發現他們的客戶是要來辦喜宴的，也會注意到他們在慶祝。

之後，在更大的親朋好友圈裡，他們也用不同的方式支持結婚的伴侶，也展現了同性婚姻就與異性婚姻是一樣的。譬如說楊恩與保羅的朋友想慶祝他們的結婚紀念日，「我們老是忘記」楊恩笑道，「不過其他人記得。」就算沒有被邀請去參加二〇〇一年那場真正的婚禮，他們的朋友還是會寄卡片、登門拜訪，甚至還帶了蛋糕來慶祝這個日子。

大多數已婚的同性伴侶發現在他們結婚之後，異性戀的親朋好友、同事會更認真看待他們的關係。一旦某對伴侶結婚了，異性戀比較能「理解」他們的關係。瑪格麗特表示就連她保守的比利時姑姑們與藍領男同事接受她感情的速度也變得比較快:「我覺得結婚比較清楚地表示你們屬於對方……或是說感情是相當認真之類的……結婚了以後,他們也比較容易接受,因為他們是懂這個的。」或者是像瑪莎所述關於琳恩的家人:

> 已婚絕對有差別。就是會秒懂……我不是說她們家人之前不接受我,但是每個人都理解婚姻的意義。他們現在知道我們擁有的與他們擁有的是相同的,你懂嘛,就算他們想在某個層面上說我們是不一樣的——那也不行。婚姻就是婚姻。

◆ 父母反應良好

或許最能看清楚同性伴侶的人就是父母親了——特別是母親,像是本章開頭瑞秋的母親朱蒂絲的故事。我訪問的同性伴侶口中最常提到的家人就是母親了。一般而言,母親們好像都真心誠意地支持、也為孩子感到開心,就算她們對於同性伴侶結婚有著矛盾的感受,母親們認為結婚對她們的同志兒子與女兒來說是很好的一步。承諾感扮演了特別重要的角色,但是母親們也希望看到長大成人的孩子幸福、有人照顧。以下幾個人的意見表達得相當清楚。

- **莉茲：**我媽對於宗教非常虔誠，但是我結婚讓她非常高興。我想……她真的非常重視婚姻承諾的那一面，所以我覺得她一直以來都非常支持。

- **莉雅：**我覺得對我爸媽來說他們是這樣想的：「好，這兩個人真的深深認定是對方了」，我覺得結婚真的有差……我們是認真的，也決定要福禍與共，你懂嗎，我是說雖然聽起來很老套，但是他們對於我們有這個想法真的讓他們很高興。

- **葛特：**我結婚讓我的母親相當開心。終於結了！所以她所有的孩子……都有人照顧了。

在物質的層面上，父母透過結婚禮物、出錢，來肯定孩子的婚禮，在感情的層面上，則用祝福與敬酒來肯定。

父母常常因為自己同志兒子女兒要舉行婚禮而雀躍，其中一個原因是因為近期家族裡結婚的人很少。有兩位受訪者提到他們已經滿足了爸媽的願望，就是至少可以參加一次自己孩子的婚禮。薩絲琪雅的兄弟姐妹都已經和自己的異性伴侶結婚，但是因為各種不同的原因，都沒有邀請爸媽參加。因此她的爸媽非常高興可以參加她與艾倫的婚禮，高興到他們不斷增加贊助婚禮的費用。瑪塔覺得蒂內珂的父親「有點得意，起碼孩子裡頭有一個要結婚了。」優卡猜想如果她與安娜結婚，又辦了傳統的盛大喜宴的話，她母親應該會很開心，因為優卡的姐妹與男友同居卻沒有結婚的打算。這些說法顯示父母認為同志兒子或女兒與同性伴侶的婚姻，和異性戀孩子的婚姻是一樣的 —— 在某方面來說，說不定比起只與伴侶同居的異性戀孩子，同志孩子的婚姻讓他們更開心。

沒有獲邀去參加孩子婚禮的父母有時候對於錯過了這麼重要的大事而非常不高興，本書開頭我提到史蒂芬妮的父親，因為沒有受邀去參加她與英格麗的婚禮而傷心欲絕。我訪問的一對伴侶也碰到了類似的反應。安德雅與凱薩琳結婚的時候，除了兩位朋友必須要在場見證之外，完全沒有其他人出席，他們沒有和任何人說，但還是走漏了風聲；在安德雅的爸媽知道有婚禮之後，對於沒有受邀出席感到很生氣。從爸媽憤怒的反應，顯示了安德雅的家人整體來說有多麼重視婚禮、也重視安德雅與凱薩琳結婚的重要性。家人知道他們的角色 —— 負責見證伴侶許下承諾，並正式歡迎新的家庭成員加入 —— 被剝奪這個角色的時候可能會發火。

◆ 父母沒有特別反應

有些家人沒有什麼明顯的反應，或是在伴侶結婚後好像也沒有什麼不同的態度，可能的原因之一是大多數的伴侶在結婚之前已經在一起很多年了。有幾對伴侶指出，獲得家人接納的另類途徑是時間而非結婚。實際上，一直到有了註冊伴侶制與同性婚姻之前，多年的愛情長跑是同性伴侶對外表達他們感情承諾的最明顯方式。因此，其他人可以輕鬆接受這些同性伴侶「已婚」，可能是因為他們的家人有時間適應他們的感情。

◆ 父母反應不佳

　　男女同志伴侶的感情通常都需要面對社會反對的這種經驗。有些伴侶提到時間久了，他們父母親一開始對他們感情的負面感已經平息了或軟化了，甚至完全轉變。許多受訪者指出他們的父母最後還是「習慣」了兒子或女兒會把同性伴侶帶回家。蘿拉就這樣描述她美國的家人：「抽象來說，我想（我是女同志）對他們來說甚至更奇怪、更難接受，但是現在我與一個他們認識又真心喜愛的人綁一起之後，就比較容易了。」而在某些情況下，父母先前已經接受同志兒子或女兒的性傾向以及同性關係的相關經驗，會讓他們更容易接受同性伴侶結婚。

　　不過對其他人來說，父母的接納就已經很不容易了，結婚的隱憂就是會打破這個平衡。瑪莎知道她的母親反對同性婚姻，但是她的母親還是送了一本食譜給她當作禮物，並在瑪莎與琳恩的婚禮當天，在自己時區的凌晨四點起床打電話給她們。對一些男女同志來說，要與這種明顯的矛盾和解，壓力可能很大或很傷人，不過瑪莎用實事求是的態度來解讀：「她說自己反對同性婚姻，我可以接受，就像她說自己是共和黨但投了民主黨這樣，你懂嗎？」瑪莎她們的婚禮於二○○四年年初在舊金山舉行，考量到她母親對同性婚禮多少都算正面的反應，瑪莎把她的好奇心大聲講出來：「她之前說過反對，我必須再問一次看看她是不是依然反對。」同時我們回想一下第二章，艾倫美滿結局的故事──她克服了母親的反對，這一點與威勒的故事是個對比，即便婚禮都結束很久了，威勒依然與母親有衝突。

要知道該如何解讀父母的負面反應很難，雖然有清楚的證據指出，文化之於同性婚姻的認可與接納並非放諸普世皆準。有些情況是父母對同性伴侶結婚的「觀念」非常排斥──有幾位父母不想承認自己的孩子與其伴侶是可以結婚或是已經結了婚。但是大多數都能克服這個觀念，且讓我們問一個問題：觀念和解是如何發生的。其中一個可能性就是母親們的結婚觀念出現了深刻的變化，因為我沒有訪問反對的父母親，所以無法確定是否沒有這種變化，但是調適孩子與同性伴侶結婚這件事所花的時間相對是對的（瑞秋的母親朱蒂絲花了不到一天的時間調適），這點顯示還有別的過程在這之間發揮作用。

我認為，這些父母調整了套用在孩子特定感情上的文化基模，或是對同性關係的看法不一樣了。在沒有同婚的情況下，父母一直以來可能都把其他文化基模或另外一種期待套用在同性伴侶身上（這種過程也可能發生在那些與該對伴侶不相熟的人身上）。且據我所知，目前還沒有研究在探討異性戀世界是如何建構對同性交往的看法的。根據我所觀察到同性關係顯現出來的文化樣貌，以及我所讀到、聽到父母親對男女同志子女反應的說法，我提出幾種父母看待自己子女的同性關係可能會有的角度：

- **父母不認同，但因為與同志子女之間的愛與羈絆，必須容忍這段有罪的關係。**不接受子女的伴侶為家裡的一分子，[27] 可能會視子女的伴侶為邪惡的誘拐者，因此迴避見面；或是比較善意地將對方視為子女的另外一個朋友。
- **這段走得很近的關係只是一時的，比較像是一時興起**

的同居關係，雖然關係比室友緊密。同樣的，伴侶不是家庭的一分子，父母也不會與對方發展出緊密的關係。

- **一段歷經多年、各種生活挑戰的親密關係，表示孩子的這段感情會長長久久走一輩子。**家人視伴侶為家庭的一分子，雖然與孩子伴侶的關係是透過子女來調和。不過，不同於女婿或媳婦，伴侶與父母之間並不會因為這段關係，就發展出獨立的身分。如果子女不在，那父母可能不了解或不再承認這段關係，例如在子女死後，便不會繼續邀請伴侶來參加家庭聚會。
- **一段無法讓父母抱孫的感情。**這個看法可能也會參雜其他觀點，可能更加突顯了同志女兒的感情與已婚異性戀女兒感情之間的對比。

如我先前提到的人類學者娜歐密・昆恩所述，我比較了這些粗略概述的分類與婚姻內部具有共鳴的運作方式，婚姻就是「長長久久、相得益彰、不分你我」。我猜大多數的父母親（大概大致都是異性戀），對同性感情關係缺乏深入或細緻的認識。當父母親將他們同志兒女的感情關係套入另類的框架來理解，則須改變或套用原本熟悉的婚姻基模，再加上不同的外界與私人的因素與期待；但因為此基模套用在不熟悉的情境上，父母可能則須調整，而這也可能會導致焦慮與衝突。

用這樣的方式來思考父母反應裡隱藏的訊息，也捕抓到了文化基模具有重要的實務目的——也就是解決反覆出現的任務。[28] 以家庭來說，父母親的這種「任務」包括了從子女廣大的社交圈裡挑出需要邀請誰來參加家庭活動，或是決定誰會拿到生日禮物。子女的婚姻明顯將配偶定位為家庭成員，但是父母親必須要決定子女的男友、同居伴侶、摯友或室友是不是也能等同待之。

若想更充分了解這些心靈上的變化，就需要研究人員更近一步探討。當然，另外一個與婚姻定義不同的重要的因素就是要公開承認子女是同志。已經習慣自己的子女與同性交往的父母單純是抗拒結婚會讓這段感情關係公諸於世。光是已婚就會增加男女同志的能見度——我很快會再回來探討這個因素，說出自家兒女與相同性別的人結婚，對父母親來說也是相當公開的出櫃。

好奇心與獵奇的同志婚禮

除了親近的家人之外，在一般情況下受訪伴侶都表示與異性戀的互動很正面，但是對某些荷蘭異性戀來說，一對同性伴侶結婚讓他們訝異（surprise）或好奇（curious），這兩者都無法清楚歸類為「正面」或「負面」的反應——不過這件事支持我的說法，也就是同性感情關係正在重組定義。早期，同性伴侶的婚禮會吸引很多大眾目光，有幾對伴侶表示，他們是第一對在自家城鎮市政廳結婚的同性伴侶，要不然就是主持婚禮官員遇到的第一對結婚同志。在比較小的城鎮上特別是如此。茱莉雅與赫絲特注意到，在她們前面結婚的新人帶來的賓客出現了奇怪的表情，好像在納悶新郎在哪裡。

就算是開放同性伴侶結婚的後幾年，同志提到自己的同性配偶時，還是會讓不疑有他的點頭之交或公務員吃一驚。瑪莎最近就與朋友有了這樣的互動，「我們在聊天，我講了某事，提到了我的太太」瑪莎回憶道，「然後她說，『妳的太太？』對方露出了那種令人玩味的微笑，『妳的太太！？』我猜她大概還沒有碰到過與同性結婚的人。」我也問了楊恩類似的問題，看他是否遇過不好的反應，「從來沒有人說過難聽的話」，他回答，「不過他們很吃驚地說『對喔，這是有可能的』，他們最多就只有這樣說，沒有什麼討論。」

模稜兩可的新情況：沒有誰正常誰不正常

目前我一直主張在同性伴侶可以結婚之後，於廣泛文化層面上，婚姻樣貌的變化相對小。普遍來說，異性戀都可以把他們在文化上對婚姻的普通理解套用在同志伴侶身上。雖然在社會上對婚姻的意義大致認知看起來沒有變化，不過同婚之後情況有些不同了。當同性伴侶可以公開使用婚姻的「標記」時，譬如說「丈夫」或「妻子」，可能會帶來一些社交上的困惑。如前一段後半所述，同性伴侶鬆動了「丈夫」與「妻子」這些稱謂的意義，這種發現可能聽起來不怎麼深入，畢竟同性婚姻論戰的重點就是要消除誰可以與誰結婚的性別限制。不過至少稱謂的問題也是一道三稜鏡，可以來看異性戀究竟願不願意、有沒有能力讓同性伴侶融入這個制度。

稱謂對各地的同性伴侶來說都是挑戰，這也包括我所訪談的伴侶。儘管有些人碎碎唸著「伴侶」（partner）聽起來很「公事公辦」，不過在歐洲與北美這些地方，該稱謂已經變得相當普遍，定義上指的是沒有結婚的交往對象且男女都適用。不過「伴侶」或是荷蘭語裡相對應的「女友」或「男友」並不是每次都符合受訪者看重這段感情關係的程度。像「妻子」或「丈夫」這樣的字眼乘載著更多文化的重量，可是附帶的認知與社會意義聽起來「太異性戀」，同時也連帶著同性伴侶不是很想承擔的角色。

不過當我問他們是如何稱呼對方的時候，荷蘭的同性伴侶有時候（不是每次）會提到使用「妻子」與「丈夫」時不太自在，討論稱謂的過程中浮現了幾個視角。首先，已婚的受訪者常常會對著其他人使用這些稱謂，但是許多人都是帶著比較開玩笑的心態在使用這些稱謂。其二，就算在法律上沒有結婚，他們也常用這些稱謂，玩笑跟認真皆有之。比方說，寶琳在她與莉茲還沒有辦法合法結婚之前，就會用「妻子」這個稱呼，用這種方式來傳達訊息，告訴別人她的感情關係與那些已婚配偶是平等的。用開玩笑的方式使用這些稱謂與感到「不自在」的這兩件事，主要出自於這對伴侶不想套進「妻子」與「丈夫」等相關的傳統性別角色。玩笑反映出了其實不論是在某種程度上的法律或實務來說，視伴侶為「妻子」或「丈夫」——只不過他們並不符合傳統的形象。

伊莎貝爾更進一步表示,當她介紹安娜卡為「我的妻子」時,連帶的所有權很有問題:「她不是**我的**。」

　　除了性別角色的問題之外,我聽到關於婚姻稱謂的另外一個大問題是能見度。由於大多數人都是已婚的異性戀,說「我已婚」的男同志或女同志很可能被當成是異性戀,直到後來才被證實不是如此;另外一方面,使用「丈夫」或「妻子」來稱呼同性伴侶等同於出櫃。我訪問的伴侶都敏銳地知道這些稱謂可以掩護或揭露同志身分,沒打算留在櫃中的男女同志發現他們出櫃的頻率比以前高了,[29] 但並不是每一位同志在每一種情況之下都想出櫃。莉茲甚至表示,她不樂意使用「妻子」這個稱謂,顯示了她內在揮之不去已內化的恐同症。在這些情況下,大家會看情況選擇何時要使用「丈夫」或「妻子」的稱呼,也取決於他們在特定情境下,揭露自己同志身分的意願。

　　新工作、新同事、新客戶、新學生,要面對這些人對已婚的同志來說又是新型態的出櫃。蒂內珂從事健康照護的工作,她提及在工作上遇到一位盲眼患者的尷尬情形。蒂內珂不是很有把握這位年長的患者對於她要與女性結婚的消息會有什麼反應,所以她講到自己結婚的時候沒有提到這點。當這位患者送了她一張設計給夫妻用的婚禮賀卡時,蒂內珂知道自己得出櫃，但她遲遲不講，她想：「噢，天啊，我什麼時候要告訴她？」瑪塔生下她們的兒子的時候，蒂內珂知道時機已經來了，她說：「我必須告訴她『好的，我生了一個兒子，但是懷胎的不是我。』」幸好她的患者回應很好。

在受訪者中，許多人都有用「妻子」或「丈夫」稱謂出櫃的故事，特別是在商業經營上或與官僚打交道的時候，因為已婚讓人有權利可以為配偶表達意見。商業經營上的例子來說，客服人員代表或與大眾打交道的人，如果他們本身就有預設立場，他們反應會很吃驚或很尷尬。這種商業上的壓力可能會帶來更多改變。威勒在航空業工作、茱莉雅在一間大型國際服裝公司工作，根據這兩位的說法，在企業環境下，認為已婚就是與異性伴侶結婚的這種先入為主的觀念愈來愈少了。與其他國家的政府官僚打交道的時候，荷蘭伴侶會用「妻子」或「丈夫」這種方便又具有政治性榮譽勳章式的稱呼。特別是跨國伴侶出國到不歡迎同志的國家時（例如美國），喜歡使用傳統的稱謂，提醒官員們在這世界上至少有個國家是真的接受同性婚姻。

對男女同志來說，就算出櫃依然壓力重重，但至少出櫃還算是個熟悉的議題。但是現身的議題也有一個讓人意想不到的反方向作用：已婚異性戀有時候也不得不出櫃說自己是異性戀。舉例來說，寶琳會讓大家知道，他們再也不能靠著結婚來傳遞自己是異性戀的訊息了。寶琳在法務工作上遇到新人時，她會透過詢問他們是否有交往對象，以此來認識他們；但是現在寶琳發現典型「我已婚」的案例，透露的資訊已經不夠了：

> 我會說「我也已婚，但這樣說並沒有辦法告訴我你是和男人或女人在一起。」，「喔對對對，我結婚的對象是男人」那樣，像在說「不要以為我是同志。」已婚就代表「正常」的意涵已經不在了——再也沒有誰是正常、誰是不正常的。

偶爾需要出櫃自己是異性戀的人，有些已婚異性戀會覺得不太自在，但就算他們要出櫃，他們顯然也不用面對社會的汙名。

在另外一個方向上來說，受訪同志伴侶發現異性戀會自然而然把傳統的稱呼套在同性配偶身上，偶爾還會扮演稱謂警察。瑞秋與瑪莉安坦承她們大多都用「女友」，因為她們還沒有辦法自在認真地使用「妻子」。她們發現異性戀常常堅持要使用恰當的稱謂，用錯的時候還會提醒她們，「同事或朋友有時候會糾正我」，瑪莉安笑道，「不對，不是妳女友，是妳老婆！」大概更讓人訝異的是，瑞秋甚至會聽到她母親糾正她正確的稱謂：「是我媽欸！那位反對結婚這件事的人，現在不斷講『瑞秋的太太說……』，我們真的是自找的，她是對的！」

　　說到稱謂，或許某些例子顯示我們的確擔心男女同志伴侶是否適合婚姻的明確理由。當同性伴侶結婚的時候，就算伴侶不樂意，但稱謂與對應的期待是婚姻標準配備的一環。婚姻語言或文化習俗為已婚的男女添加了新的社會與法律身分，而同性伴侶看起來無法輕鬆套入該制度的這部分。批評開放同性伴侶結婚的瑪姬·加拉赫擔心的正是這一點：

　　無庸置疑，同性婚姻會動搖從前大眾對婚姻的特定
　　核心認知：比如說，婚姻與男女結合有關：男人與
　　女人、丈夫與妻子、母親與父親。丈夫不再暗指有
　　妻子，母親不再暗指有父親。[30]

　　經濟學家與法官理查·波斯納（Richard Posner）擔心的點也類似，如果同志伴侶可以結婚，那麼「婚姻」這個詞彙可以傳遞的資訊就變少了。看起來他很擔心晚餐宴客的時

候，萬一主人不知道受邀者的配偶性別，安排會變得複雜許多。[31] 父母親也會搞不清楚：「當我們的兒子或女兒告訴我們他或她要結婚了，我們都知道未來配偶的性別。允許同性戀結婚會讓這些認知統統打亂了。」[32]

在荷蘭，「丈夫」這個詞的確不再意味著他有妻子。不過不見得資訊量是微不足道的，不只是因為猜測一個已婚陌生人的配偶是異性，正確率一直都是 99.7%，同時不論誰提到「丈夫」或「妻子」都會立刻被歸類。[33] 遇到少數依然會造成困惑的情況，再追加一個簡單的問題應該就可以了。

加拉赫更擔心同志伴侶結婚帶來的文化意涵。她在自己文章摘要的最後一句話寫出來了：「提到母親再也不暗示著會有父親。」既然同性伴侶現在也可以收養對方的孩子，像是蒂內珂與她的盲眼患者之間這種讓人困惑的情況也會發生，這的確證實了加拉赫的「推測」。但同樣的，這種定義的變化看起來相當容易調適，因為這種情況反映出了在法律現實上延展了誰可以與誰結婚、誰可以收養孩子。

加拉赫在文字上及演講中的表達比較委婉，她更傾向關注在公開鼓勵母親與父親結婚、相守在一起、撫養小孩等這類的角度出發，藉此表達她的疑慮。加拉赫擔心，當同性伴侶可以結婚時，若有人很關心孩子的福祉並鼓勵異性伴侶為此而結婚，會因此被指責迂腐，因此督促異性戀結婚的社會壓力就變小了。但為什麼不一起鼓勵所有已婚配偶（包括同志）要生小孩、並相守在一起，這樣不就好了嗎？我猜，她之所以沒有鼓吹這種立場，且縱使她沒有直接宣之於口，我想是因為加拉赫認為同性伴侶不應該生養小孩。就我解讀她的言論，她真正擔心的其實不是稱呼的意涵，而是社會現實，也就是有些孩子會有兩個媽媽或兩個爸爸，也擔心這些家庭可能會被社會平等接納。但是同性伴侶關係與實際的社會育兒情況當然會改變，直指現狀的稱謂當然也是 —— 而修改婚姻法就是為了這點。

不過對已婚同性伴侶的孩子來說，這個變化究竟是好是壞則是另一個問題了。在美國與荷蘭，愈來愈多證據顯示男女同志撫養的孩子情況都很好，與異性戀父母撫養的孩子相較，他們並沒有受到傷害。[34] 結婚很可能加強有撫養孩子的同性伴侶獲得社會上、法律上與實質上的支持，就邏輯上而言，這或許可以改善他們的孩子的生活，反倒不是傷害。

目前的結論

整體來說，從我的訪談和調查分析獲得的發現，也得出了一個以數據唯一依據的新視角，藉此來觀察同性伴侶是否改變了婚姻、或是如何改變婚姻。從同性伴侶的觀點，我的確過濾出了「證據」；或許他們在描述時美化了自己的婚姻觀與他人對婚姻的反應——但這卻和現實有所落差。有些伴侶提到與異性戀家人引起了實際的衝突，且有些衝突始終沒有解決，這件事也告訴我同性伴侶沒有為了利己而隱瞞現實的差異。這些荷蘭伴侶已經有了結婚的權利，這項政策沒有面對任何嚴重的政治質疑，也減少了他們向好奇的外國研究者隱瞞真相的動機。

已婚荷蘭同性伴侶的生活告訴我們結婚的意義並沒有因為同性伴侶可以結婚而改變。同性伴侶自己認同婚姻的現代觀與實踐，荷蘭的異性戀認同同性伴侶是可以結婚的，他們也把相同的婚姻文化模型套用在同志伴侶身上。實際上，我訪談伴侶們的經驗顯示，大多數異性戀都認同、且肯定同性伴侶的婚姻；更有甚者，荷蘭的同志與異性戀對婚姻都有共同的盤算，這也改變男性與女性在婚姻中扮演的角色。在許多西方國家中，包括美國，新式荷蘭婚姻是「夥伴」婚姻（companion marriage），其內涵為成熟配偶間的承諾與感情，而不是義務式的成人儀式、強制生兒育女與束縛桎梏的性別角色。同性伴侶的婚姻很容易就可以套進當代對婚姻的理解，只是需要調整一下他人用來認識這類關係的視角。

　　婚姻無法套用在同性伴侶身上的地方不多，也不用引起太多擔心。荷蘭伴侶證明了，因婚姻傳遞「資訊」功能品質下降、或婚姻可能被激進地重新定義，用這兩點來反對同性婚姻是相當薄弱的理由。不過稱謂是另外一個例子，證明婚姻作為社會制度的力量，卻凌駕在任何一對伴侶的意願之上。而法律權利與語言一樣，已婚的同性伴侶發現自己身處在一套制度中且他們的行為被賦予期待，例如他們用來稱呼彼此及新的關係時使用的稱謂。雖然同志可能不會改變婚姻，但這股力量意味著這套制度可能會對男女同志如何看待自己產生深遠的影響，我在接下來的兩章會探討這個議題。

註釋

1　From Merriam-Webster online dictionary, www.m-w.com (accessed July 28, 2008).

2　在設計這套潛在文化分析法時，我引用了二〇〇六年的一項研究計畫的幾篇論文，論文名稱分別為 "New Approaches to Explaining Family Change and Variation": Naomi Quinn, "An Anthropological Perspective on Marriage" 以及 Jennifer Johnson-Hanks, S. Philip Morgan, Christine Bachrach, and Hans-Peter

Kohler, "The American Family in a Theory of Conjunctural Action," http://www.soc.duke.edu/~efc/.

3 不過在個人層次，有些人覺得配偶明確的社會角色，存在感依然很強烈，因為這個原因，他們拒絕個人結婚的這個選擇。不過整體來說，他們同意同性伴侶要有該選擇。

4 比如說也可見 Andrew J. Cherlin, "The deinstitutionalization of American marriage," *Journal of Marriage and the Family* 66 (November 2004): 848–861; P. Van den Akker, L. Halman, and R. de Moor, "Primary relations in Western societies," in *The Individualizing Society. Value Change in Europe and North America.*, ed. P. Ester, L. Halman and R. de Moor (Tilburg, The Netherlands: Tilburg University Press, 2004): 97–127; Coontz, *Marriage: A History*; E. J. Graff, *What Is Marriage For?* (Boston: Beacon Press, 1999).

5 然而我在第六章中認為，隨著時間的經過，可能會大大改變同性伴侶的選擇程度，異性戀還是面對著某些結婚的社會期待與結婚壓力，讓男女同志處在與異性戀更相似的處境。

6 拉摩那‧費斯‧歐斯華（Ramona Faith Oswald）分析了 LGBT 同志在異性戀婚禮上的經驗，分析顯示 LGBT 同志在婚禮儀式及周邊活動的環境下，常常感到是局外人或邊緣人。見 R. F. Oswald, "A member of the wedding? Heterosexism and family ritual," *Journal of Social and Personal Relationships* 12 (2005): 349–368.

7 凱瑟琳‧霍爾（Kathleen Hull）指出，區隔同志婚姻議題的法律與文化要素之後，人們很難會認為「婚姻有單一、自然、神賦予的特質」。見 See Kathleen E. Hull, *Same-Sex Marriage: The Cultural Politics of Love and Law* (Cambridge: Cambridge University Press, 2006), p. 202.

8 Coontz, *Marriage: A History*; Cott, Public Vows; Mary Ann Glendon, "For better or for worse?" *Wall Street Journal* (Eastern Edition) (February 25, 2004); Graff, *What Is Marriage For?*

9 Lawrence Kurdek, "The allocation of household labor in gay, lesbian, and heterosexual married couples," *Journal of Social Issues* 49 (Fall 1993): 127–139; Lawrence Kurdek, "Lesbian and gay couples," in *Lesbian, Gay, and Bisexual Identities Over the Lifespan: Psychological Perspectives*, ed. Anthony R. D'Augelli and Charlotte J. Patterson (New York: Oxford University Press, 1995); Philip Blumstein and Pepper Schwartz, American Couples: *Money, Work, Sex* (New York: Morrow, 1983); Raymond W. Chan, Risa C. Brooks, Barbara Raboy, and Charlotte J. Patterson, "Division of labor among lesbian and heterosexual parents: Association with children's adjustment," *Journal of Family Psychology* 12 (September 1998): 402–419; Charlotte J. Patterson, Erin L. Sutfin, and Megan Fulcher, "Division of labor among lesbian and heterosexual parenting couples: Correlates of specialized versus shared patterns," *Journal of Adult Development* 11 (July 2004): 179–189; 也可見 Sondra E. Solomon, Es-ther D. Rothblum, and Kimberly F. Balsam, "Pioneers in partnership: Lesbian and gay male couples in

civil unions compared with those not in civil unions and married heterosexual siblings," *Journal of Family Psychology* 18 (June 2004): 275–286; Christopher Carrington, *No Place Like Home: Relationships and Family Life Among Lesbians and Gay Men* (Chicago: University of Chicago Press, 1999).

10　這些統計數字所使用的計算資料來自於世界經濟合作發展組織（Organization of Economic Cooperation and Development）的勞動市場統計資料庫 www. oecd.org (accessed May 5, 2006).

11　例如可見 Warner, *The Trouble With Normal.*

12　見 Eskridge, *The Case for Same-Sex Marriage*: 10, 82; Andrew Sullivan, *Virtually Normal* (New York: Vintage, 1996), 105–107; Rauch, Gay Marriage, 138–158; Richard Posner, *Sex and Reason* (Cambridge, MA: Harvard University Press, 1992).

13　比如可見 Allen, "An economic assessment of same-sex marriage laws"; Maggie Gallagher, "(How) will gay marriage weaken marriage as a social institution: A reply to Andrew Koppelman," *University of St. Thomas Law Review* 2 (2004): 33–70.

14　Eskridge and Spedale, *Gay Marriage*, 146–147.

15　Thomas S. Dee, "Forsaking all others? The effects of 'gay marriage' on risky sex," *Economic Journal* 118 (July 2008): 1055–1078.

16　Eskridge and Spedale, *Gay Marriage*: 164–165.

17　Sondra E. Solomon, Esther D. Rothblum, and Kimberly F. Balsam, "Money, housework, sex, and conflict: Same-sex couples in civil unions, those not in civil unions, and heterosexual married siblings," *Sex Roles* 52 (May 2005): 561–575.

18 歐洲價值觀調查是世界價值調查計畫的一部分，實際的問題寫法是：「下列為有些人認為造就成功婚姻的條件，請針對每一項告訴我，您覺得對成功婚姻來說，這項條件非常重要、有點重要或不是很重要？」

19 Gilbert Herdt and Robert Kertzner, "I do, but I can't: The impact of marriage denial on the mental health and sexual citizenship of lesbians and gay me in the United States," *Sexuality Research & Social Policy* 3 (March 2006): 39.

20 Naomi Quinn, "An anthropological perspective on marriage," 該篇文章是為「Unions」這冊所撰寫，解釋家庭變遷和慈善計畫。

21 同上，19。

22 GLB 族群與同性別的異性戀間之差異，在半數問題的回答都具 5% 的統計顯著性，以女性來說，例外為說法 2（離婚）、5（回報）、6（溫暖）及 8（家庭）；而對男性來說例外則是說法 2（離婚）、6（溫暖）、8（家庭）。然而，雖然平均回覆從數據上來說差異相當大，但明顯 GLB 族群與異性戀之間同大於異。

23 EOS Gallup Europe, "Homosexual marriage, child adoption by homosexual couples: Is the public ready?" (2003), http://www.ilga-europe.org/content/download/3434/20938/file/Gallup%20Europe%202003%20report.pdf.

24 土耳其與摩洛哥裔的荷蘭居民超過八成的結婚對象都來自同

一個群體。R. P. W. Jennissen and J. Oudhof, eds., "Ontwikkelingen in de maatschappelijke participatie van allochtonen," Central Bureau of Statistics (2007), http://www.cbs.nl/NR/rdonlyres/7DCAG41A4-ED04-4511-8O23-B1BFFDB6E960/0/2007jaarrapportintegratiepub.pdf.

25 "Dutch migrants-to-be must watch gay kiss" (March 13, 2006), www.gay.com/news/article.html?2006/03/12/3.

26 根據艾斯克里居與史匹戴爾的研究，少數丹麥伴侶表示有結婚壓力，*Gay Marriage*，104。可能是因為異性戀認為註冊伴侶制與婚姻不一樣，或是對婚姻的文化期待比較低調。

27 比如說可見歐斯華的討論，在婚禮上的「家庭」照片排除了伴侶；Ramona Faith Oswald, "A member of the wedding? Heterosexism and family ritual," *Journal of Social and Personal Relationships* 17 (June 1, 2000): 349–368.

28 Quinn, An anthropological perspective on marriage, 5.

29 艾斯克里居與史匹戴爾也在丹麥伴侶身上有類似的發現；Eskridgeand Spedale, *Gay Marriage*, 155。

30 Gallagher, "(How) will gay marriage weaken marriage as a social institution," 53.

31 Posner, Sex and Reason.

32 同上，312。

33 荷蘭主計處報告顯示二〇〇五年約有七百萬人結婚。二〇〇一年以降，只有一萬對同性伴侶結婚，占已婚人數的0.3％，這代表99.7％的已婚荷蘭人伴侶都是異性。

34 美國情形請見 Judith Stacey and Timothy J. Biblarz, "(How) does the sexual orientation of parents matter?" *American Sociological Review* 66 (2001): 159–183. For the Netherlands, see Henny Bos, *Parenting in Lesbian Families* (Amsterdam: University of Amsterdam Press, 2005).

第
6
章

新的東西

婚姻會改變同志嗎？

Something New

Will Marriage Change Gay People?

本書至目前主要討論的都是同性婚姻對大文化的影響。本章與下一章調轉了因果關係的方向，從歐洲與美國尋找深入的角度，探討目前婚姻對男女同志已知的影響，也能合理推測將還會有什麼影響。本章重點將聚焦在婚權對男女同志個人以及身為伴侶的影響。

　　我的荷蘭友人史蒂芬妮與英格麗結婚的時候，沒有邀請史蒂芬妮的父親參與而讓他很生氣難過。雖然說史蒂芬妮與英格麗自稱結婚純粹是聽從他們會計建議的實際考量，她們卻無法控制其他人會如何解讀她們的行為。「她們」的婚姻再也不是她們的私事了，對史蒂芬妮的父親來說，女兒結婚是人生大事，他應該要獲邀並能夠參與。現在國家對待她們的方式也不一樣了，若雙方關係無終止了，國家給予雙方繼承權、減免遺產稅、設立共同財產權以及贍養費。雖然婚姻好像沒有改變她們的日常生活，簡單不過的官僚作業就把兩個人變成法律與家人眼中的已婚伴侶。

　　分析婚姻之於個人——如史蒂芬妮或英格麗、以及伴侶關係來說有什麼重要性，是有助於我們了解在面對法律平等的時代，原本因為法律制度不平等而誕生成形的同志社群要如何調適。其實就算在十年前，這樣的法律平等也是難以想像的。證據顯示，贏得婚姻論戰勝利可能也代表男女同志需要作出權衡，不過我也相信，以現有權衡的程度來說，這些權衡的部分被誇大了。而個體可能會失去某些自主權，但卻獲得了健康與社會制度的接納。同性伴侶會發現國家與大文化對於他們建立與終止關係的方式有點意見，但是這些轉變也獲得了明確的法律架構，同時要定義兩人對彼此的承諾，他們也獲得了一套文化框架。同性婚姻的抨擊者低估了同婚帶給同志社群之利，也同時誇大了潛在之弊，稍後我會再說明。

為何婚姻可能會改變同志？

看看同婚論戰參與者的完整陣容，裡頭有反對同婚的保守人士、反對將同婚設為第一要務的同志、有時也會有反對婚姻制度的人（下一章中，我稱這些人為「反婚派」），看看這些人就會發現同婚論戰有些特殊的地方。雖然這些人對於婚姻是否會改變同志有不一樣的結論，同性婚姻反婚派會說：「會改變」；保守宗教人士堅持「不會」。但奇怪的是，反婚派與保守派似乎比表面看起來的相似度更高。保守派心中有個理想的異性戀婚姻藍圖，是以老派的男主外女主內為本、子女繞膝的理想婚姻，認為婚姻這套制度可以馴服比較劣等的男性本能。有些同志婚姻反婚派也抱持著一套老套的異性戀婚姻觀 —— 婚姻就是兩個人放棄獨立的自我、恪守嚴格的性別規定，成為一對不分你我的伴侶，而婚姻便會「馴服」男女同志。總而言之，保守派婚姻就只是穿著一襲華美的袍而已。

這種凍結在歷史中的觀念，與人口學家、社會學家、歷史學家、經濟學家所勾勒出的活潑婚姻觀念反差極大。現代家庭型態豐富，包含結婚、再婚、同居、混合家庭、單親，比起一百年前，甚至是五十年前，顯示出了現今婚姻有了非常不一樣的社會與個人意義。

對某些專靠研究婚姻為業的學者來說，執著在「婚姻是否會在某方面改變同志」這點可能聽起來很奇怪。對大多數的社會科學學者來說，同性婚姻的議題很勉強地才出現在他們的知識雷達的屏幕上，這讓我相當驚訝，不過也有例外就是了，那就是著名的人口學者安德魯・薛林（Andrew Cherlin）。薛林認為婚姻已經「去制度化」（deinstitutonalized），再也不存在「該怎麼做的共同認知」；也就是內建在婚姻當中能指引已婚人士的社會規範行為已不復存在。就這點來說，[1]他認為，每對伴侶現在多半都獨自協商角色與行為，來滿足配偶雙方的個人情感需要，而不是單純採納並完成傳統對丈夫、妻子、已婚伴侶的期待（列舉幾個同婚論戰被強調的例子，例如：長長久久、生兒育女、單一配偶制）。

薛林認為同性伴侶是去制度化的模範代表。同性伴侶沒有如丈夫與妻子分明的性別分工制度，他們必須且戰且走，自己決定誰來照顧小孩或是誰要做家務。[2] 沒有清楚的一套制度來建構或是定義親密關係，已婚同志伴侶必須要自己找到方法，把他們的婚姻關係融入到複雜的社會關係當中，也要融入自己的原生家庭，人類學者凱絲‧威斯頓（Kath Weston）稱這種關係為「自擇成家」（families we choose）。同性伴侶遊蕩於法律制度的約束與支持之外，套用另外一位社會學者安東尼‧吉登斯（Anthony Giddens）的話來說就是「純粹的關係」（pure relationship），所以他們必須要透過「討論、協商與實驗」建立自己專屬的婚姻。[3] 薛林的主張讓人懷疑先前的推測，結一個「去制度化」的婚，真的可以改變同志嗎？

不過我相信薛林低估了婚姻延綿的影響力，特別是對男女同志伴侶來說。實際上，像婚姻這種古老制度，如果突然讓原本被拒於門外的族群進入，可能更加突顯其揮之不散的影響力。婚姻畢竟是一套複雜層疊的制度，深植於生活的法律、心理、社會與經濟層面。同性伴侶結婚的時候也背起了法律義務與權利、新的社會期待還有擴展的親屬圈。他們也拾起了一套認識他們關係的文化架構,這套架構並不是從過去男女同志文化發展中衍生出來的,與凱絲‧威斯頓發展出來的「自擇成家」命題不同。同性伴侶終於可以從內部體驗這套「生活制度的」完整力度,而非從外面看著一套理想中的制度;我們也有機會可以研究這些剛感受到其影響力的人,是否覺得這些影響力重要以及原因。

當個人與制度在意願上衝突時,誰占上風呢?一對有著特定需求、信念、渴望與期待的伴侶嗎?(例如史蒂芬妮與英格麗)還是這套流傳千年的傳統制度呢?這套制度夾帶著一套規則與期待,決定婚姻的意義以及已婚人士的言行,再經過社會的強化。荷蘭伴侶的故事告訴我們就算在傳統婚姻式微的社會,婚姻依然會觸發伴侶的親友和社交圈的期待,就算是在我相對短暫的訪問中,許多同性伴侶都清楚表達了他們從親友那邊接收到的直接訊息:

- 兩個人彼此相愛又打算在一起時,他們應該要結婚。
- 婚姻意味著一輩子的承諾關係,至少是長長久久的關係。
- 結婚就是一對一。

- 紀念日是重要的日子，需要慶祝，因為結婚是大事。
- 配偶會成為家人，有時候對待他們的方式與沒有結婚的伴侶、女友或男友都不一樣。
- 已婚人士有了新身分，他們應該正確稱呼他們的配偶為：「丈夫」或「妻子」。

　　我們的研究可以再往下走，找找看同性伴侶家庭生活當中結婚帶來其他的重要影響。新的文化、法律與社會力量不是加強便是抵觸文化觀念、經濟動機與社會常規，這些都是形塑未婚伴侶時生活的事物。最後，我們很有可能在同性伴侶身上看到跡象，證明要求已婚配偶遵守清清楚楚的常規與傳統期待的壓力已經減輕了，不過我懷疑婚姻制度的影響是否就像薛林說得那樣——消失得一乾二淨。我先前也提過，我認為同婚反婚派、甚至是保守同志在推測同婚通過後，同志生活將有什麼變化的說法有點過頭了。證據顯示，已婚的同志伴侶處在兩個極端值之間，他們參與了這個熱烈的進行式（由異性戀開頭），為了他們自己、同志社群與廣大的社會，在這個過程中找出二十一世紀婚姻的功能與意義。

成為局內人：潛在的個人權衡

用合法婚姻結合兩個人的這個觀念塑造了一幅二人合而為一的景象，讓疑心國家、捍衛個人獨立的婚姻批評者不安。[4] 我訪問的一些荷蘭伴侶提及他們擔心隱私被侵犯，且希望可以保留締結、形塑、終止關係的能力，不受公開審視、也不受法律打擾。本書的前幾章主張婚姻允許他人 —— 包含國家與社會，主掌承認這段感情的角色，對關係的認定會影響到別人對伴侶的觀感，婚姻也賦予了國家與社會來定義法律權利與義務的角色，所以在此我不會反駁反婚派的主張是錯的。美國的研究紀錄顯示有些美國伴侶會避免結婚，因為他們擔心會失去獨立與自主，顯示大家認為婚姻會綁手綁腳。[5] 不過，個人要活得精彩是很複雜的一件事情，而婚姻提供具體上與情感上的資源，來提升身為個體的男女之生活，即便他們得有意識地（或是無意識地）放棄某些自主權。

就法律的角度來看，婚姻涵蓋國家定義了個人對配偶的責任，美國法律也認為結婚就是建立一個重要的隱私領域。美國最高法院用判決開闢出與性相關的新權利時，該隱私領域在判決裡扮演了關鍵的角色，例如一九六五年葛里斯沃爾德訴康乃狄克州（*Griswold v. Connecticut*）一案[A]中，法院判決表示當一對已婚夫妻決定要避孕時，州政府無權侵犯他們的隱私。同樣在美國的刑事與民事案件上，不能強制配偶提供證詞。

沒有結婚也不再意味著法律管不到你。法律在「沒有結婚」的個人身上加諸愈來愈多的義務，最直接的就是在歐洲國家——在這裡光是同居一段時間，法律就會期待伴侶雙方負起責任。說來有點奇怪，同婚反婚派在倡議法律對未婚與已婚伴侶要全面一視同仁時，通常會忽略異性戀同居者相關之隱私與自主性，我們在第八章會討論這個主題。

A　編註：格里斯沃爾德（Griswold）這位醫師與同事（同為耶魯大學醫學院教授）從一九六一年起，開始提供已婚人士避孕方法的指導與建議。不過在當時，康乃狄克州的《考姆斯托克法》（Comstock Law）中明確規定，禁止任何人使用「任何避孕、有助於流產的用品」，甚至提供避孕的諮詢與服務都是犯罪的。在當時的美國，大多數人是排斥避孕的，且大多數的州都制定了禁止避孕的法律。依照基督教教義，人類使用任何控制生育的行為都是宗教上的罪惡，且人們也會擔心使用避孕手段來享受安全的性愛，會造成性過度氾濫、動搖傳統家庭、破壞社會風氣。於是格里斯沃爾德與其同事因提供已婚人士避孕諮詢與指導，甚至提供避孕器材而遭逮捕並罰款。不過美國最高法院在一九六五年以七比二表決，認為該法「違反婚姻隱私權」，並以隱私權為由宣判法律無效。美國最高法院認為隱私權的基礎在於親密關係，而隱私權應被視為「防止政府入侵」之權利。

時間拉長一點來看婚姻的歷史，應該就能讓那些擔心失去自主性的人放心。歷史學者史蒂芬妮・昆茲指出，隨著時間經過，個人的感受、需求甚至是權利在婚姻當中會愈來愈重要；[6] 過去婚姻是被社群與社會所控制的一種責任，但現在我們卻視婚姻為個人所做的私人選擇。同樣的，婚姻的嬰兒工廠角色也讓道給了婚姻的感情關係角色，感情關係必須要能滿足兩個獨立個體的需求。就連離婚率的成長也證實了一個新的觀念，也就是個體不該被困在令人窒息或有問題的婚姻裡，現在每個人的人生都應該有除了婚姻以外的選擇。

　　儘管歷史經歷了這些變化，婚姻在社會中依然扮演了一個協調個人需求的角色，許多人認為婚姻推動了個人需求與他人之間需求的健康平衡。從哲學的角度出發，米爾頓・C・雷根（Milton C. Regan）力陳婚姻提供了一個讓人可以與另一個人建立與維持親密承諾的機會，有助於個體「過一個可說是屬於自己的人生」。[7] 法學學者柴伊・費布魯（Chai Feldblum）也支持這個觀點，他認為婚姻求的是一種「深厚的相互依存關係」（thick interpendence），強迫個人擁有完全獨立也做不到的成長，因此婚姻推動了重要的社會之善。[8]

　　個體與伴侶之間的互動可能對結婚的個體有正面的影

響。針對婚姻對健康與財務健全的影響累積了數十年的研究，顯示婚姻平權或許可以帶來物質與心理資源，可以支持男女同志與異性戀，不論是個體或是在關係中的伴侶。比起單身者，已婚者更長壽、菸抽得少、收入更高，也比較不憂鬱。[9] 婚姻似乎還影響了許多的結果，且大多都是正面的影響，雖然有時候婚姻會破裂或是涉及家暴。[10]

這裡要說的並不是沒有結婚的人有精神健康問題，而是婚姻提供的制度與社會支持對個體經常是有好處的。健康的學術辯論繼續延燒，探討婚姻與這些結果的關聯是出於何種原因。有些人主張比較幸福、健康、富有的人結婚的可能性比較高（社會科學家稱之為「選擇」效應〔selection effect〕），因而產生此種關聯。少數可以挑出選擇效應的研究中通常會發現，婚姻似乎仍然對健康等其他幸福衡量指標有因果影響。配偶會關注彼此的健康，也可能會釋出壓力或用其他方式來管對方，讓彼此用比較健康的方式生活。[11] 婚姻也可能增加大家族成員的支持，有時候也能帶來很有用的物質援助，例如健康保險。

我與其他幾位寫過這類問題的社會科學家一樣，相信結婚的同性伴侶也很有可能從婚姻當中獲得這些好處。[12] 就某種程度來說，婚姻的優勢來自伴侶在互許承諾的感情中提供的支持與陪伴，同志伴侶可能已經收穫一些類婚姻的益處了。但是如果婚姻加強了伴侶之間的承諾感（如第二章所提供的證據）、家庭與大群體給的支持（如第五章所示），那麼婚姻看起來也很可能提升 GLB 族群的健康，就算是同居一陣子後才結婚的伴侶也是。

　　談到結婚，在美國有些人爭取的頭獎就是健康保險。滿意也好、不滿意也罷，美國除了長者之外，多數的人都是透過雇主或是家庭成員的雇主獲得健康保險。比起已婚人士，不論是同性或異性的未婚伴侶，可能更缺乏健康照護的保障。[13] 在美國，同性關係中的人每五人就有一人沒有保險；而在未婚異性關係中的人每三人就有一人沒有保險。與同性交往的人沒有保險的機率是已婚者的兩倍，而與異性戀未婚者沒保險的機率是已婚的三倍。雖然很多人（包括我自己）覺得不應該是這樣，但是結婚對於是否能獲得健康照護很重要。我在下一章要談的是美國的婚姻論戰太過重視健康保險的關聯，因為婚姻與健康保險的政治關係不像某些人想像得那麼一成不變，婚姻與已婚者健康的直接關聯之一就是健康保險，但是其他婚姻的研究顯示這不是結婚效應的唯一源頭。

減輕少數族群的壓力：接納的價值

　　大多數人（有時包括男女同志自己）都沒有意識到，深植於同志生命中格格不入的感覺到了何種程度，也因為如此，在多數的社會互動中大家也沒有這種意識。可能某天或某個時刻，格格不入的環境代表著我們可能要在肯定與疏離、投契與排斥、理解與困惑之間擺盪，不過當然不是所有人都時時刻刻處在極端的情況中。在一個法律上將同志視為二等公民的世界裡，且美國有三十個州沒有反就業歧視的保障[B]、在法律上對同性關係的認可也很少，要維持精神上的健康，這就代表著一個人要學會區分什麼是普通的敵意、什麼是偏見行為，謹慎並勇敢地奮鬥，不把制度性的歧視個人化——如被排除在婚姻制度外的這類歧視。[14]

　　從 GLB 族群的精神健康研究中，大概可以清楚看到，因為 GLB 族群的憂鬱與焦慮率都比較高，代表這些個人策略是有侷限的。[15]社會科學研究顯示，被歧視的經驗、抑或是不平等的待遇都會破壞身心健康。在美國非裔社群中，這種「少數族群壓力」（minority stress）與高血壓及其他健康狀況有關，對 GLB 社群來說，也與破壞其他健康狀況有關。[16]心理學家葛藍達・羅素（Glenda Russell）的研究顯示，在反同的氛圍下生活對 GLB 族群的精神健康也有相似不利的影響，[17] 近期也有研究顯示汙名與恐同會損害同性情感關係的品質。[18]

在這樣的背景之下，透過政策消除制度歧視——比方說開放同性伴侶結婚會有利於 GLB 族群（包括單身者）的心理健康，這樣推測應該是很合理的，且這樣的效果不會讓任何人多花一毛錢，與擴大健康保險保障是不一樣的。在荷蘭，拒同志於婚姻之外的代價是很明顯的。我的受訪者中有許多人對於被排除於重要的社會制度之外感到憤怒，琳恩回憶道：「我對婚姻制度真的是很不爽，因為我被排除在外了，而我不爽了很久。」我們需要時間及細膩的研究才能夠直接評估，對各式各樣的 GLB 族群來說，如擁有結婚權這樣的文化接納對他們有什麼影響。然而現在，即便是像荷蘭如此以包容同志著名的國家，我們還是明顯地可以看到怒氣平息，被更多人接納的感受愈來愈強烈。

我猜，大多數的 GLB 族群都學會了如何與生活環境中低人一等、格格不入或疏離的感覺相處，偶爾會遇上意外的偏見的這種經驗，會提醒我們的脆弱以及局外人的身分。[19] 不過時不時就會出現的正向連結，同時也能有力地提醒我們低人一等的差異，但也有可能接起這道鴻溝的可能。

當我意識到那種既深刻又有希望的與眾不同的時刻，便是在規劃我自己的婚禮之時。我的伴侶伊莉莎白與我走進了我們當地的花店訂婚禮用花，好幾位女性在櫃檯後匆匆趕著準備隔天的婚禮訂單，這份工作是他們的飯碗。雖然我自己以前參加過幾場婚禮，我從來不是很了解這個儀式在流程安

B　編註：在美國並沒有聯邦等級的反歧視就業法。不過，一九六四年的民權法案（Civil Rights Act of 1964）是美國民權以及勞動法上的指標性法案，該法規範了不得因種族、膚色、宗教信仰、性別或原屬國家而有歧視性的非法行為。在任何場域中，如投票、教育、就業以及公共場所方面，都不得有任何的差別待遇。該法案為其他聯邦立法開闢了道路，擴大了聯邦立法禁止任何階級與歧視的形式，例如「公平住房法（The Fair Housing Act of 1968）」以及「美國身心障礙法案（Americans with Disabilities Act of 1990）」。除了聯邦立法之外，美國各州和地方法律可以解決這些法律未涵蓋的歧視性問題，例如性傾向以及年齡等。不過一九九四年開始，立法者在每屆國會提出都訂立《反就業歧視法》（Employment Non-Discrimination Act）的提案，該法案若正式通過，未來若有十五位或以上員工的雇主，不得因員工的性傾向或性別認同，在雇用、解雇、升遷或補償時有任何歧視性的作法；此法被視為美國人權平等上重要的一步。不過自一九九四年開始，每屆國會立法者皆提出此法案，但未有任何一屆通過。通過這個法案至少要有六十張贊成票，該法案在過去獲得美國前任總統歐巴馬的強力支持，曾在二〇一三年以六十四對三十二票獲得通過，但是眾議院議事規則委員會（House Rules Committee）對該法案投下反對票。截至二〇一九年 ENDA 仍未在美國成為一正式法律。

排上的複雜程度（老實說我多多少少也是故意的），但我們人已經深入了龍潭虎穴，到了市中心的角落花店。伊莉莎白與我和老闆討論了預算之內可以怎麼做，劃掉了「新娘」、「新郎」的稱謂之後並填了訂單。這位花藝師笑了出來，坦白告訴我們，她需要訂購新的表單了，裡面要包含同性伴侶。比起我們的花藝師，其他店家與政府機關人員在恭喜我們即將要結婚時，就有點矯情了。我們懷疑這位花藝師應該是麻州罕有的共和黨（Republican）人 [c]，但在與她的相處過程中，她就事論事的態度讓我覺得自己是普通人，不會覺得自己異常、獨特或前衛，與要結婚的人們無異。

當我讀到亨利叔叔來信的時候我很感動，他已經八十歲了而且是個保守派，因他健康不佳而無法參加我們的婚禮。他沒有執著於伊莉莎白是女人這點，反而將焦點擺在婚姻的價值上。「我相當希望妳與伊莉莎白結了婚後能幸福」，他寫道，「不會太容易，但是真正美好的事物哪有手到擒來的？愈用心投入（妳們兩個人），婚姻對妳們及家人的意義就愈重大。」對我大多數的家人來說，即便他們並非全都非常支持賦予同性伴侶結婚權的政治倡議，但政治擺一邊、人與人的感情優先，他們非常支持我們，而且積極想要參與這場他們相當重視的喜事。與已婚的姐妹、家族裡的平輩一樣，他們待我一視同仁——這讓我相當出乎意料。儘管我的理智上知道不論已婚與否我當得起這些，畢竟我也是一個貢獻有為的成人公民，但其他人接受我有資格舉行這個成人禮，內心還是很感動。

　　一位舊相識告訴我直到她和伴侶在加拿大完婚之前，她從沒有完全被當成平凡人或普通人的經驗。「沒有人被我們嚇到。」她笑道。我在第五章探討過人們肯定同性伴侶適合「結婚」，為同性伴侶建立了社會與心理的接納氛圍，讓男女同志感受到平等與支持。

　　婚權缺席時，美國的同性伴侶常常要自己辦互許承諾的儀式，公開他們的感情關係，或是私下肯定這段關係。就像美國人類學者艾倫・勒文所說，這些儀式常常都經過精心設計，宣揚同性與異性關係在法律上都是平等的，這些儀式也具備合法婚禮會有的特色，一樣讓人情感激動且為社群所認同。[20] 然而，即便互許承諾儀式的感動再真實、再有力量，足以令人認同這段感情的價值，這樣的儀式依舊缺乏法律的認可來讓社會理解這個宣示所代表的特定意義。就像荷蘭伴

C　編註：在麻州，民主黨在州議會占有超過三分之二的席位，共和黨為相對少數。

侶覺得每個人都懂結婚代表的涵意，所以註冊伴侶制與婚姻是不一樣的，如果有選擇的話，美國的同性伴侶可能也會覺得互許承諾儀式與婚姻也有如此差異。

在個人、心理以及文化層面上，再加上我自己的經驗，讓我思考「能夠結婚」怎可能不會深遠且正向地改變 GLB 族群，特別是對那些決定要結婚的人，抑或是那些不拘於形式、只要是能用合法的承諾關係都能接受的人來說。從被拒於門外到被接納，這種地位的改變是很可能對某些人的心理層面產生正面影響。

結婚對感情關係的影響

因為結婚是一種儀式，兩人間獲得法律與文化的背書而許下承諾，結婚的人的感情關係可能會和以前不一樣。因為我訪談的荷蘭伴侶大多數都已經在一起非常多年了，在可以選擇結婚之前，他們已覺得感情堅定不移。即便如此，幾位提到了特別是在他人面前表達他們堅定的承諾時，結婚便會有立竿見影的效應。[21] 除了表示他們覺得感情更堅定之外，荷蘭伴侶對於用言語表達結婚的情感效應感到有點困難。許多已婚者表示，在典禮與喜宴之後感受到「不同」、「有責任」、或是「不一樣的感受」。

如果伴侶中有一位受結婚影響而對配偶有不同的感覺，那麼關係可能也會有其他變化。心理學者羅伯特－杰伊・格林（Robert-Jay Green）寫過同性伴侶經歷的「模糊性承諾」（commitment ambiguity）讓人壓力重重，也就是伴侶雙方對彼此可以有什麼樣的期待，如：共同責任、單偶制、或是結合資產，甚至是更深入參與大家庭的生活等等。[22] 結婚有助於解決或是減輕這種模糊性，婚姻讓承諾感變得更深，會讓一對伴侶有長期規劃，例如買房或是生兒育女，這些計畫只有在兩人打算一起走下去時才順理成章。經濟學家稱這些與承諾相關的事件為「關係專屬資本」（relationship-specific capital），會降低一對伴侶仳離的可能性。

伴侶獲得親朋好友給的支持可能更多。在美國針對同性伴侶的調查顯示，男女同志認為比起已婚異性戀家人，他們獲得的支持比較少。[23] 不過，索羅門（Solomon）等人發現，民事結合的女同志伴侶都說比起沒有民事結合的女同志伴侶，她們獲得的家庭支持比較多。[24]

可能是因為以上這些社會、經濟與法律的理由，比起沒有正式制度的關係，終止婚姻也複雜多了。有幾位已婚的荷蘭伴侶指出，如果他們決定要離婚的話，可能需要承擔贍養費責任與其他法律成本。一方面提高離異的代價，另一方面也建立表達承諾的公開空間，這樣一來，比起沒有結婚的同性伴侶，即便這些伴侶其他部分都很相似，結婚可以讓已婚同性伴侶的關係走得更長久。

　　然而，結婚的同性伴侶的離異率是否與沒有結婚的同性伴侶不同，這點尚未能蓋棺論定，因為前面談的都是結婚與沒有結婚的異性戀伴侶。不過結婚是否能讓感情更穩定會是最準的測驗，起碼我們覺得結婚可以讓感情關係更堅定。[25]關於同性關係正式納入制度會產生什麼影響，現有相關證據還不足、也不完全一致。在一項三年的貫時性研究中，巴薩姆（Balsam）等人發現在佛蒙特州，民事結合的同性伴侶離異率與已婚異性戀配偶相似，兩組的離異率都比沒有締結民事結合的同性伴侶低。[26]在荷蘭，同性伴侶與異性伴侶的離婚率約略相同，在二〇〇一年到二〇〇三年期間，兩組的伴侶離婚率約為 1%（von Metzke, 2005），[27]比起已婚異性戀配偶的離婚率，瑞典的同性伴侶終止註冊伴侶制的機率更高。[28]而在瑞典的研究中，異性伴侶與同性伴侶離異的因素是一樣的，例如伴侶之間的年齡差距、伴侶之一為非瑞典公民以及伴侶其中一位是年輕人。不過我們並無法得知註冊的伴侶離異率是否比沒有註冊的同性伴侶來得低，不過結婚的影響是很可能與註冊伴侶制不同的。雖然艾斯克里居與史匹戴爾認為丹麥的同性伴侶視註冊伴侶制等同於婚姻，不過重要的是得去了解社會上其他人是否也認為這兩者相同，並對待（同性）已婚配偶與註冊伴侶一視同仁。[29]

我訪談的荷蘭伴侶中，沒有人提到因為結了婚而日常生活有了明顯的改變。由於婚姻論戰突顯了性行為與老套性別角色的重要性，我特別仔細觀察了男同志伴侶間的單一伴侶關係、以及男女之間傳統家庭責任模式的發展。與我在第五章中的討論一樣，對某些男同志來說單一伴侶關係是個問題，只有一對男同志伴侶特別表示因為結了婚他們才進入了單一配偶關係。儘管其他已婚男同志伴侶決定不把單一配偶的規定或作法融入生活中，還是有一對伴侶真的進入了單一配偶關係，這也顯示至少某些男同志的行為會因為結婚而有所改變——評論者都預測到了會有這樣的行為改變，有些表示開心、有些則表達不滿。[30]

另外一個（特別是經濟學家）常常歸功於結婚帶來的變化，就是異性戀配偶在分擔家務的時候會決定「專責分工」，以便讓家人能在生活所需的時間、精力與金錢上可以發揮更大的效益。在比較傳統（但是現在很罕見）的情況下，丈夫會負責賺錢養家活口，而妻子應該要專心在無給薪的工作上，如打理家務與教養子女。在美國與荷蘭這樣的西方國家中，普遍的型態是女性也會工作賺錢，但同時卻肩負著大多數的家務。[31] 孩子還小的時候，女性可能會減少職場的時間，她們會完全退出職場或是轉作兼職。

與傳統期待對照來看，我遇到的荷蘭同性伴侶在註冊或結婚後，並沒有承襲舊有的男女家務分工模式。有些男性與女性兼職工作，但是沒有人在結婚之後減少職場工作時間（有些沒有結婚的人也是兼職）。一兩位提到有了孩子之後，他們多少都會減少一些工作時數，但是沒有一對伴侶告訴我因為結婚的關係，家務分工或賺錢的責任因此而改變。

我發現同性伴侶結婚之後沒有明顯的專責分工跡象，這個發現大概也不讓人意外。雖然前一章也提過，有一些研究發現同性伴侶在家務分工及其他家庭事務上，的確會有些專責分工的情況；但其實，美國有幾項研究顯示，比起異性伴侶，同性伴侶在分配家務上比較平等、言行合一。[32] 幾位研究人員觀察到，女同志伴侶分擔育兒責任比異性戀伴侶平均，雖然近期有一項針對非裔美籍女同志伴侶的研究發現，比起配偶來說，孩子的生母承擔更多育兒與管教責任。[33] 異性戀的勞動分工可能大多都來自於男女各司其職的文化觀念，而不是出於經濟動機，而讓收入較高的一方（男性）出去賺錢，讓收入較低的一方（女性）留下來持家顧家。同性伴侶就算真有這種觀念，也可能很淡薄。

時間一久，有些人可能會猜想，同性伴侶或許便能享受婚姻提供給無收入配偶的安全保障。[34] 萬一婚姻破局，該位配偶能利用一些配偶享有的福利，如健康保險，他對雙方的共有財產或許還有某些支配權。離開職場一段時間或許不一定都是壞事，配偶一方或許會想先暫離職場，重回校園拿大學文憑或碩士學位、照顧幼兒、創業或是充實自我轉換跑道。萬一婚姻畫下句點，暫時減少工作時數不一定會讓沒有收入的配偶處於永久危險或依賴扶養的狀態。實際上在某些情況下，休息一段時間可能可以「加強」此人的收入潛力，而不是加劇離婚後陷入貧困的風險。

可能要等結婚許多年之後，才會發展並展現出會導致強而有力且明顯化專責分工形式的情境。時間一長，或許能在同性伴侶之間觀察到比現在更多的專責分工現象，但是很難想像同志專責分工的程度會與傳統異性戀伴侶一樣高。

如前言所述，異性戀婚姻對於丈夫與妻子的期待已經大幅改變。諷刺的是，有些學者指出隨著丈夫與妻子的性別角色式微，他們看起來愈來愈像同性伴侶。[35] 因此，萬一同性伴侶愈來愈像異性伴侶，而異性伴侶愈來愈像同性伴侶，從家庭勞動分工的角度來看，可以推測同性伴侶關係的樣貌不會有太多變化應該也是合理的。同性伴侶經歷的變化與經濟因素不太相關，反而與個人及文化因素的關聯比較高，也就是感情關係更加堅定以及收到廣大社群的接納或支持。

目前，在個人及關係的層面來說，擁有結婚權似乎有些好處，且只有些許壞處。但是，如果婚姻是一套仍然會左右行為與幸福的制度，那麼個人與伴侶的改變到最後一定會擴及同志文化。下一章將此處討論的變化與 GLB 社群內的大論戰聯繫在一起。儘管這場論戰在語境上與重要性上都是學術性的探討，當下的政治氛圍卻讓這場論戰變得相當重要。

註釋

1　Cherlin, "The deinstitutionalization of American marriage," 848.

2　同上，851。

3　同上。

4　Katherine M. Franke, "The politics of same-sex marriage politics," *Columbia Journal of Gender and Law* 15 (January 2006): 236–248; Auchmuty, "Same-sex marriage revived," 101–126; Ruthann Robson, "Resisting the family: Repositioning lesbians in legal theory," *Signs* 19 (Summer 1994): 975–995.

5   Bumpass et al., "The role of cohabitation in declining rates of marriage," 913–927; Clarkberg et al., "Attitudes, values, and entrance into cohabitation versus marital unions," 609-32.

6   Coontz, *Marriage: A History*.

7   Milton C. Regan, Jr., "Law, marriage, and intimate commitment," *Virginia Journal of Social Policy & the Law* 9 (Fall 2001): 116–152.

8   Chai R. Feldblum, "Gay is good: The moral case for marriage equality and more," *Yale Journal of Law and Feminism* 17 (Spring 2005): 178.

9   關於男性與女性是否皆從異性戀婚姻中獲利,爭論依然存在。我自己對於證據的解讀是兩者皆得利,雖然不一定在每一項結果的衡量上得到結果一致。

10   一般檢討見 Catherine E. Ross, John Mirowsky, and Karen Goldsteen, "The impact of the family on health: The decade in review," *Journal of Marriage and the Family* 52 (1990): 1059–1078; Linda J. Waite and Maggie Gallagher, *The case for marriage* (New York: Broadway Books, 2000)。關於已婚者較長壽之研究見 Lee A. Lillard and Constantijn W. A. Panis, "Marital status and mortality: The role of health," *Marital Status and Mortality: The Role of Health* 33 (1996): 313–127;John E. Murray, "Marital protection and marital selection: Evidence from a historical-prospective sample of American men," *Demography* 37 (2000): 511–521。關於已婚者吸菸吸得較少之研究見 Debra Umberson, "Gender, marital status, and the social control of behavior," *Social Science and*

Medicine 34 (1992): 907–917；Tarani Chandola, Jenny Head, and Mel Bartley, "Socio-demographic predictors of quitting smoking: How important are household factors?" *Addiction* 99 (2004): 770-777；Ulla Broms, Karri Silventoinen, Eero Lahelma, Markku Koskenvuo, and Jaakko Kaprio, "Smoking cessation by socioeconomic status and marital status: The contribution of smoking behavior and family background," *Nicotine Tobacco Research* 6 (2004): 447-455；S. Lee, E. Cho, F. Grodstein, I. Kawachi, F. B. Hu, and G. A. Colditz, "Effects of marital transitions on changes in dietary and other health behaviours in U.S. women," *International Journal of Epidemiology* 34 (2005): 69–78；C. A. Schoenborn, "Marital status and health: United States, 1999–2002," *Division of Health Interview Statistics, National Center for Health Statistics* (2004): 351。關於已婚男性收入較多的研究見, C. Cornwell, and P. Rupert, "Unobservable individual effects, marriage and the earnings of young men," *Economic Inquiry* 35 (1997): 285–294；S. Korenman and D. Neumark, Does marriage really make men more productive? *The Journal of Human Resources* 26 (1991): 282–307；K S. Korenman and D. Neumark, "Marriage, motherhood, and wages," *Journal of Human Resources* 27 (1992): 233–255；E. S. Loh, "Productivity differences and the marriage wage premium for white males," *Journal of Human Resources* 31 (1996): 566-589；J. Waldfogel, "Understanding the 'family gap' in pay for women with children," *Journal of Economic Perspectives*

12 (1198): 137–156；J. Hersch and L. S. Stratton, "Household specialization and the male marriage premium," *Industrial and Labor Relations Review* 54 (2000): 78–94；H. Chun and I. Lee, "Why do married men earn more: Productivity or marriage selection?" *Economic Inquiry* 39 (2001): 307–319；Donna Gunther and Madeline Zavodny, "Is the male marriage premium due to selection? The effect of shotgun weddings on the return to marriage," *Journal of Population Economics* 14 (2001): 313–328；L. S. Stratton, "Examining the wage differential for married and cohabiting men," *Economic Inquiry* 40 (2002): 199–212; P. N. Cohen, "Cohabitation and the declining marriage premium for men," *Work and Occupations* 29 (2002): 346–363。發現已婚人士的憂鬱程度較低之研究請見 Kathleen A. Lamb, Gary R. Lee, and Alfred DeMaris, "Union formation and depression: Selection and relationship effects," *Journal of Marriage and Family* 65 (November 2003): 953–962；R. W. Simon, "Revisiting the relationships among gender, marital status, and mental health," *American Journal of Sociology* 107 (2002): 1065–1096；S. L. Brown, "The effect of union type on psychological well-being: Depression among cohabitors versus marrieds," *Journal of Health and Social Behavior* 41 (2002): 241–255；A. V. Horwitz, H. R. White, and S. Howell-White, "Becoming married and mental health: A longitudinal study of a cohort of young adults," *Journal of Marriage and Family* 58 (1996): 895–907.

11	Umberson, "Gender, marital status, and the social control of behavior," 907–17; Debra Umberson, "Family status and health behaviors: Social control as a dimension of social integration," *Journal of Health and Social Behavior* 28 (1987): 306–319; Linda J. Waite, "Does marriage matter?" *Demography* 32 (1995): 483–507.

12	Herdt and Kertzner, "I do, but I can't," 33–49.

13	Ash and Badgett, "Separate and unequal," 582–99.

14	歧視與排擠的共通經驗形塑了男女同志與雙性戀社群的發展與身分認同（例如 John D'Emilio, *Sexual Politics, Sexual Communities: The Making of a Homosexual Minority in the United States*, 1940-1970 [Chicago and London: University of Chicago Press, 1984]）而排擠的終結很有可能會帶來文化影響，如我在下一章的說明。不過這裡我考量的是排擠對個人的衝擊。

15	見 Susan D. Cochran 之檢討 "Emerging issues in research on lesbians' and gay men's mental health: Does sexual orientation really matter?" *American Psychologist* 56 (2001): 932–947；Ilan Meyer, "Prejudice, social stress, and mental health in lesbian, gay, and bisexual populations: Conceptual issues and research evidence," *Psychological Bulletin* 129 (2003): 674–697.

16	見 Vickie M. Mays, Susan D. Cochran and Namdi W. Barnes 文中之檢討 "Race, race-based discrimination, and health outcomes among African Americans," *Annual Review of Psychology* 58 (2007): 201–225。少數族群壓力（minority stress）對同志族群的影響，見 Ilan Meyer, "Minority stress and mental health in gay men," *Journal of Health and Social Behavior* 36 (March 1995): 38–56; ; Vickie M. Mays and Susan D. Cochran, "Mental health correlates of perceived discrimination among lesbian, gay, and bisexual adults in the United States," *American Journal of Public Health* 91 (2001): 1869–1876.

17　見 Glenda Russell, *Voted Out: The Psychological Consequences of Anti-Gay Politics* (New York: New York University Press, 2000)；Glenda. Russell, "The dangers of a same-sex marriage referendum for community and individual well-being: A summary of research findings," *Angles* 7 (June 2004)。也可見 Ellen D. B. Riggle, Jerry D. Thomas, and Sharon S. Rostosky, "The marriage debate and minority stress," *PS: Political Science and Politics* (April 205): 221–224 針對少數族群壓力與同婚辯論間的關聯。

18　Jonathan J. Mohr and Ruth E. Fassinger, "Sexual orientation identity and romantic relationship quality in same-sex couples," *Personality and Social Psychology Bulletin* 32 (2006): 1085–1099; Porche and Purvin, "Never in our lifetime," 144–159.

19　許多不同背景脈絡中所做的研究，發現男女同志與雙性戀學會如何與潛藏的格格不入感受相處。Meyer, "Prejudice, social stress, and mental health in lesbian, gay, and bisexual populations," 674–697.

20　Lewin, *Recognizing Ourselves.* 也可見 Hull, *Same-Sex Marriage*。

21　登記為註冊伴侶的丹麥伴侶也表示感情堅定的感受更強烈；見 Eskridge and Spedale, *Gay Marriage*, 139–145。

22   Robert-Jay Green, "Risk and resilience in lesbian and gay couples: Comment on Solomon, Rothblum, and Balsam," *Journal of Family Psychology* 18 (2004): 290–292.

23   Solomon et al., "Money, housework, sex, and conflict," 561–575; Lawrence A. Kurdek, "Are gay and lesbian cohabiting couples really different from heterosexual married couples?" *Journal of Marriage and Family* 66 (November 2004): 880–900.

24   Solomon et al., "Money, housework, sex, and conflict," 561–575.

25   然而，很難區隔出選擇效應，一對伴侶若結婚而婚姻也不會長久的他們，可能一開始就決定不結婚。見 Lee A. Lillard, Michael J. Brien, and Linda J. Waite, "Premarital cohabitation and subsequent marital dissolution: A matter of self-selection?" *Demography* 32 (August 1995): 437–457.

26   Kimberly F. Balsam, Theodore P. Beauchaine, Esther D. Rothblum, and Sondra E. Solomon, "Three-year follow-up of same-sex couples who had civil unions in Vermont, same-sex couples not in civil unions, and heterosexual married couples," *Developmental Psychology* 44 (2008): 102–116. 在另外一個非隨機的美國伴侶研究中，克德克（Kurdek）發現，比起有子女的已婚異性戀配偶，無子女男女同志的離異率較高，但與無子女已婚異性戀配偶比較的話就差不多。Kurdek, "Are gay and lesbian cohabiting couples really different from heterosexual married couples?" 880-900.

27   Ross von Metzke, "Gay divorce rate in Netherlands equal to

heterosexuals," http://amsterdam.gaymonkey.com/article.
cfm?section=9&id=5853 (accessed April 6, 2005).

28 Andersson et al., "The demographics of same-sex 'marriages' in
Norway and Sweden," 79–98.

29 Eskridge and Spedale, *Gay Marriage*.

30 Rauch, Gay Marriage; Brooks, "The power of marriage"; Eskridge,
The Case for Same-Sex Marriage; Warner, *The Trouble With Normal*.

31 近期美國與澳洲證據請見 Michael Bittman, Paula England,
Liana Sayer, Nancy Folbre, and George Matheson, "When does
gender trump money? Bargaining and time in household work,"
American Journal of Sociology 109 (July 2003): 186–214.

32 Kurdek, "The allocation of household labor in gay, lesbian,
and heterosexual married couples"; Kurdek, "Lesbian and gay
couples"; Lawrence A. Kurdek, "Differences between partners
from heterosexual, gay, and lesbian cohabiting couples," *Journal
of Marriage and Family* 68 (May 2006): 509–528; Blumstein and
Schwartz, *American Couples*; Carrington, *No Place Like Home*.

33 Chan et al., "Division of labor among lesbian and heterosexual
parents," 402–419; Patterson et al., "Division of labor among
lesbian and heterosexual parenting couples"; Solomon et al.,
"Money, housework, sex, and conflict," 561–575.; Mignon R.
Moore, "Gendered power relations among women: A study
of household decision-making in black, lesbian stepfamilies,"
American Sociological Review 73 (April 2008): 335–356.

34   Jyl Josephson, "Citizenship, same-sex marriage, and feminist critiques of marriage," *Perspectives on Politics* 3 (June 2005): 269–284.

35   George Chauncey, *Why Marriage? The History Shaping Today's Debate Over Gay Equality* (New York: Basic Books 2004), 70.

第 7 章

同志社群內的
反婚派

Marriage Dissent in the
Gay Community

由於同婚辯論戰況激烈，不意外地導致公共爭議滲透到個人層次而挑起紛爭。晚餐聚會因意見相左的激進兩造而形成對立，意見南轅北轍的老朋友最後必定得一致點頭再也不提同婚話題，賓客心不甘情不願地參加同性婚禮，喜宴上還為了逃避而讀起雜誌。以上是來自男女同志社群的「圈內」的景象，且皆是我親友圈內的真人真事。很諷刺的是，在論戰前線奮鬥的同志得要面對那些不怎麼期待同婚的男女同志的反彈，還要面對非同志的反同婚者。這些同志擔心婚姻對 GLB 族群、感情關係與社群產生負面且不可逆的影響。

同志社群中關於「同志是否真想結婚」的爭論已延燒多時，而在二〇〇六年夏天因這起論戰而成為頭條新聞。一群 GLB 運動人士發表了一份超過兩百人連署的公開聲明，呼籲同志社群領袖應該轉移目光，不要只看狹隘的同婚議題。這群反婚派（我對他們的稱呼）希望對組成家庭的人來說，同婚「只是選項之一」，國家應該要公平對待所有的選項。

但這些連署人釋出聲明的同一天，華盛頓州的最高法院維持原判，繼續禁止同婚，進而加深了同志社群的分裂感；一派追求婚權、另一派追求完全廢除婚姻制度，或放棄、少著墨這個議題。有些同志對於婚權爭議綁架了其他同志支持的議題及運動表示憤怒。安排公開聲明的約瑟夫·德菲利（Joseph DeFilippis）表示：「（同婚）是個有其侷限的目標，看到這個目標吸納了所有的資源與經費，我們當中有許多人都非常擔心。」[1]

許多連署人出於其他理由反對婚姻。比如麗莎・杜剛（Lisa Duggan）、理察・基姆（Richard Kim）、凱瑟琳・法蘭柯（Katherine Franke）、麥可・華納（Michael Warner）、南西・玻里柯（Nancy Polikoff），他們長年來就投書抗拒同婚運動。「不是只有同婚」（"Beyond Same-Sex Marriage"）的聲明連署人與意見相投的思想家認為爭取婚權讓 GLB 社群製造了三大問題：

1. 文化面上，結婚意味著採納異性戀的家庭形式，放棄獨特的同志家庭形式，甚至是男女同志文化。

2. 政治面上，贏得婚姻平權代表了一種取捨，會捨去了無伴侶的家庭形式，抑或是承擔政治反彈的風險；而該風險可能會延遲能讓其他許多家庭型態受惠的改革。

3. 道德層面上，擁有與行使婚權意味著在同志社群（GLBT Community）內建立關係的階級，會讓某些家庭落入邊緣進而承受汙名。

這場爭議當然會讓大眾覺得困惑：同志到底想要什麼？在婚姻議題上，誰可以代表同志社群發聲？大多數與我談過的異性戀不太能理解反婚派的擔憂。不管他們有什麼樣的婚姻經驗，許多直同志（heterosexual allies）[A] 都摸不著頭緒地表示：「享有平權是會糟到哪裡去？」但是對我的某些同志朋友與舊相識來說，結婚的政治問題與前景勾起了重重累積的憤怒、懸心、煩躁等其他情緒，有幾位甚至連署了抨擊同婚運動的「不是只有同婚」聲明。

同志圈內的老爭議與新恐懼助長了與反同婚者的政治論戰。美國同志圈內的反婚派似乎證實了保守派對同志運動最深刻的恐懼，這又促使另一群同志宣稱婚姻對同志會有正面的改變，因此又激怒反婚派，雙方兩造如此反覆循環。比如說，「不是只有同婚」聲明出來之後，保守派的羅伯特·喬治（Robert George）與史丹利·克茲緊抓著該聲明的其中一條主張不放——「非單一伴侶」的家庭也要獲得承認——在保守派的滑坡推論中，下一步免不了就是恐怖的多重配偶制。[2] 自由派與同婚保守派的作家紛紛下海反駁，否認同志圈裡的這一批人既不代表廣泛社群、也無法為同婚運動的宗旨發聲。[3]

與前幾章的討論一樣，雖然這次論戰的重點聚焦在婚姻對同志社群的影響，但這場論戰也突顯了一個問題，那就是開放同性伴侶結婚的「後果」。而與第六章討論的內容不同，這裡所羅列出來的爭議有特別高的風險，因為它們引起強烈的情緒。雖然意見不同的時候，我偏好以謹慎理性的方式分析問題，但經驗告訴我，這場內部的爭論只透過理性是無法解決的。在這一章，我回應的方式是深入挖掘反婚者的恐懼與說法；在前幾章中，我使用哪一套證據標準來檢視保守派的恐懼與說詞，在這章我便用同樣的標準來檢視。除了理性之外，我們也應該努力深入了解情緒背後隱藏著什麼。我希望在這個層面上發現某些共通點，這或許可以平息同志社群的紛爭，也能用更有建設性與務實的方式來處理大文化下家庭的多元面貌。

婚姻是否會終結同志文化？

或許在同志社群中因婚姻引發的論戰不只是危及友誼，同志社群更是面臨危機。當我們在追求婚權時，是否便埋下了摧毀同志認同與文化的毀滅種子？如果同志贏得權利，以

A　編註：直同志（heterosexual allies）指的是對同志友善的異性戀。

自己想要的方式進入所有社會制度之內 —— 包括就業、婚姻與軍隊，我們所知的男女同志社群可能會凋零；這套「同志文化的終結」說法便是同志作家安德魯‧蘇利文（Andrew Sullivan）的主張。當同志能夠進入婚姻，如同其他同志權利的進步一樣，會降低同志與異性戀之間經驗與選擇的落差；隨著時間經過，新世代的男女同志將會有選擇，他們以後能有的選擇是今日 GLB 族群的奢望。蘇利文聽起來像是對同志文化的消逝只有些許不捨，他形容同志文化是鑲金的「放逐者的牢籠」，最後他也表清楚的明立場：「但是，如果真的要選擇，一個是建立在壓迫上的文化，另外一個建立在自由上的文化，取捨自是不難。」

反婚派可能會馬上表示，同志所贏得的自由只是能與異性戀做同樣的事的自由 —— 反婚派非常懼怕這種完全的「融合」，因為這可能會忽略了某些不符合婚姻制度但卻具有健康及價值的家庭。不過我猜測，在「因法律平等而完全融入主流文化」以及「因不平等所誕生及維繫的獨特次文化」之間的選擇，並不是在兩個極端。至少若要為未來數十年占卜吉凶，我預言未來在美國有些地方的男女同志看起來可能會與荷蘭的同志社群非常相似。

一方面來說，透過與荷蘭伴侶的討論，我對於同志認同或社群的觀念是否會因時間經過而延續下來感到有所懷疑。當然，我所訪問的荷蘭男女同志表示，當他們獲得結婚的選擇權時，覺得他人較能把他們當成普通人來看待、同時也能為人所接納。瑪莎說：「所以婚姻真的是能讓人更理解我們的方法，大家不再覺得我們……好像頭上長了角那樣。」用她的話來說，同志伴侶也可以是她口中「徹底正常傳統」的一分子，就連不想結婚的人也都有這種為人接納的感覺。安娜是這樣說的：「我覺得（可以結婚）讓我們覺得更像普通人、更為人所接納、也更是社會的一分子；當然有好有壞，不過還是讓我們感覺更加地融入社會。」

感覺更像普通人也可能會讓人覺得「不那麼拉子」了，幾位已婚的荷蘭女同志發現了這件事。雖然安德雅覺得自己在政治上「非常左」，她不覺得自己的政治原則與她和凱薩琳的婚姻有任何牴觸。安德雅拒絕將自己的關係視為「同性婚姻」——因為婚姻就只是婚姻，她也偏好這種看法。她口氣強烈地說：「不要滿腦子只想著要當個拉子」。「不用這樣，你只是想要做自己而已。」或者是像凱薩琳所說的，獲得婚姻平權的意義是——我們「碰巧遇見了彼此，又剛好都是同性而已。」

其他的受訪者也提及，在同婚的脈絡之下，他們身為男同志或女同志這件事情暫時地被拋諸腦後。有些同志運動人士覺得荷蘭男女同志社群充斥著政治安逸感，再加上前述這些個人的感受，荷蘭看起來好像一個「後認同」（post-identity）世界。[4] 艾瑞克表示許多異性戀也觀察到了這樣劇烈的改變，還和他說：「現在你們可以結婚了，大功告成……你們再也不是少數族群了。」

　　不過宣布荷蘭同志文化徹底滅亡還言之過早。我是這麼解讀──同性伴侶的經驗並不代表同志文化全面轉變，而是「個人」對後認同世界的驚鴻一瞥。除了漸漸感到正常化以外，根據第五章闡述的內容，他們也同時覺得面對世界時，同志身分更加清晰可見。我認識的荷蘭男女同志依然清楚知道，同性婚姻議題在世界的政治舞台上依然爭議重重。他們知道獲得婚權、甚至已經結婚的事實並無法保證可以即刻獲得完整的社會與法律平權。

　　比如說，幾乎所有人都感受得到一旦跨越了國界，他們在家鄉所享有的平權就力有未逮了。就像在麻州結婚的同志伴侶，一旦跨越州界進入紐約、加州或康乃狄克州，就會喪失他們的已婚身分；而在加拿大、荷蘭、比利時或西班牙結婚的同性伴侶，出境到其他大多數國家時，也都會喪失已婚身分。即便在美國鎖國式的論戰中，婚姻論戰的國際化本質並非時時清晰可見；但放眼全球，完全安逸自滿是絕對不可行的。

就連在友善同志的荷蘭地盤，平權革命也尚未落幕。修法一過，保羅與楊恩立刻就去了他們居住地的市政廳結婚，但是電腦系統無法接受兩個男人結婚的指令。為了要讓系統受理他們的婚姻，首先書記必須先透過官僚作業在系統裡進行保羅・德弗里女士的出生登記，這樣「她」才能與楊恩・史密特結婚。雖然短期的作業問題與職員的創意解決之道讓保羅與楊恩發笑，但是與婚姻有關所殘存的反同偏見繼續困擾著荷蘭的男女同志。有些法院書記不斷拒絕讓同志伴侶結婚、某些移民的反同態度引起激烈的辯論——這些都提醒著荷蘭的同性伴侶們「偏見」的冥頑不靈。有幾對受訪伴侶覺得在比較保守的城鎮中，他們無法放心公開親吻甚至是牽手，因為曾有人對著他們叫囂或感到充滿敵意的目光。偶爾也有家人反對同性伴侶結婚的情況，如我在第六章所討論的內容。即便在荷蘭獲得了完整的法律平權，揮之不去的社會偏見依然足以讓男女同志社群團結在一起。

時間一長，或許從現在開始的十年、二十年之後，男女同志社群的文化變化會更加深遠。我推測荷蘭與美國的同性伴侶結婚的情形會比現在更為常見，男女同志感情關係有可能從凡事自己來的「在一起」──也就是多數受訪者體驗過的模式，轉換到配套好的「婚姻」。對伴侶來說，結婚會是一段關係獲得重要資源的途徑──主要指的是社會接納與法律承認；而婚姻同時也是伴侶重要的目標。潘蜜拉・蘭諾提（Pamela Lannutti）發現麻州的男女同志對感情關係演變的看法出現了轉變，意識也更強烈，他們會想知道未來的戀愛對象是不是「結婚的料」。[5]

其一，年紀較輕的男女同志會在同婚合法的社會中成長，這種可能性或許會擴大了他們在感情關係中依循社會腳本或規劃。與年紀較長的同志伴侶不同，年輕些的同志伴侶或許不會被堅定的意識形態阻攔結婚。瑪麗安是我訪談中最年輕的，今年二十九歲，她向我證實，她與同齡的拉子朋友對婚姻的反對程度在原則上比她所認識的年長女同志低很多。

在美國，類似的差異也橫跨各個世代。一項研究發現年輕的 GLB 族群比年長及教育程度較低的 GLB 族群更常說出「如果可以的話，我們會結婚」這句話。[6] 世代的觀念差異懸殊──比起六十五歲的同志，十八歲的同志想合法結婚的機率高出 31％；在紐約地區的一項研究也發現，GLB 青少年對於結婚很有熱忱，且有 61％的年輕男性與 78％的年輕女性表示，自己想與同性伴侶結婚的可能性很高。[7]

　　另一個可能讓婚姻變得更普及化的原因，是來自於態度的轉變──也就是女同志女性主義者與其他也認為婚姻是父權、過時或資產階級的人，他們的態度發生了變化。在第二章中，我呈現了探究結婚不錯的理由，不論是浪漫的原因或務實的原因，這有時都會對婚姻的看法帶來變化。同樣地，女性主義對婚姻的批評之一就是這個制度排除了男女同志。隨著法律的改革讓丈夫與妻子的角色更平等，再加上婚姻已擴及同性伴侶，出於原則而拒絕婚姻的許多政治和理念的理由已不復存在。

　　身為女性主義者，瑪格麗特與米莉安對結婚感到糾結，但她們認為同性伴侶結婚，是一種能改變婚姻對所有女性的意義之策略。隨著婚禮在異性伴侶間減少，瑞秋與瑪莉安可以視結婚為另類的感性表達，而並非歸順傳統規範。瑪莎與琳恩現在是婚姻與婚權熱情的擁護者；但她們曾經持非常不同的立場──她們曾拒絕婚姻這套制度，部分原因是這套制度排除了男女同志。新的政治環境可能反而不是將女性主義者推離婚姻，反倒是推得更近了。艾倫與薩絲琪雅提出了她倆結婚的理由，因荷蘭與其他地方的保守派宗教與政治力崛起，造成國際化政治反撲，她們希望自己能與之抗衡。同樣的，即便先前出於女性主義的原因而反對婚姻，政治環境促成了麻州的某些女性主義者結婚。我一位朋友是這樣解釋她的政治變節的：「要是我坐視（當時的州長）密特·朗姆尼（Mitt Romney）逼我離婚的話，真的就見鬼了！」（朗姆尼想透過州憲法修憲阻止同性伴侶結婚）。

最後，衰老也可能讓虔誠女性主義者的優先順序與堅持轉向。艾倫坦承，隨著自己年紀增長，她自己在婚姻及其他政治議題上的堅持也變了，「其實我現在還剩下的兩大原則，就是去有機店買再生衛生紙與清潔產品！」她開玩笑道。我也認為隨著人們年紀愈來愈大，需要面臨繼承與健康照護的議題時，結婚的相對價值也會提高。

我這裡要說的是，婚姻到最後會模糊了身為異性戀與身為男女同志意義的界線，但我要表達的並非同志伴侶只會承襲傳統異性戀的婚姻模式。我認為有結婚的渴望、甚至是擁有可以結婚的選擇——並非反婚派所恐懼的那種毀滅式的同化。

首先，結婚的同性伴侶早就在一起了。換句話說，就生活的方式而言他們已經很像已婚異性戀伴侶，只差法律身分與該身分所能提供的支持。稱其為同化（assimilation）、模仿（imitation）或融入（integration），抑或是歷史上兩位成年人建立關係的普遍形式，問題並不在婚姻本身，因在爭取法律認同與權利之前，同志老早就已經在建立關係了。

其二，我在本書中不止一次提到，受訪的同性伴侶刻意拒絕對「丈夫」與「妻子」角色有傳統的期待。擔憂同志伴侶會被「同化」，而須因此承擔與異性伴侶的相同期待及行為，這一點值得被一提再提。對於許多異性戀伴侶都在拆解或放棄的嚴格性別角色——沒有什麼跡象顯示同志對此有興趣來重塑。我所訪談的伴侶中，也沒有任何一對表示拿到一張上面寫了他們已婚的紙之後，就進入這些角色的。

不過，在某些情況下，反婚派所表示的「結婚會讓『獨特』的同志家庭形式消失」，這其中也包含了異性戀之間的各種家庭關係。所謂延伸家庭的形式包含了朋友、與前任伴侶的關係，或有時甚至是非單一伴侶關係，不論是哪種性傾向都可以找到這些家庭形式。[8] 因為在美國，認同自己是異性戀的人比自認為是 LGB 族群的人還多；而在這些家庭形式中，同志很可能也是少數——所以對我來說「獨特的『同志家庭』將會消逝」這個概念對我而言，我是不太明白的。舉例來說，美國二〇〇〇年的大普查中共有六十萬對同志伴侶，這數字與近五百萬的未婚異性戀伴侶一比真是小巫見大巫。[9] 有些反婚派還對某些關係的形式抱著懷念之情，但我猜想那些多半都是迷思。比如說，法律學者凱瑟琳·法蘭柯（Katherine Franke）哀悼失去了「探索『法外同性戀』的可能性」，可是她從來沒有說明這個詞彙的定義。[10] 任何對法外之性有興趣的男女同志還是會需要對抗或抵制法律制度。

總的來說，以我在荷蘭的研究再加上自己在麻州的經歷，關於同志文化未來可能有什麼變化，我也同意反婚派的文化恐懼有其合理的預測根據 —— 縱使我自己根據在荷蘭的經驗所做的推測，認為並沒有那麼誇張。進入婚姻最終會改變某些男女同志對正式成立法律關係的想法，但卻沒有什麼證據顯示同志伴侶會盲目仿效婚姻的傳統模式。到最後，同志文化會接納多變的伴侶選擇，這其中也包含婚姻，而這樣的變化可能會降低（但可能不會消滅）獨立同志認同與同志社群的需求。最後，婚姻是一個變動的目標，在融入這個先前屬於異性戀的制度，會讓 GLB 族群進入一個與四十年前相比大相逕庭的法律與社會制度。

婚姻平權運動是否會阻礙其他重要政治議題的進展？

反婚派的政治擔憂主要是實務面的，他們認為將財務與志工資源投注到婚姻平權工作上，榨乾本來可以用來推動大規模政策改革的資源──不論是各種家庭形式或婚姻狀況都能受惠，甚至也包含單身者。[11] 反婚派呼籲大家採取政治行動，包含將兩項常與婚姻綁在一起的「健康福利」與「退休金福利」能夠與婚姻脫鉤、結束伊拉克戰爭、推動移民改革等等，或是各種婚姻平權批評者覺得更加迫切的議題。但諷刺的是，反婚派中另一種相當常見的主張，便是呼籲大家放棄同性婚姻議題，而應要直接完全廢除婚姻制度──[12] 雖然如此一來也會大量奪走其他重要議題的時間與資源。幸好，證據顯示政治能量與運動熱情還是很足夠，許多議題都能雨露均霑。

大多數批評者的焦點都擺在健康照護體系，在美國有鑑於四千六百萬人都沒有健保，這是個很迫切的議題。如前文中的討論，美國雇主的薪酬政策提供健保作為員工福利，讓健康照護的確與婚姻緊密連結。二戰時期的薪資控制與價格控制為家庭的受薪階級提供了醫療福利，而非直接提高薪資；隨著工會力量與需求愈來愈大，此作法便開始廣為流傳。[13] 在美國，婚姻與健保間古怪的歷史連結，在國際脈絡之下來看是個不恰當的異常政策。

不過看看認可同性伴侶的歐洲國家，婚姻與健康照護政策各自獨立是符合邏輯的。這當中有許多國家給予每一位人民健康照護的保障，幾乎完全讓健康照護與婚姻脫鉤。北歐諸國在全歐洲中，是有著支持性最強的社會福利與健康照護體系的大本營，也是率先賦予同性伴侶婚權或類婚權的國家。雖說在認可同性伴侶之前，可能有必要建立強大的社會福利體制，不過這個順序不太可能固定下來，平等信念以及所有公民福祉的關懷，將會促成這兩種政策（詳見第九章）。最後，請注意婚權及伴侶權是在歐洲同志運動的規劃裡的，即便這裡的男女同志已經擁有了美國同志伴侶還在爭取中的某些福利。

認為同性婚姻拖累美國健康照護改革的進展，這種說法根本經不起檢驗。美國婚姻平權運動最成功的那幾州目前也是健康照護改革的開拓者；佛蒙特、麻州、加州不僅僅只是率先賦予同性伴侶婚權（或是其他伴侶權的認可）的州而已，這三州最近也立法透過單一支付制（single-payer plan）[B]提供該州居民全民健保（可惜的是，參議員席拉・庫厄〔Sheila Kuehl〕）提出的法案遭州長否決了），或者透過其他方式擴大給無保險者的補助保險（佛蒙特州、康乃狄克州、麻州與加州）。我盼望近期的這些工作只是大規模健康照護改革的開始，能夠改善所有美國人民獲得健康照護的管道。同樣的在許多州中，推動同婚的社會運動人士，一方面也在大力推動這些可以惠及所有家庭與單身人士的改革，如最低薪資制與帶薪家事假。

目前，婚姻批評者也擔心因為政治矚目焦點皆在婚姻，

B　編註：目前全球的醫療服務模式大約可分為四種：以社會福利制度為主的「貝佛里奇模式」（Beveridge Model）、社會保險制度的「俾斯麥模式」（Bismarck Model）、融合上述兩種的「單一支付者模式」（Single-Payer Model），還有由市場機制主導的「自付模式」（Out of Pocket Model）。採用「貝佛里奇模式」的代表國為英國，其醫院及醫療人員都所屬於政府，醫療福利被視為一項「權利」，醫療體系的主要收入來源為稅收，但也因為醫療體系皆為公營，常常供不應求，看診等待時間過長、醫療品質與效率也相對低落。而「俾斯麥模式」在大部分的歐洲國家皆採用此模式，如法國、比利時、荷蘭等等，該模式的特點是透過私營的醫療體系來解決公營醫療體系無效率及低品質的問題，雖然國家要求每個人都須納保，也有針對健保費做一定程度的規範，但人民可以透過自己的收入程度與需求各自與各保險公司簽訂合約。不過「俾斯麥模式」的缺點，就是公民所受到的醫療品質與服務其實是與薪資高低成正比的，因而加強了社會階級的差異。而「單一支付者模式」則是融合了上述兩種模式的優點，該模式要求每個人也都須納保，保費依照薪資階級繳納，且所有保費皆由政府統一控管，再由政府支出給國家各醫療機構。台灣與加拿大便是採用「單一支付者模式」的代表國。而「自付模式」最出名的代表國便是美國，該模式不將醫療視為「權利」，是一種使用者自付的概念。

會削弱致力於爭取未婚異性伴侶與其他家庭形式的認可之努力。既然 75％的美國人口都居住在不承認同性伴侶的州，同居伴侶福利對同志組織與同志個人來說，在爭取權利的規劃藍圖上占據重要的位置，而這對異性戀以及未婚同志伴侶來說都是好事。一位男同志或女同志能透過同居伴侶福利來保障另一方的同時，約莫就有九位異性戀伴侶也獲得同樣的保障——而這多半都要歸功於 GLB 運動人士的努力，在全國各地領導了爭取職場同居伴侶的福利。[14]

在有些麻州的雇主宣布「同婚通過後即撤銷同居伴侶福利」之時，包含反婚派以及同婚支持者等許多人都相當洩氣。這些雇主中有些人提供了未婚異性戀伴侶的保障，現在這些伴侶也將失夫他們的利益。然而，多數提出這個想法的企業最後並**沒有**裁撤伴侶保障，[15]只有寥寥可數的幾間企業裁撤伴侶福利，這些通常都是只雇用當地人的企業以及那些沒有給予異性戀員工未婚伴侶福利的公司。目前的證據顯示，要改善各種家庭及單身者的生活並不需要抱持著零和（zero-sum）[c]的心態，或是延遲數以萬計已婚或已締結民事關係的同性伴侶，以及其他許多有這樣心願的人所要追求的平等夢想。

反婚派認為，在政治努力中轉移目標也有附帶的後果，本來可以用在其他議題上的財務資源變少了，反而大大削弱了這些努力。但是將福利與婚姻拆開來的替代策略就能大幅加速而達成社會目標的嗎？例如獲得全民健保或是減少貧困情況？這是很難想像的。且有證據顯示，在絕對數量上及相對數量上的批評者，都過分誇大了投入婚姻議題的資源量。

金錢能方便衡量投入在 GLB 運動中的資源，這個運動涵蓋的議題不是只有婚姻。近期幾項研究紀錄顯示，與其他議題的政治支援與資金相比，同志組織的資金金額相當小。在二〇〇四年，各基金會與其他資助者提供了五千萬美元支持 GLB 議題與組織；[16] 這看起來好像是鉅款，但是美國基金會研究中心（Foundation Center）追蹤的補助金金額約三百二十億美元，而支持同志的資金只占了 0.1％。當然，並不是所有經費都來自於基金會，拿美國六十三家規模最大的同志倡議組織的總預算來看，我們會發現他們二〇〇一年經費收入約莫只有三千八百萬美元左右。[17]

要把支持婚姻平權的經費單獨抓出來算比較難，但是有兩項研究顯示，只有一小部分的補助款與組織預算分配給了婚姻平權的工作。同志組織拿到的基金會經費只有十分之一

C　編註：零和（zero-sum）的概念就是「一方所得便是另一方所失」。

是投入婚姻平權議題的工作，換算下來約為五百六十萬美元左右；[18] 雖說除了基金會之外還有個人與其他來源贊助的經費，這個數字大概是投入同婚運動的最低金額。美國社會運動進展計畫（Movement Advancement Project）蒐集了近期大型同志組織的資料，數據顯示有十六間組織列出了二〇〇六年包含婚權議題的目標，而這些組織二〇〇六年的預算總額為八千一百萬美元。這當中只有兩個組織專門推動婚權，其餘組織的工作涵蓋了許多其他的目標，包含健康、歧視、青少年等其他議題。針對綜合議題組織的預算，加權計算與婚權目標有關的比例，得出較高的數字約是兩千八百萬美元，而這是對婚權費用工作上相當寬鬆的經費估算。二〇〇六年反同（以及挺同）的投票措施經費，再加幾百萬美金上去，得出的數字約為三千萬美元。二〇〇八年挺同婚人士花了超過三千三百萬美元的費用保住加州的同婚權。

現在我們來想像一下如果這筆錢統統花在其他重要議題上會發生什麼事。二〇〇八年，各基金會注入了共十八億美元的資金支持社會正義相關議題，包括經濟發展、普惠健康照護、居住權或公民權。[19] 每年五百甚是五千美元的經費差距，對社會正義經費來說都只是九牛一毛。如果近二十億美元的基金會支出都不足以終結無家可歸與歧視問題，那麼就算再多個五千萬，也不太可能在這些議題上獲得大幅進展。

又或者，我們也可以來想想健康照護改革。推動全民健保時，五百美元或五千美元能幫我們買到什麼？不多。美國羅伯特‧伍德‧強森基金會（Robert Wood Johnson Foundation）[D]資助各種不同的計畫來改善健康照護與研究，落實他們的目標，包括「確保所有美國民眾都能以合理的支出獲得優質的健康照護」。[20]在二〇〇五年，這個投入健康照護改革的組織挹注了近三億七千萬美元在相關計畫上。健康照護與貧窮、無家可歸等其他社會正義議題一樣，都是複雜的公共政策議題，所吸納的倡議資源讓支持同婚的資源相形見絀。

不論從哪個角度來看，同婚的經費讓其他議題在政治上帶來不小打擊的想法是相當牽強的。當然，從婚權中撥出經費給其他議題，哪怕只有些許，也會讓反婚派滿意。在個人層次上，我可以理解某些男女同志的感受，他們寧可為其他

D　編註：羅伯特‧伍德‧強森基金會（Robert Wood Johnson Foundation）為美國最大的慈善機構，該機構專注於健康方面的議題。該基金會的目的是希望可以通過捐贈款來改善所有美國人的健康狀況。

自己覺得更重要或更迫切的議題努力；時間是非常寶貴的，政治運動人士想選擇讓自己熱血沸騰的議題來努力也是人之常情，不論何種性傾向皆然。然而我認為反婚派犯了一個錯誤——是否要積極投入婚權運動，並致力在 GLB 運動中婚姻平權的部分成長——我認為這算是「個人的決定」。

如果婚姻平權的政治運動今天解散了，同性伴侶還會贏得婚權嗎？要怎麼贏呢？反婚派指出在贏得婚權或註冊伴侶權的歐洲國家，同性伴侶就是證據，婚姻去制度化能讓同性伴侶權益進步。[21] 有些人認為，要搭上這波去制度化的浪潮，且為了達到許多要靠婚姻才能滿足的需求，應該要強調支持多元家庭，這才是一個更好的策略。[22]

我同意這兩大社會與政策趨勢是有關聯的，而在第九章中我將表明，同居伴侶的比例是推測哪些國家會制定這些法律最好的預測指標。然而，下滑的結婚率並不是同志運動的策略，這反而是異性戀實際的人口結構現象，進而導致家庭政策改變——並沒有政治運動來推動這些變化。在每一個同性伴侶贏得結婚權或註冊伴侶權的歐洲國家，都有男女同志運動在前領頭努力。我在第九章也會提到，對政策修訂而言，政治參與是相當重要，因為政治人物是不會行動的。

針對同志運動議題優先順序的論戰中，我不禁想到猶太拉比希勒爾（Rabbi Hillel）常為人引用的一段話：「**如果我都不顧自己了，誰還會顧及我？若我只顧著我自己，那我又算哪種人？此時不待，更待何時？**」，婚姻能帶來社會認同、文化相通、法律牽絆，對男女同志運動者來說，放棄贏得婚權的明確承諾，就等同放棄了那些重視且追求上述權利的同志伴侶。有超過八萬對的美國同性伴侶，以及在世界各地數量更多的他們 —— 用行動表達他們的不滿 —— 他們前往聖壇或是縣市書記處，利用婚姻平權運動的成功。還有更多的人在努力爭取婚姻平權，許許多多成千上萬的人，若情況允許他們肯定會結婚。

這三百多位「不是只有同婚」聲明的連署人表示，婚姻平權運動忘記了希勒爾名言的後半部。他們為許許多多的家庭喉舌，但這些家庭的家長並非同性伴侶或已婚異性戀，當人們在為同性伴侶爭取認同與權利的過程中，這些家庭被遺忘了。如我先前所述，反婚派為省事隱去了一項事實 —— 持續在發展中的婚姻平權運動，其早期獲得的某些成就，亦即同居伴侶福利，實際上幫助到的異性戀比同志還多。更有甚者，幾乎所有爭取婚姻平權的同志組織也對抗著因性傾向所造成的其他不平等情況，如職場歧視、親職議題、青少年議題等。

如果現在不是社會運動者追求婚姻平權的時機，那何時才是？一如美國同婚運動領袖伊凡・沃夫森（Evan Wolfson）所言，那些註冊伴侶權、民事結合、提升同居伴侶制的妥協法律身分，全都是因為同志為了要爭取婚權才出現的。[23] 杯子已經有四分之一滿——在全球十八個國家以及美國某些州（居民人數占美國總人口四分之一）[E]，婚姻平權運動成功為同性伴侶爭取到重要法律認同。婚姻平權要在美國實現得等到婚姻不再有法律或社會價值之時，這種說法對婚姻延續不斷的文化價值（同性或異性伴侶皆有如此看法）不利，也不利於那些因獲得婚姻權利與責任而改善生活的人。

我認為歷史會帶出不同的觀點——對於社運分子來說，婚權運動是一個派別。在麻州及美國其他社運活躍的州，GLB 族群都已經知道他們選出的民代的姓名、住址甚至是長相，知道要去哪裡找民選首長，當同志伴侶發現他們的結婚證書無法保證他們獲得像樣的薪資、健康照護或其他家人需要的公共服務時，有點政治經驗可能就很方便了。

由於男女同志、雙性戀、跨性別群體相當多元，他們所面對的各種挑戰肯定無法全藉由婚姻平權解決，特別是那些與異性戀有共通的困境。且說到底婚姻本身也並無問題。我認為，同婚反婚派的政治恐懼與推測已經膨脹到不成比例，就和反婚姻平權的保守宗教人士一樣。

同婚是否會讓沒結婚的男女同志及雙性戀成為邊緣人？

反婚派所表達的第三種憂慮就是沒結婚的男女同志及雙性戀是否會成為邊緣人 —— 我也擔心這點。如果同性伴侶可以選擇，也真的選擇結婚了，讓某一種類型的同志家庭能為社會所接受，但其餘的人會如何呢？

單身男女同志、獨自撫養小孩的人、沒有與伴侶結婚的人、跨性別者的家庭、[24] 不與伴侶住在一起的人、與不只一位成年人互相扶持形同家人的人（不論是否有性關係），上

E　編註：截至二〇一九年，全球已有二十八個國家在法律上全國性或部分區域實行同性婚姻，包含荷蘭、比利時、西班牙、加拿大、南非、挪威、瑞典、葡萄牙、冰島、阿根廷、丹麥、巴西、法國、烏拉圭、紐西蘭、英國（北愛爾蘭即將生效）、盧森堡、墨西哥（部分地區）、美國、愛爾蘭、哥倫比亞、芬蘭、馬爾他、德國、澳洲、奧地利、中華民國（臺灣）及厄瓜多。
亞美尼亞、艾沙尼亞以及以色列則是承認在他國合法結婚之同性伴侶之法律效力。

述這些都是在 GLB 社群中除了同居的同性伴侶以外看得到的家庭形式。[25] 反婚派擔心一旦婚姻成為了選項,與成婚的「好同志」("good" gay people)對比,這些不一樣的家庭會被排擠,被貼上「壞同志」("bad" gay people)的汙名。最起碼,結婚可以提升某些同志與同志家庭的地位,且能凌駕於他人之上。[26] 我猜,我的朋友之所以會對結婚一事如此冷淡,大概就是因為這是他們最切身的憂慮;比方說一位單身的朋友向我抱怨:「結婚之後你就會獲得我所沒有的特權了。」

首先,我不禁意識到了這個論點與反對同志擁有結婚權利的保守派只有一步之遙且岌岌可危。保守派有時候會創造出新的法律身分,寧可將關係長久、堅定相守的同性伴侶比擬成住在一起的成年手足或是兩位室友(更多討論請見第八章),也不願意接受同性伴侶可以與已婚的異性伴侶一樣,能獲得相同權利的可能性。不論是對同志反感(保守人士),抑或是對婚姻反感(反婚派),這兩種情形的結果是相同的:男女同志伴侶依然無法與異性戀平起平坐。

話雖如此,思考著是否會因為同志能結婚反讓不平等的情況變本加厲,這倒是很合理。一旦某些同志伴侶結婚,而其他未婚的 GLB 族群(不論是因為他們沒有伴侶,或是因為他們不想與自己的伴侶結婚），可能會比那些明顯已婚的伴侶感到突兀及脆弱，且更容易被視為欠缺社會美德。在英國，法律學者蘿絲瑪莉・歐丘慕提（Rosemary Auchmuty）覺得產生汙名的危險不大，因為現在未婚的異性戀伴侶很常見，大家也接受這就是多元家庭的正常型態之一。她指出英國與許多歐洲國家一樣，未婚的伴侶也愈來愈為法律所接受，已婚與未婚者之間的法律與社會地位差距更小了。

美國在承認未婚伴侶法律權益方面進度完全落後，但是家庭觀念的調查卻顯示，長久下來美國人對於多元家庭的接受度愈來愈高。家庭學者厄蘭・索頓（Arland Thornton）與琳達・楊德瑪科（Linda Young-DeMarco）追蹤了自一九七〇年代以降美國人對婚前性行為、離婚與未婚同居的態度，他們發現這幾年美國人對於各式各樣的家庭配置態度開放多了。[27] 在年輕人中，態度的變化最為驚人；比方說只有不到兩成的年輕人認為同居破壞社會制度或是道德沉淪。[28] 年輕人幾乎都支持未婚生子，只有少數（約三分之一）認為未婚生子對社會有害且是道德問題（我在第五章提出的調查結果也支持這些結果）。

對於未婚家庭接納程度愈來愈高的趨勢只有一個例外，那就是單偶制，亦即單一的關係。該研究顯示愈來愈多美國人支持專一的感情關係，這包括大多數的女性和男性 —— 不過男性稍微少一點。這樣的趨勢大概有助於說明了為何「不是只有同婚」聲明裡有句話引來嚴厲的批評，該聲明旨在「『不只一位配偶的忠誠、充滿愛的家庭』也要有追求平等的權利」；反婚派擔憂多配偶或多伴侶關係並不會隨著同性伴侶可以結婚而獲得尊重，從美國民眾對非單一關係的強烈反對終能看出，反婚派的擔憂大抵是正確的（同時也要注意，從同樣的研究結果來看，保守派擔心同性婚姻會引發滑坡效應，造成多偶制婚姻合法是相當離譜的）。

因為我們生活在一個貧富差距愈來愈大的時代，婚姻可能也會牽涉到經濟或階級的等級制，這是另一個潛在問題。有些學者擔心近期的結婚趨勢可能助長了貧富差距，針對異性戀伴侶的研究證實，婚姻把兩個相似的人綁在一塊，而幾十年下來，這樣的拉力愈來愈強大。現在受過高等教育的男性與受過高等教育女性的結婚機率比起過往高上許多；而從另一個角度來看，愈來愈多高收入的男性與高收入的女性結婚。[29] 有些經濟研究似乎支持了這種看法，也就是說，如果結婚的人都順著目前這個結婚的模式來走，隨著愈多人結婚，富裕的家庭與貧窮的家庭間的差距也會愈來愈大。[30]

不過我並不認為同性伴侶獲得婚姻平權會加劇同志社群

內的收入差距。一來，即便是不能結婚，同性伴侶早就展現出會與相同類型的人結為伴侶的模式。[31] 同居的異性戀伴侶在許多方面也與已婚伴侶很相像，例如與同類型的人結為伴侶、比單身者的家庭收入更高等等。

另一個原因是結婚可以「降低」家庭間的不平等。[32] 兩人結婚成家等於多了另一個人的收入來養家，因為配偶間會共享收入，且因為兩個人共同生活的支出會低於兩人單獨生活的支出（經濟學家稱這個叫「規模經濟」）。這些因素讓兩個相對收入低的家庭結為一個收入較高的家庭，因此降低了家庭間的不平等。這種婚姻的對比效果突顯了婚姻本身就是收入重新分配的制度。幾項經濟研究顯示，比起丈夫與妻子收入間攀高的關聯性所造成的不平等，家庭間愈「不」結婚，造成的不平等反而更嚴重。[33]

也因此，結婚的同性伴侶變多並不會讓不平等變本加厲；對本來就住在一起的已婚伴侶來說，短期也不會有太多變化。伴侶獲得最大的經濟好處根本不是來自婚姻，而是因為兩人結為一對。其實，我認為主要的社群議題來自成雙成對本身，還有結婚讓伴侶更加引人矚目。對於婚姻的擔憂反而可能較少，相比之下若不是由兩位成人組成的家庭（不論是否有小孩）都會讓人觀感不好；即便是單身人士之於新婚配偶的相對經濟和政治地位沒有明顯的變化，單身者也會更加突兀，且自己也會感到與他人有所不同。

蘿絲瑪莉·歐丘慕提也做了類似的解釋，即便不考慮婚姻帶來的物質利益，朋友要結婚的可能也會讓人情緒不佳。「（幸福成雙成對的人）每天可以安心生活，知道自己已經順利找到了愛情，**有人要了**，突顯出沒人要的單身者或是不巧分手的人。」她總結出了一個可能的觀點，「他們都已經擁有這麼多了，為什麼還要額外的特權？」那些像我一樣，在人生中經歷過大把單身時光、同時也談過多場不錯戀愛的人，其實可以理解一段健康、相互扶持又堅定的感情關係能帶來幸福與安全感，這是真正的恩賜，不應該視為理所當然。

我也想了解在同志社群內，婚姻論戰的情感核心中是否也存在著這些憂慮。我在這裡要說的絕對不是忌妒，也不是在說沒有伴侶的人都會想要找個長期交往的伴侶。如果無法結婚，同性伴侶是法律上及象徵意義上的單身，這種情況及法律身分與實際單身的人沒什麼不同。某種意義上來說，同性伴侶與他們單身的朋友以前在象徵意義上是團結一體的（大多數人現在依然是），他都是法律上的獨身者，雖說並非都出於自願，但至少在法律上看來的確是如此。那麼婚姻看起來就像是放棄了團結一體一般，並明確地表達一個人與另一個人有感情關係，且這與友情不同。單身的人可能會有的負面感受顯然實質上與結婚的經濟效應感受不同，但是這就是與婚姻平權有關的文化變化結果，這種感受絕對真實且有意義。

這種情緒反應可能也與生活的其他社交層面有關。有些社會學家主張婚姻是「貪婪的」，伴侶與彼此相處的時間增加了，剝奪了與父母、朋友及其他家人相處的時間。顯然並非所有研究都找到這種規律，但是娜歐蜜・葛斯泰（Naomi Gerstel）與娜塔莉亞・薩齊希安（Natalia Sarkisian）近期在美國的幾項謹慎研究中顯示，相較從沒有結婚或先前結過婚的人來說，已婚者花在交際、支持與其他人的時間相對較少，[34] 已婚人士「受到」他人的協助也比較少。不過我們並不清楚為何比起單身者，已婚人士較不依賴他們的家族與朋友圈。另一種解釋認為其他人認為已婚人士較不匱乏，因此就有了相應的待遇。[35] 然而，研究也提醒了我們，成雙成對（婚姻可能也是）可能會拉近伴侶與伴侶間的關係，卻遠離朋友與社交活動。

就文化層次上來說，兩人之間凝聚了更強烈的法律與社會羈絆，可能代表會削弱了其他之於 GLB 族群認為的家庭關係。凱絲・衛斯頓研究了一九八〇年代舊金山地區的同志親族關係（kinship），她發現親密的朋友、親戚甚至是舊情人串起了豐富的家庭聯繫網絡。她擔心愈是關注伴侶與孩子，會造成其他「另類家庭」（chosen family）[F] 的紐帶凋零，抑或是這種家庭紐帶一開始便不再形成。[36]

然而，要用衛斯頓的研究來說明婚姻威脅到獨特同志家庭的存在也很難。一來，我們不知道舊金山的家庭模式在美國同志社群間有多麼普遍；此種家庭的形成可能只反映了特定的時間與當地文化，也可能是在劇烈變化的法律與政治環境下應運而生的結果。親族網絡中成員間的關係力度也很容易被誇大，衛斯頓的研究顯示，即便一對伴侶是同志另類家庭的親戚間的一分子，他們倆人之間的伴侶關係也會更加緊密，尤其是經濟上的關係。換句話說，在同志社群看到同居伴侶制與同婚未來有望之前，在這些較大的家庭結構中似乎具有不同的地位。

除了這些實證研究的議題之外，如本章先前討論過的，期盼有特殊的同志家庭形式，助長了同婚反婚派的憂慮；我認為即便這類家庭曾經四處可見又牢固，也很難將「另類家庭」的式微歸咎到同婚上。同志生活中許多其他面向發生了變化，都可能造成相同的私隱化拉力。有愈來愈多的 GLB

族群開始撫養小孩；隨著反歧視法與大眾的態度為 GLB 族群社會中創造了更廣泛的空間，讓同志可以坦然生活，在住房與就業機會也改善了。在早期愛滋盛行年代，同志特別需要社群，這種需求大概也隨著治療與公共政策的改善而降低。屬於戰後嬰兒潮的同志在二十一世紀老去，衍生出許多時間與其他資源上的生活與工作需求，例如重新安家的決定、退休儲蓄、照顧老邁雙親或儲蓄孩子的教育經費等，這些可能讓大家族更難形成與維繫。[37] 換句話說，除了結婚以外，為何異性戀就沒有生活在類似的「另類家庭」的大家庭環境裡呢？其實還有其他原因，同志生活在同樣的社會裡，隨著不平等減少，我認為同志生活的演變模式會與異性戀家庭趨近相似。

一個人可以在政治上選擇對抗潮流與其他社會和經濟壓力，努力打造出不一樣類型的社群。不過我要說的重點並不

F　編註：另類家庭（chosen family 或 alternative family），也稱「選擇家庭」，此種家庭概念的意義是要延伸「家」的定義，亦即「家」不再是以親屬關係作為必要的元素及基礎，但卻依舊有「共同永久生活之目的」、以及同居在一起之必要性。另類家庭的組成成員可以是沒有血緣關係的朋友、情人，也可以是有血緣的血親與親屬，只要視彼此為「家人」就可以締結為一個家庭。

是這些家庭的選擇有優劣，也不是要駁斥反婚派的前題假設。為了要保住另類家庭而反對爭取婚姻平權，事先就假設了只要「不」爭取或是「不要」贏得結婚權（或在可以的情況下選擇不結婚）就能保住另類家庭，但我看到了其他壓力仍可能破壞這些紐帶。

　　同樣的，爭取婚姻平權並不一定就代表就想要放棄核心家庭之外的重要親情連結，婚姻多數的意義都來自於社會脈絡與公開本質。而婚姻一直有一項功能，也就是在家庭與家庭之間建立新的社會紐帶（social ties）[G]，儘管隨著家庭在經濟和政治支持中的重要性逐漸式微，而這項功能也隨之減弱。[38] 從這個角度來看，或許婚姻可以是一種建立新社會與文化關係的途徑，串聯更廣大的家庭網絡，而不是只圍繞著狹隘的核心家庭形式串連關係。一如同性伴侶挑戰了丈夫與妻子老套的性別歧視角色（起碼在同志的兩人感情關係中是如此），或許同志伴侶可以帶來一種新的婚姻形式，讓已婚人士回歸外界社群。

　　同志社群與家庭生活的歷史告訴我們，即便結了婚，同性伴侶依然會感受到社會與道德的拉力，其他人也會成為他們生活重要的一分子。人類學家艾倫・勒文（Ellen Lewin）的著作中可以看見，同性伴侶互許承諾儀式展現了同志伴侶渴望能彰顯、加強甚至是建立血緣家庭與另類家庭間的紐帶，以及這對伴侶與其多元群體間的聯繫。[39]

在荷蘭，我觀察到最明顯的方式是伴侶會在婚禮上邀請朋友和家人的參與。比方說，奧圖與布拉姆在劇場藝術節的表演之後，便在舞台上結婚。婚禮前他們發給親友心形的發光扣子讓大家在演出時配戴，以便區隔出親友以及在婚禮前離場的陌生人，這種做法象徵性地將親友團結起來，與其他非親友的觀眾有所區分。艾倫與薩絲琪雅想要將他們生命中四散在全球各地的孩子們聚在一起——外甥外甥女、姪子姪女、乾兒子乾女兒——讓他們都能參與婚禮。而其他要結婚的伴侶有的則是讓姐妹或朋友（或兩者一起）主持部分的典禮；在象徵意義上，伴侶讓另類家庭與傳統家庭共同參與可以視為是家庭圈的延展而並非縮小了。

同時我也知道，這種婚姻觀念是雙方個體結合了另類家庭與傳統家庭，這會牽涉到制度層面的期待，也因此與去制度化的概念以及當代意義的新興理念有所衝突。安德魯・薛林想思考了為何婚姻依然如此普遍，至少在美國還很常見，他認為婚姻的意義已經不同了：

G　編註：社會紐帶（social ties），亦稱社會聯繫、社會連結。

（結婚）已經從合群的標記演化為聲望的標記。結婚是一個人建立的地位⋯⋯婚姻過去是成人個體人生的基石，而今，婚姻有時候是人生的頂點。結婚成了需要透過個人努力才能達成的成就，而非因循舊例就能得到的。[40]

　　從薛林的觀點來看，婚姻（尤其是婚禮）重點是兩人結婚的人生成就，而非兩個家庭間的融合抑或是其他婚姻的目的。雖然婚姻可以作為制度來形塑關係的變化，也可以視為是一種成就。因著這樣的模糊界線，當一位同志伴侶要結婚的時候，他的朋友並不會特別感受到這個結婚的過程，即便婚姻實際上是擴大而非縮小了他們的家庭範圍。

　　這些席捲同婚論戰的政治、文化與人口結構的旋風為變革創造了動盪。由於曾經定義同志「社群」的某些價值看起來受到了婚姻的挑戰，同志社群從遭排擠走到被廣大文化接納的這條路可能不會一路順遂。針對文化與意識形態分歧以及同婚可能在男女同志社群裡造成的痛苦感受，我們可以做些什麼呢？老實說，我不是很確定，且讓經濟學家來探討這個領域也相當困難。意識到歧異與不同的觀點存在是很重要的第一步，在目前論戰的脈絡底下，不接受但尊重別人的觀點也是很重要的共識。

　　時間久了，社群裡的婚姻倡議者大概可以證明他們沒有拋棄還未結婚的同志朋友或自己的其他政治原則，或許可以減輕一些反婚派的憂慮。可能時間一久，隨著人們感情關係開展、演變、終結，或是其他文化與政治的處境讓大家重新評估婚姻制度，雙方陣營的個人觀念也可能會改變。我預測社群裡關於婚姻緊張的局勢最後會減輕，雖然在一個全面平等的世界裡，GLB 族群可能要重新探索並理解認同同志身分所代表的意義。隨著平等到來，爭取婚姻的社會與政治戰爭偃旗息鼓，就身為 GLB 族群所代表的意義而言，政治在當中扮演的重要性可能會變小。

　　本章與前一章透過婚姻的研究、荷蘭與其他地方的已婚同性伴侶經驗，皆顯示了婚姻可以改善 GLB 族群的生活，不論是哪方面的改善，如改善健康、更加穩固的財務情況、受到外界社會接納的感覺抑或是與雙親感情更好……等。不過獲得結婚權可能也是要付出些代價的，儘管我懷疑已婚同性伴侶會落入傳統婚姻窠臼，遇到其附帶的問題（例如離婚後容易陷入貧困或是被逼接受束縛的性別角色），且同志社群裡的衝突已經升高了。不過我之前也提過，事實顯示若說真有政治代價的話，GLB 社群要付出的代價相對要小；在制度上獲得法律平等，文化衝突就是政治收穫的衍生代價。社群的心理和道德團結可能會因為婚姻的關係而遭受到威脅，雖然我猜測隨著婚姻愈來愈普及化，且與伴侶生活相比婚姻的影響其實是微不足道的，不過這樣的裂痕終究會被修復。在一個平等的世界裡，重新定義身為男女同志與雙性戀的意義，可能會需要費點工夫。

在這個大環境下，有些男女同志與異性戀會有感於政策的改變——獲得結婚的權利看作是淨獲益，然而其他人會覺得是種淨損失。新的法律環境下，GLB 族群以及同性伴侶依舊要在個人自主、新的社會期待、感情關係需求與社群參與之間的這些舊衝突中掙扎。雖然有些人認為對異性戀伴侶來說，婚姻的重要程度已式微，社群間的爭論、甚至是個人內心的衝突都顯示婚姻所蘊含的意義高過於學者的認知。不論是對異性戀還是 GLB 族群來說，通往改變之路都不會單純順遂。

註釋

1　如 Wyatt Buchanan 引述 "Alternative to same-sex union," *San Francisco Chronicle* (July 27, 2006).

2　Robert George, "First things blog: Beyond gay marriage," http://www.firstthings.com/onthesquare/?p=330 (August 2, 2006) (accessed July 29, 2008); Robert George, "First things blog: Same-sex marriage and Jon Rauch," http://www.firstthings.com/onthesquare/?p=373 (August 10, 2006) (accessed July 29, 2008); Stanley Kurtz, "The confession: Have same-sex marriage advocates said too much?," *National Review Online* (October 31, 2006).

3　Jonathan Rauch, "Independent gay forum: Not so fast, Mr. George," http://www.indegayforum.org/blog/show/31025.html (August 2, 2006) (accessed February 15, 2007); Carpenter, "The Volokh Conspiracy: Left, right, and betwixt on gay marriage and polygamy," August 3, 2006, http://volokh.com/archives/archive_2006_07_30_2006_08_05.shtml/#1154616146

4　Gert Hekma, "Queer: The Dutch case," *GLQ: A Journal of Lesbian and Gay Studies* 10 (2004): 276–280.

5　Pamela Lannutti, "The influence of same-sex marriage on the understanding of same-sex relationships."

6　Egan and Sherrill, "Marriage and the shifting priorities of a new generation of lesbians and gays."

7　Schoenberg, "Our love is here to stay"; D'Augelli et al., "Lesbian and gay youths' aspirations for marriage and raising children."

8　見 Coontz, *Marriage: A History*，世界上許多地方常見多偶制的討論請見 Judith Stacey, "Backward toward the postmodern family: Reflections on gender, kinship and class in the Silicon Valley"。關於包含這些家庭關係形式的異性戀中心家庭討論，見 *Rethinking the Family: Some Feminist Questions*, ed. Barrie Thorne and Marilyn Yalom (Boston: Northeastern University Press, 1992).

9　Simmons and O'Connell, *Married Couples and Unmarried Partner Households*.

10　Franke, "The politics of same-sex marriage politics," 244.

11　"Beyond same-sex marriage: A new strategic vision for all our families & relationships" (2006), http://www.beyondmarriage.org/full_statement.html; Kath Weston, "Families in queer states: The rule of law and the politics of recognition," *Radical History Review* 93 (Fall 2005): 122–141.

12　Robson, "Resisting the family: Repositioning lesbians in legal theory"; Richard Kim, "The descent of marriage," *The Nation Online* (February 27, 2004), http://www.thenation.com/doc/20040315/kim; Nancy D. Polikoff, "N.J.'s historic 'civil union' opportunity," *Philadelphia Inquirer* (October 27, 2006).

13　見 M. V. Lee Badgett, *Money, Myths, And Change: The Economic Lives of Lesbians and Gay Men* (Chicago: University of Chicago Press, 2001) 有更詳細的討論。

14   Ash and Badgett, "Separate and unequal"; Badgett, *Money, Myths, and Change*; Nicole Raeburn, *Changing Corporate America From Inside Out* (Minne- apolis: University of Minnesota Press, 2004).

15   布蘭頓（Blanton）引用了一項研究，內容指出 91％的提供同居伴侶福利的新英格蘭地區雇主會繼續提供；Kimberly Blanton, "Benefits for domestic partners maintained," *Boston Globe*（二〇〇四年八月二十二日）；也可見 Steve Wasik, "State of the (same-sex) union: The impact of same-sex marriage on HR and employee benefits," 研究於 Out & Equal Conference 會議上發表（二〇〇五年九月二十二日），http://www. outandequal.org/summit/2005/work-shops/documents/ StateofSameSexUnion.pdf (accessed February 11, 2007). 他在翰威特諮詢公司（Hewitt Associates）的一項報告中發現，只有不到 1％的雇主提供了國內民事伴侶福利，因而降低了麻州的保險覆蓋率。

16   Funders for Lesbian and Gay Issues, *Lesbian, gay, bisexual, transgender and queer grantmaking by U.S. foundations* (calendar year 2004) (2006), http://www.workinggroup.org/files/LGBTQ_ funding_20041.pdf.

17   Marci L. Eads and Matthew C. Brown, *An Exploratory Look at the Financial Side of the Lesbian, Gay, Bisexual, and Transgender Rights Movement* (Denver: Gill Foundation, 2005).

18   Funders for Lesbian and Gay Issues, *Lesbian, gay, bisexual, transgender and queer grantmaking by U.S. foundations* (calendar

year 2004).

19　Independent Sector and the Foundation Center, *Highlights of Social Justice Grantmaking: A Report on Foundation Trends* (2005), http://foundationcenter.org/gainknowledge/research/pdf/socialjustice.pdf.

20　Robert Wood Johnson Foundation, http://www.rwjf.org/about/mission.jhtml (accessed November 30, 2006).

21　「不是只有同婚」聲明指出這點。John D'Emilio, "The marriage fight is setting us back," *Gay & Lesbian Review* (November/December 2006): 10–11，針對美國脈絡的變化也有類似的說法。

22　見 Lisa Duggan and Richard Kim, "Beyond gay marriage," *The Nation* (July 18, 2005).

23　Evan Wolfson, *Why Marriage Matters: America, Equality, and Gay People's Right to Marry* (New York: Simon & Schuster, 2004), 136.

24　讓同性伴侶結婚應該會讓跨性別者結婚容易一些，因為這樣結婚再也不需要國家決定每個人的法定性別。以加州為例，結婚證書現在不需要註記性別。見 Celia Kitzinger and Sue Wilkinson, "Genders, sexualities, and equal marriage rights," *Lesbian and Gay Psychology Review*, 7 (2006): 174–179.

25　見 Kath Weston, *Families We Choose: Lesbians, Gays, Kinship* (New York: Columbia University Press, 1991) 關於〈我們選擇的家庭〉（"family we choose"）之篇章的討論；也可見 Green, "Risk and resilience in lesbian and gay couples".

26 比如可見 Warner, *The Trouble With Normal*；Judith Levine, "Stop the wedding! Why gay marriage isn't radical enough," *Village Voice* (July 23–29, 2003) (accessed February 15, 2007).

27 Arland Thornton and L. Young-DeMarco, "Four decades of trends in attitudes toward family issues in the United States: The 1960s through the 1990s," *Journal of Marriage and the Family* 63 (2001): 1009–1037.

28 同上，p. 1024。

29 教育部分請見 Christine R. Schwartz and Robert D. Mare, "Trends in educational assortative marriage from 1940 to 2003," *Demography* 42 (November 2005): 621–646；收入部分請見 Megan M. Sweeney and Maria Cancian, "The changing importance of white women's economic prospects for assortative mating," *Journal of Marriage and the Family* 66 (November 2004): 1015–1028.

30 經濟學家蓋瑞・博勒斯（Gary Burtless）呈現了丈夫與妻子收入連結變得更緊密，一九七九年至一九九六年間，將個人收入不平等推高了 13%；Gary Burtless, "Effects of growing wage disparities and changing family composition on the U.S. income distribution," Center on Social and Economic Dynamics Working Paper no. 4 (1999).

31 Lisa K. Jepsen and Christopher A. Jepsen, "An empirical analysis of matching patterns of same-sex and opposite-sex couples," *Demography* 39 (August 2002): 435–453.

32 Burtless, "Effects of growing wage disparities and changing family

composition on the U.S. income distribution."

33　同上。其他研究證實，就算連同居率提升這點一起考量，已婚人士比例下滑是家庭收入不平等的主要原因之一；Mary C. Daly and Robert G. Valletta, "Inequality and poverty in United States: The effects of rising dispersion of men's earnings and changing family behaviour," *Economica* 73 (February 2006): 75–98.

34　Naomi Gerstel and Natalia Sarkisian, "Marriage: The good, the bad, and the greedy," *Contexts* 5 (Fall 2006): 16–21; Naomi Gerstel and Natalia Sarkisian, "Intergenerational care and the greediness of adult children's marriages," in *Interpersonal Relations Across the Life Course*, ed. Timothy J. Owens and J. Jill Suitor (Greenwich, CT: Elsevier/JAI Press, 2007), 153–188.

35　Gerstel and Sarkisian, "Marriage," 提出這個可能性。

36　Weston, *Families We Choose*, 209.

37　見 Badgett, *Money, Myths, and Change*，有更詳盡的討論。

38　Coontz, *Marriage: A History*.

39　Lewin, *Recognizing Ourselves*.

40　Cherlin, "The deinstitutionalization of American marriage," 855.

第
8
章

同床異夢

評估婚姻的替代方案

Strange Bedfellows

Assessing Alternatives to Marriage

在二〇〇六年的冬天,科羅拉多州掀起了一場詭異的政治論戰。「科羅拉多州人民守護婚姻組織」(Coloradans for Marriage)推動連署,要在十一月大選投票修憲禁止同性結婚,這個組織背後有兩個保守宗教組織支持,分別為「全國福音派協會」(National Association of Evangelicals)及「關注家庭組織」(Focus on the Family)。另外一個不同的組織「科羅拉多州人民守護公正與平等組織」(Coloradans for Fairness and Equality)為了同性伴侶權益,開始推動全面的同居伴侶法案,也要在十一月的大選投票決定。

但一位保守派州參議員蕭恩·米歇爾(Shawn Mitchell)卻搶走了舞台焦點。米歇爾推出了一套法案,制定出新的「互惠受益人」身分,作為同居伴侶法的替代方案。只要是兩位成人,包括同性伴侶、兩位手足或兩位朋友,都可以成為互惠受益人並確立幾項權利,包括繼承權與醫療決定權——反正只要伴侶不能合法結婚就行。雖然該法案從頭到尾都沒有通過立法委員會,科羅拉多州當初很有可能會提供該州的家庭三種不同的法律身分:異性戀伴侶用的婚姻制度、同性伴侶的同居伴侶制度以及互惠受益人制——也就是不能結婚,但有意願獲得該身分的任兩位親戚或同性朋友可用的。

各種可能性在科羅拉多州引發混亂及奇怪的結盟與衝突。互惠受益人法案的政治聲援由關注家庭組織領頭，這個金援充沛的保守宗教團體以詹姆士・道伯森（James Dobson）為首。道伯森與他的組織替互惠受益人法案背書，雖然說兩年前這個組織在他們兩年前的「立場聲明」裡似乎譴責了所有賦予男女同志伴侶權利或福利的政策：

> 關注家庭組織認為（婚姻）至高無上，強烈反對法律通過任何婚姻的贗品，例如同性「婚姻」合法或是賦予同性伴侶、同居伴侶等所有「非婚姻關係者」類婚姻的福利。[1]

　　有趣的是，「科羅拉多州平權組織」（Equal Rights Colorado）這個支持男女同志伴侶獲得結婚權利的組織並沒有反對這項法案（但倒也沒有支持）。[2]

　　是什麼原因讓道伯森支持米歇爾的法案呢？該法案原本有可能賦予同性伴侶權利，至少表面上道伯森與他的人馬聽起來是支持公平對待同性伴侶的。據關注家庭組織發言人吉姆・法福（Jim Pfaff）在立法委員會上的證詞「本組織不認為同性戀伴侶應該獲得特別的權利，也認為不用把他們分開來，獨獨歧視他們。」[3]道伯森自己主張：「我們所支持的這套法案是一套平等法案，注重的是需求而不是性關係。」[4]

道伯森為該法案背書贏得了丹佛郵報（*Denver Post*）的肯定，認為這是一種容忍的表現；但是反對聲浪卻快速攀升，既反對該法案也反對道伯森。[5]反同研究者保羅·卡麥隆（Paul Cameron）抨擊該法案、「婦女關懷美國組織」（Concerned Women for America）與其他反同保守組織也同樣反對。不過卡麥隆更近一步表示，哪怕只是賦予同性伴侶幾項類似婚姻的權利都是公然倒戈，他堅決反對，並與道伯森開始憤怒言詞激戰。[6]

後來又出現了一個怪異的轉折，卡麥隆採取的修辭立場讓他與一位讓人跌破眼鏡的盟友並肩，這個人便是湯瑪斯·柯曼（Thomas Coldman），他是「未婚美國組織」（Unmarried America）的領袖，柯曼要砍掉沒有結婚的人拿不到的結婚福利。柯曼與卡麥隆都抨擊科羅拉多法案是在歧視沒有結婚的異性戀伴侶：

柯曼表示：被排除在夏威夷及佛蒙特州辯論之外，現在又被排除在科羅拉多州辯論之外的是那些沒有結婚的異性戀伴侶；在這些州中，「互惠受益人」的定義不斷將他們排除在外，因為他們有結婚的資格，他們也被排除在「同居伴侶制」或「民事結合制」之外，因為他們不是同志。滿意也好不滿意也罷，那些晚婚或是希望被稱為「同居伴侶」而不是「夫妻」的人而言，這則政治訊息是顯而易見的：讓他們吃婚禮蛋糕吧。[7]

卡麥隆表示：道伯森博士宣稱該法律提案「與性傾向一點關係都沒有」，但即便不使用「性傾向」一詞，這部法案事實上就是歧視了同居的異性戀，只因為他們的「傾向」。他們不能與同居的同性戀一樣享有相同的福利。[8]

有些女性主義學者與同志學者反對將政治運動的重點放在贏得婚權上，讀過這個論點的人，聽到柯曼的憂慮（卡麥隆的也一樣）應該會覺得耳熟，我在前一章也有討論。反對推動同婚的男女同志批評者，如麥可・華納（Michael Warner）與南西・玻里柯挑戰了同運人士，要他們放寬想像力並制訂出一套政策，可以回應不同家庭形式生活者的需求與渴望。[9]

學者的觀點並非總是能主導或是跟隨著他們的社群觀點，但在前幾章討論的證據中似乎可以肯定，並非美國所有的 GLB 族群都在追求或優先考慮結婚權。大約有 25％至30％為數頗多的同性伴侶表示，他們比較偏好有個不一樣的選擇，不過在賦予同性伴侶結婚權或註冊伴侶制的其他國家或美國其他州，多數的同性伴並不會選擇這麼做（參閱第三章）。大多數同志伴侶在過去及現在遭遇的不平等（inequality）環境背景之下，不得不在父權及道德層面上嚴肅考慮婚姻的替代方案，且在結婚選項缺席的情況下，他們也得創造出自己的替代方案。

因此，婚姻平權的論戰激盪出了新的想法，同志想要不同類型的家庭關係與新的方式來滿足這些需求，也不足為奇了。引介歐洲及美國法律制度發展的經驗來看，當公平對待同性伴侶的議題躍上待議政策時，立法者與公民可選擇的政治選項清單現在可是瞠目結舌地長了：

- 同性與異性伴侶皆能平等結婚。
- 只開放給同性伴侶的民事結合或註冊伴侶制，提供的福利與義務實際上與婚姻相同。
- 開放給同性與異性戀伴侶的民事結合制。

- 單獨開放給同性伴侶，或許也給異性伴侶的特殊福利與義務配套（例如法國的民事伴侶結合法 PACS 或德國的生活伴侶法）。
- 「互惠受益人」身分，提供相當有限的一套權利與責任，只要是兩位成年人皆可使用。
- 用私人民事合約取代婚姻，所有伴侶皆可使用。
- 在繼承與其他法律上承認家屬關係的遠近（例如家長、姐妹或外甥姪子）。
- 出於特定目的承認（未註冊及未婚）的同居伴侶。

　　理論上來說，我們可以分開思考這些選項及其所滿足的家庭需求類型，而非把這一串名單塞進同性伴侶的婚姻平權論戰中；但是科羅拉多的這種論戰現在很普遍，普遍到我現在都覺得這是同婚討論中免不了的一環。只要一有人講「結婚權」，就會有人喊出「承認所有家庭」或「先來討論比較能讓人接受的事情，先別說婚姻平權」。[10] 在本章開頭，我談及了關於「婚姻」這個標籤的重要性的辯論，這個辯論會讓我們陷入我稱之為「衡平滑坡」（slipper equity slope）之中，因為在衡平（equity）或公平（fairness）的比較中是永遠比不完的；這樣的危險在於最後我們會滑入谷底，落入不妙的處境。

　　同性伴侶的公平議題上，政策制訂者、社運人士，甚至連選民一定要能決定正確處理方式。我們是否可以、也應該建立出適用其他類型伴侶的新法律關係，進而滿足同性伴侶的需求？如果有人提出這種能惠及更廣的方法，那麼關心同志衡平議題的人是否該支持？對同性伴侶來說，部分權益受到認可總比全部都不被認可還要好，不是嗎？尤其是我們認為新的法律身分是政治折衷的權衡，但總有走到全面平等的那一天不是嗎？

　　這些問題並不好回答，特別是如果我們希望潛在的盟友能夠指導我們適當的行動方針。科羅拉多的例子告訴我們，選項一多就會模糊政治界線。將女性主義學者和激進同志運動人士與詹姆士・道伯森看作「同床異夢」（strange bedfellows），這種說法當然是太過輕描淡寫了。顯然，衡平的比較不會憑空發生。一般來說，政治顯著的影響力是作用在比較以及最終的政治選擇上，反倒不是在仔細探討婚姻替代方案的道德性以及實用性上。

　　最後，結果是替代方案成了問題。同性伴侶落到只能用婚姻的替代方案在一起，而非直接結婚，最高興的人通常都是那些反對同性伴侶權益的人。根據某些受訪荷蘭伴侶在第三章的說法，同性伴侶常常覺得自己贏得的是婚姻的次級品，甚至是「四不像」。根據歐洲及美國幾州的經驗，我們會發現這是一則警世故事，政策制定者是否有能力開創替代方案及處理公平問題，同時又能不犧牲某些重要的政策目標，例如措辭、隱私、自主與務實層面。最好的情況是大多數的這些替代方案能帶給同性伴侶一些有用的法律權益，而最糟的情況則是這些替代方案反成了中止線，而不是成為進一步改革的折衷方案。

衡平滑坡

講到公平就難免要比較。在婚姻平權的論戰中，比較一開始是很單純的，但後來卻與日俱增。[11] 我在圖 8.1 中總結了所有的比較，以便檢視細節又可以直接比較。

◆ 已婚伴侶 —— 同性伴侶

當然，一但有人將法定結婚的異性伴侶與無法結婚的同性伴侶拿來比較，同性婚姻論戰就此展開。圖 8.1 的第一條，以 A 組代表異性伴侶，B 組代表同性伴侶。這是律師們在挑戰禁止同性結婚的法律時所做的比較。除了加拿大、

圖 8.1　不同家庭結構的衡平比較

組別比較	A（已婚異性伴侶）	B（同性伴侶）	C（其他類型伴侶或關係）	救濟政策
(1)	已婚異性伴侶	同性伴侶		讓同性伴侶結婚
(2)	已婚異性伴侶	(B1) 會結婚的同性伴侶		讓同性伴侶結婚；同居相關權利；替代法定身分
(3)		(B2) 不會結婚的同性伴侶	(C1) 異性同居伴侶	同居相關權利；替代法定身分；通用權益
(4)			(C2) 其他血緣的兩人關係，如手足、姑姪等	其他身分；法規保障；通用權益
			(C3) 其他無血的兩人關係，如摯友、關係緊密的鄰居	其他身分；通用權益
			(C4) 大家庭；自組家庭（intentional family）[A]	其他身分；通用權益
(5)			(D) 真正的單身者	通用權益

麻州、康乃狄克州、加州（取決於挑戰反同婚修法訴訟結果）、荷蘭、比利時、西班牙、挪威與南非這些例外，一般而言只有異性伴侶可以進入普遍被認可的婚姻法律制度，這

套制度附帶了一整套獲得文化肯定的地位、第三方權利、福利與義務。

　　同性伴侶想結婚而結不了，異性伴侶想結婚就可以結，以主流的同志政治角度來看，這就是不平等的差別待遇。同性伴侶應該要有結婚的權利，因為他們與異性伴侶處境相當：A 組與 B 組的人都與另一個人處在堅定親密（預設為性的）無限期的關係中，具備感情與物質上皆相互依賴的特色。用不同的方式對待 B 組，剝奪了 B 組婚姻賦予的法定權利與福利，同時也剝奪了已婚伴侶獲得的相應社會身分地位。

　　要搞定這種形式的不平等很簡單 —— 給與同性伴侶結婚的權利。不過有些人表示事情沒有這麼容易。有些政策制定者與評論家認為婚姻應該只保留給異性伴侶，他們認為讓同志伴侶結婚在政治上行不通，要不然就是婚姻自有其宗教與文化根源。

　　賦予同性伴侶與婚姻大致上並無二致的法律權利與責

A　編註：自組家庭（intentional family）是由三位以上的伴侶組成，雖未必同住於一個屋簷下，但成員彼此間互相認定為家人。只要彼此合意，家庭成員間可能皆有性關係。不過這並不是形成自組家庭關係的必要條件。

任，這是一種結婚的替代方案。歐洲國家已經創造出一種稱為「註冊伴侶」的法定身分。在美國，這種新身分一般稱為「民事結合」；丹麥與其他北歐國家也開始朝這個方向推動，這些國家提供同性伴侶專用的註冊伴侶制。

　　在美國，佛蒙特州最高法院裁決政府必須賦予同性伴侶相同的婚姻福利，雖然不一定要透過婚姻制度本身。二〇〇〇年，佛蒙特州議會按照判決，制定了一套同性伴侶專用的民事結合制度，在州級法律上，其法律效力等同婚姻；加州則是逐步增添註冊同居伴侶制的權利與責任配套，直到其效力實際等同民事結合地位。而二〇〇五年，康乃狄克州議會也制定了民事結合身分，就州政府賦予的福利來說，內容與婚姻相同（但不是來自於最高法院判決的刺激）；在二〇〇六年中，紐澤西最高法院作出與佛蒙特州相似的判決後，該州也走上同樣一條路。「科羅拉多州人守護公正與平等」相關組織透過公投採取同樣的策略途徑，至少在獲得全面婚姻平權的道路上，這是短暫的過渡，但是科羅拉多州的選民否決了二〇〇六年提出的一套完整同居伴侶制的法案。

　　不過美國挺同志婚權的人士認為，民事結合就是典型的「隔離但平等」（seperate but equal）政策，使同性伴侶成為次等公民。在法律層次上，除了制定民事結合制度的州以外，其他地方並不承認民事結合，聯邦政府也不承認這個身分；[12] 而在社會層次上，就定義而言民事結合與婚姻不同，剝奪了同性伴侶的社會平等與法律平等。如第三章中的荷蘭伴侶所說，人人都懂婚姻是什麼，可是他們可能不知道抑或是分不清楚民事結合的意義。最後，用另外一種身分隔離同性伴侶只是會延續社會汙名，以及讓身為非異性戀者產生自卑感。[13] 本書快要成書之際，加州最高法院的二○○八年法官多數意見書要求州政府讓同性伴侶結婚（*In re Marriage Cases* 婚姻平等案件 [B]），意見書陳述了相當類似的主張，駁斥同居了伴侶制是合乎需求的觀點：

> 只讓同性伴侶使用同居伴侶的隔離式制度，又不得
> 使用現有的婚姻制度，必得認定為違反平等，這樣

B　編註：婚姻平等案件（*in re Marriage Cases*, 183 P.3d 384）為二○○八年美國加州最高法院的案件。法院認為根據性傾向對他人做出差別待遇之行為，是須受到嚴格的司法審查的，且現行法及二○○○年的加利福尼亞州第二十二提案限制了婚姻只限定於一男一女，根據加利福尼亞憲法（California Constitution）上述實則侵犯了同性伴侶結婚之權益，且不得因上述之現行法或提案進而限制同性雙方結婚。

的認定恰如其分，此情況致使同性伴侶家庭關係無
法獲得與異性戀家庭關係等同之尊重與尊嚴。

許多同志與同志組織不認為民事結合可以帶來平等或衡平，他們抗拒將民事結合當成目標，不過有時候也認為在爭取變革的路上，民事結合是有用的政治妥協。康乃狄克州議會在二〇〇五年要通過民事結合法案時，掀起辯論激戰，有些婚姻平權運動者，例如「因愛成家」組織（Love Makes a Family）的成員，一開始反對這個法案，因為構不上完整平等的邊，後續組織內部也出現了爭端，導致該組織的長期政策遊說人請辭，與重要立法盟友也漸行漸遠。[14] 經過多次內部辯論，又有鑑於婚姻法案不會通過，因愛成家組織回心轉意，最後支持民事結合法案，視其為該組織真正的目標路鋪路。[15]

有件事情也值得注意，要成功走到像民事結合這種重大「妥協折衷」的位置，倡議者可能要先爭取婚姻。律師暨婚姻平權領袖伊凡・沃夫森指出，如果同志社群一開始沒有先爭取結婚權，那麼就不會拿到次等的折衷身分權，例如像同居伴侶制：

當立意良善的盟友與中立政治人物建議美國同志「妥協」或退讓，接受據信比較能讓人接受的民事結合制度、所有不算婚姻的制度、同志婚姻或是零碎的伴侶保障，務必要記得，你如果只要求分到半條麵包，那麼你連半條都拿不到。美國人已經學會了該去要，甚至是去爭取該屬於我們的整條麵包。[16]

在這個極簡的比較中，有一個些微不同的衡平主張——也就是把「婚姻」保留給宗教團體。這個觀點認為，國家只應該制定與批准同性伴侶與異性伴侶的民事結合，這種民事結合與宗教的「婚姻」甚至是民間的婚姻本身是不一樣的。[17] 換句話說，調整異性伴侶的身分，就可以創造出 A 組與 B 組間的平等，而不是來提高同性伴侶的地位。目前還沒有一個州或國家採用這種作法，大概是因為這樣一來就得廢除法定婚姻。可想而知，這種讓公民身分能脫離宗教信仰，比美國現存的婚姻有所不同。以法國與荷蘭為例，任何人要結婚都一定要在市政廳，並由公務員主持，且皆稱為「婚姻」而不是民事結合。

然而，就算用這種方式獲得法律平等也不一定就能帶來社會公平。讓法律身分擺脫宗教儀式對同性伴侶來說依然不公平，因為大多數的宗教團體都不太可能讓他們結婚，至少眼下不會。既然對異性伴侶來說「民事結合」還是有可能對應到文化中的婚姻觀念，那麼同性伴侶依然是被鎖在婚姻文化制度的大門之外，只能望著別的特權群體。

✦ 已婚伴侶 —— 未婚伴侶

因此我們反而要來看，比起結婚的異性伴侶，沒有結婚的異性伴侶過得如何。我們也可以問同性伴侶一樣的問題，如果將圖 8.1 的人分成兩組：如果可以結婚就會去結的同性伴侶（第二行的 B1 組）以及選擇不婚的同性伴侶（第三行的 B2 組）。讓結婚權擴及同性伴侶並不會解決所有的不衡平，因為沒有結婚的同性伴侶被遺漏了，就如同沒有結婚的異性戀伴侶一樣（C 組）得不到與已婚伴侶同樣的權利與福利。

法國民事伴侶結合法（PACS）的制度設計是向所有不分異同的未婚伴侶開放的，法國政治人物就是用這種方式為同志伴侶族群重新定調衡平比較。[18] 立法者都想要避免讓法律在表面以及現實層面上待同志伴侶有如已婚伴侶；法國男女同志伴侶因此換來的是異性戀同居伴侶已經享有的權利，也就是同居權（*concubinage*），再加上一紙註冊合約，簡稱

PACS，法國政客主張這是所有未婚伴侶都需要的新選擇。

美國有些觀察家與運動人士也主張未婚異性伴侶有正當的理由可以選擇不婚，例如擔心國家介入感情關係或是出於其他意識形態理由而反對結婚，但是除此之外，依照這種觀點來看，爭取平等待遇的未婚伴侶其需求至少某些特徵與已婚伴侶相似。[19]

或者，我們其實是在拿根本無從比較的兩件事相比？婚姻的不同至少反映在兩個大方向上。首先，伴侶必須積極選擇結婚；其二，除了受到承認、擁有特定權利與福利外，婚姻中的雙方要為彼此負起責任。這些責任有時候很麻煩，比如說丈夫必須幫妻子還掉賭債，或是妻子需要用自己的收入與資產扶養丈夫，說不定丈夫原本沒結婚的話還符合公共援助資格。有時候已婚伴侶要繳的稅金可能比他們兩人都還是單身納稅人時還高。[20]

強調婚姻的積極選擇與責任，會使已婚或即將結婚的伴侶（A 與 B1）與不選擇結婚的伴侶（B2 與 C1）之間的比較變得更複雜。如果同性伴侶有結婚權，我們就能區分 B1 與 B2，這麼一來結論可能是已婚與未婚伴侶其實是不能比較的。當同性伴侶沒有結婚權我們就無法區別這兩組人，拿他們與未婚異性戀伴侶比較就合理多了。換句話說，若不讓同性伴侶結婚，加強了比較同性伴侶與異性伴侶間比較的需要，以及在處理方案中審慎考量到這種全新不同的差異。

這兩組伴侶間（以及伴侶與單身人士間）的待遇差別及結果看起來格外地不公平。比如說一位已婚人士有兩種獲得健康保險機會——透過自己的雇主或配偶的雇主來獲得。因此，缺乏保險的未婚同性伴侶與異性伴侶人數遠比已婚伴侶來得多，這讓人驚心卻又不令人意外。[21] 將婚姻的外在物質福利挪到別的地方，例如提供全民健保的計畫，可以同時達到衡平與平等。許多歐洲國家原本都有這種社會政策，與美國相較之下，這些國家大大幅降低了婚姻所帶來的福利。在健康政策背景下用這套公平策略，A 組中的人獲得某些物質保障的權利，與 B1、B2、C1 這三組一樣；而沒有伴侶的人（表格中的 D 組）也會獲得這些權利。

只不過，大多數看似「特權」的婚姻地位，有許多是無法輕易就可以或應該廢除的福利；許多的婚姻權利是與伴侶雙方相關的，包括財產分配、繼承權或生存者財產權（survivorship rights）等的實際規定。這些規定承認關係的長久本質以及兩人實際所有物與資產的緊密關聯。遇上有人過世或離婚，要釐清什麼是「你的、我的與我們的」，就需要事先協議或有某些預設的規則。婚姻就是一套預設好的規則與標準，能作為伴侶與法官的指南。

　　未婚伴侶可能也會想要規則（對真正單身的人來說，除了繼承目的外，在大多數情況下這些規則都不是問題），異性伴侶當然有結婚的選擇，但是如果他們選擇不結婚，也可以寫同居協議書與訂定遺囑，明文訂下分配方法與專屬協議。但遇上過世或關係解除，有許多未婚伴侶大概都沒有私人或公共（婚姻）契約的保障。可惜的是，關於同居伴侶此離或一方過世後他們實際情況到底如何，我們的資料並不多。

　　縮小已婚與未婚伴侶間權利的差距有兩套正面策略，不只有人提出，也已在不同國家應用。第一套策略是根據特定標準承認未婚同居伴侶的關係，標準通常是評估一對伴侶同居時間的長短以及是否育有子女。有些學者稱此為「依屬」制（ascription），因為就算該伴侶沒有宣告其關係，政府就會歸類或授與關係成立。若一對伴侶符合這些標準，那麼出於特定目的，這段關係的待遇會與已婚伴侶類似，例如稅務、年金、公共援助資格與生存者財產權。換句話說，政府賦予這些伴侶權利與責任。荷蘭、比利時、法國、德國、丹麥、挪威、瑞典、冰島與芬蘭都在一定程度上認可同居伴侶關係。法律學者基思・瓦迪克與他的同事透過計算，這些國家的非正式同居關係帶給正式同居伴侶的婚姻法律效益介於 23％至 75％之間。[22]

美國的普通法婚姻（common-law marriage）乍看似乎與這些法律大同小異，但實際上普通法婚姻的法定認可很少見，而且關係一旦被認定後，就成為法定婚姻了。除此之外，在承認未婚同居伴侶的權利與責任上，美國法律比起歐洲少很多。若關係告終或是一方過世，有些法庭會認可同居兩人的合約義務或是以身分為依據的義務。[23] 但只有在特定情況下以及美國特定地區中，分手的同居異性伴侶要承擔法律義務，提供關係結束後的扶養或以特定方式分配共同財產。請注意，這種類型的關係認定在各大陸中各有不同——關係還在的時候，一般來說歐洲國家賦予同居伴侶關係的認定會比較完整；而美國則傾向將重點放在未婚關係終止時的情況。

賦予未婚伴侶權利的第二套策略就是創造一種新的法定身分，附帶一套介於婚姻與同居之間的權利與義務。荷蘭與法國同時開放這種法定身分給異性伴侶與同性伴侶使用（荷蘭就是註冊伴侶制，雖然與婚姻差異不大；而法國則是PACS）。在美國，加州、紐澤西與緬因州開放同居伴侶制給同性及異性伴侶使用，雖然有時異性伴侶中有一位（在加州）或兩位（在紐澤西州）年紀要滿六十二歲以上。請注意這項政策選擇是不同於先前討論的民事結合，也不同於北歐國家和德國僅限同性伴侶使用的註冊伴侶法。

討論至此，我們可以得出兩項重要的結論，顯示出在更廣泛的同性伴侶之衡平比較中同時將未婚伴侶納入考量（圖8.1 第二行與第三行），是有其局限性的。首先，就權利與責任來說，同居伴侶與擁有替代身分的伴侶並沒有完全與已婚伴侶同樣平等。由於這些身分都不是婚姻，因此通常在法律上和文化上總是會有所遺漏。其二，同性伴侶到頭來的選擇還是比異性戀伴侶少；在每個建立出替代身分的國家或州，其目的都是要賦予同性伴侶一個妥協折衷的位置來避免全面開放婚姻。除了荷蘭、比利時與挪威三個地方，至少時至今日，其它地方妥協後的婚姻替代身分都讓同性伴侶在此止步。[24]

◆ 已婚伴侶 —— 非愛情關係

但是我們的衡平滑坡還沒有滑到谷底。那麼非愛情關係呢？家庭政策辯論的某些參與者質疑是否需要將性關係置於國家認可的中心。其實在科羅拉多州，這一點就是詹姆士·道伯森所提出的。

在賦予同性伴侶婚姻或伴侶關係的支持者與反對者之中，他們皆認為其它類型的同居關係都應該獲得承認並賦予類似的權利，例如姑姑與姪女或姪子、兩位成人手足等。相互扶持或照顧可能是這種關係的另一種特徵──而非愛情或性，國家應該予以認可及協助。[25] 雖然獲得認可的其中一項顯著標準便是同居，且既然也存在其他相互扶持及照顧的特徵，但在實務上卻很難明正言順地解釋為何多戶家庭（multihousehold families）應該被排除在外。可以想像的是，超過兩位成人以上的群體可能也包含在這種政策裡，雖然說我並不知道這種政策的實例，但我們或許可以拿其他群體（圖 8.1 的 C2-C4 組）在法律上的待遇與已婚伴侶比較，這麼一來就擴大了伴侶與家庭型態的類型，這些家庭有可能得到與已婚伴侶類似或相同的權利與義務。

　　即便我不知道是否有任何承認親屬伴侶、無血緣伴侶、大家庭形式的官方政策，不過夏威夷與佛蒙特這兩州皆施行了一項政策，針對兩兩結伴但因為有血緣關係或其他因素而不能結婚者，這兩州允許他們向州政府註冊便可以獲得某些有限度的福利。比利時是唯一一個讓手足或其他親屬註冊為「法定同居人」的歐洲國家，這是比利時版的註冊伴侶制，且該制度早於同性婚姻。[26]

夏威夷的立法者建立了「互惠受益人」制度，讓不能結婚的任兩人（包含同性伴侶，但不是只有同性伴侶可使用）可以註冊，在繼承權、政府年金福利，以及稅務上獲得特定法定福利。該法中的立法審查清楚呈現了議院自己做的公平比較：

〔夏威夷修法條 572 號 C-2〕然而，議院同時承認有許多人與另外一人有重要的私人、感情與經濟關係，但受限於此法律限制而無法結婚。例如兩位有血緣關係者，例如喪偶的母親與沒有結婚的兒子，或是兩個同性別的人。因此本議會認為，目前只限已婚伴侶享有的特定權利與福利也應提供給兩個結伴但無法合法結婚的人。[L 1997, c 383, pt of §1]

二〇〇〇年佛蒙特州確實制訂了前述的民事結合身分與互惠受益人身分。兩位未結婚且超過十八歲的當事人，因血緣太近而無法結婚（或民事結合）可以提出公證聲明，成為互惠受益人。這些身分提供的權利比起夏威夷提供的更加有限，但包含了與已婚配偶相同的住院探視與健康照護決定權，以及其他與安養之家和器官捐贈等相關權利。

當我們到了衡平滑坡的谷底時，可能要再度比較兩種無法相比的事物。其它類型的伴侶（甚至是大家庭）是否也肩負起了加諸在已婚伴侶身上照顧彼此的義務與責任？別的形式的伴侶關係又是什麼樣子呢？當談及其它類型的伴侶時，我們推論其相似處或加諸一致樣貌的能力是有限的。法定婚姻可以對應到一套社會與文化制度，而法律與文化層面相輔相成建立了一套稱之為「婚姻」的制度；當法律沉默的時候，這兩個層面便會加強了這套制度，並透過更大的社會層面來執行。其它類型的關係則無法引介相同的作用力；對於手足、叔伯、舊情人或摯友所提供的相互照顧義務，我們幾乎沒有共通的認識。要像婚姻那樣，能制定出一張好用的「預設契約」來滿足許多不同的需求與期待應該是不可能的。

　　快速滑下衡平滑坡後，我們一下子得出了許多（或許太多）須考慮的新家庭政策可能性。我先前說過，大多數的人並不會解決同性伴侶所遭受的不平等待遇。在家庭關係的脈絡之下若想要有足夠的指引，以「衡平」的目標作為工具實非利器。在一個原則當道的世界，我們或許可以決定不論其家庭關係為何，婚姻的某些福利應該屬於全民。在這些情況下，公平的觀點召喚了政策制定者，能將這些福利從婚姻配套裡抽出來個別處理，有些加拿大政策制定者就是如此作為。[27] 談及屬於伴侶的權利、或是可能加諸在伴侶身上的責任，在處理判斷各種面貌差異相當大的家庭結構時，只靠「衡平」是無法判斷什麼才是最好的作法。比如說，我們可能希望伴侶承擔責任的程度與所被賦予權利的程度是相當的，抑或是確保伴侶一方同意他們為對方所要承擔的責任。

在現實世界裡，婚姻平權辯論的過程中所出現的實際政策與婚姻的替代方案，可能更趨近於原始的政治力量，而非是追求無私、崇高的平等。政策分析師黛博拉‧史東（Deborah Stone）認為，政治倡議者會選擇的「衡平架構」（equity frame）或呈現選擇的方式，都是符合其策略利益的，且能推動特定的政治目標。[28] 下一節會讓大家看到，衡平策略架構最嫻熟的使用者就是反對同志伴侶獲得婚姻平權的人士。

政治衡平陷阱

在本章開頭，我談到了強大的行動者是如何根據衡平觀點來提出論述，且這些論述表面上看起來像是在支持同性伴侶之權益。詹姆士‧道伯森與關注家庭組織支持科羅拉多州的互惠受益人法案，讚譽該法案沒有歧視同性伴侶。不過與關注家庭組織的成員溝通時，該組織的發言人強調他們是策略性支持。

我們來回顧一下，互惠受益人法案的推行，主是要針對更廣泛的同性伴侶同居關係制的替代方案。一封傳給關注家庭組織支持者的電子報引用了「防衛聯盟基金會」（Alliance Defense Fund，詹姆士‧道伯森為共同創辦人）[29]成員戴爾‧蕭恩杰（Dale Schowengerdt）的話，說明支持一個要求不那麼高的法案有何策略價值：「法案確實挖空了民事結合或同居伴侶制的內在主張……該法案不會建立身分，也不根據身分給與福利，可是民事結合與同居伴侶制卻會。」[30]

在美國與歐洲，同性伴侶的論戰史充滿了科羅拉多州的這種情況。互惠受益人、同居伴侶、註冊伴侶與民事結合身分都是因應政治妥協而生，可以賦予同性伴侶福利與權利，同時不用開放婚姻。其他家庭形式的討論常常由同婚反對者發起，這是因為他們意識到同性伴侶的需求，但又不想讓同性伴侶與已婚伴侶正式平起平坐，或是想破壞爭取同性伴侶結婚權的努力。婚姻的替代方案在這樣的情況下，成為減緩甚至是阻止同性伴侶在政治進程中邁向婚姻平權的最佳利器。

在美國，夏威夷是率先走這條路的州。在夏威夷法院裁定了有利於同性伴侶結婚權的判決之後，「互惠受益人」制度於一九九七年問世，一場公投推動修憲，使得該州立法者有權限制他人使用異性伴侶的婚姻制度。[31]立法折衷讓步之一就是保留婚姻給異性伴侶，立法者另外制訂互惠受益人身分，並賦予繼承權、稅務權等其他福利給同性伴侶及其他無法結婚的伴侶。

這套策略傳到了其他州，關注家庭組織明目張膽地誇耀自身在夏威夷運動中付出的努力，以夏威夷為例說明為何科羅拉多州應該如法炮製。[32]在佛蒙特州互惠受益人選項成了政治的中途之家，收容讓那些不想賦予同性伴侶完整權益，卻又不想站在「不給同性伴侶任何權利」極端立場的人。[33]

另一方面，紐澤西州有一個同志政治組織在推動一項定義同居伴侶制的法案，帶起了是否多元類型家庭都要納入該制度的問題。[34]一開始的草案一網打盡各種可能的關係形式，全都算是同居伴侶。支持同性伴侶權益的政治領袖反對涵蓋的廣度，認為這樣的法案在政治上行不通，因為會有潛在代價且會與婚姻競爭。該組織初期的提案是根據衡平的原則，但是沒有成功結盟。最後，該法案還是修正了，只有同性伴侶與年長異的性伴侶符合資格可以註冊為同居伴侶。

歐洲與美國一樣，如註冊伴侶制的這種替代型註冊身分僅僅只是同婚論戰中的妥協。[35] 某些國家曾考慮納入同性伴侶以外的伴侶，但很快就推翻了這個想法；許多政策制訂者希望將婚姻保留給異性戀伴侶，希望藉此打消他們與婚姻制度漸行漸遠的念頭。

　　不過法國、比利時與荷蘭最後的替代方案是開放給異性與同性伴侶使用，更加包容的作法呈現了該場論戰的政治脈絡。

- 在法國，讓 PACS 問世的早期法案版本在策略上涵蓋更廣，納入其他類型的伴侶，例如手足或朋友，避免焦點都擺在同性戀身上。[36] 到最後，只有「情侶」（romantic couples）可以組成 PACS 關係，且也納入異性伴侶，以這種方式降低恐同者對這套法案的反對，並不是因為有人要求要納入這些伴侶。[37] 丹尼爾・波里約（Daniel Borillo）與其他人發現到 PACS 限制只給同性伴侶使用會與法國的傳統起衝突，也就是「不接受只適用少數群體的特別法」。[38]
- 在荷蘭，因為缺乏陳情利益團體[39]，一套可能涵蓋許多家庭形式政策，因被視為一種干擾而被駁回。有趣也不令人意外的是，比起伴侶制度只適用同性伴侶，將異性伴侶也納入其中，反而引起更多右翼反對註冊伴侶制，因為這樣一來伴侶制會與婚姻相互競爭。[40]

　　雖然不同國家為同性伴侶制定的婚姻替代方案在政治上是相當折衷的方案，只在法律細節上有所不同，不過到目前為止的跨國經驗卻是另外一回事。如威廉‧艾斯克里居所說，久而久之人們對於同性伴侶婚姻平權的態度改變，新的身分也有過渡或轉變的潛力。[41] 但是有些新的身分也可能是政治陷阱，阻擋同性伴侶在政治上朝婚姻更邁進一步。

　　婚姻與替代身分有些關鍵差異，看起來似乎可以辨別固定身分與過渡期折衷方案的差別。當一種身分附帶著與婚姻非常不一樣的配套權利與責任時，看起來婚姻平權的倡議者還要走得更遠才能獲得平等，讓這種替代方案在政治上是死胡同的可能性增加。然而，當允許多元家庭或是伴侶可以註冊替代身分，似乎會出現更大的障礙（通常都是相對寒酸的權利與責任配套時），由於這個身分至少是為了某些伴侶的期待與需求而設計，這些期待與需求與已婚伴侶有所不同，要考慮在這個身分再加上權利與責任使其與婚姻更相似，對政策制定者來說可能更加困難。比方說，萬一關係終止，手足或姑姑與姪女可能不會想要負責贍養費；至交可能不會想要為彼此的需求或債務承擔財務責任。

在實務上，包括非愛情伴侶的新身分一直都沒有拓展範疇；同時與婚姻類似的身分已經與婚姻愈來愈相近，或是在某些方面促成婚姻的開放，荷蘭實例恰好就是這樣的一個例子。法律學者基思・瓦迪克勾勒出「積少成多的變化法則」，來解釋荷蘭是如何從不認可同性伴侶走到擁有完整婚權 —— 當性悖軌法案廢除、反歧視法保障了性傾向，家庭法也開始走向平等。當同性伴侶在法律下開始受到與異性同居伴侶一樣的待遇時，平等的過程就開始了。註冊伴侶是一九九八年的折衷結果，幾乎賦予了所有婚姻的權利與責任。只有符合結婚要求的異性與同性伴侶可以註冊，手足與其他密切關係的人則被排除在外。接下來兩三年，荷蘭議會也消除了讓註冊伴侶制與婚姻不同的其他顯著差異 —— 也就是年金權與居留要求。[42] 瓦迪克認為剩下的差距之小，小到二〇〇〇年開放同性伴侶結婚之際，沒有人認為這在社會上或政治上是高風險的一步。對於瓦迪克的說法我只想補充一點，荷蘭註冊伴侶模式與婚姻非常接近，使得註冊伴侶制有可能與婚姻交會。

其他的國家也經歷了類似的發展。原本北歐國家的註冊伴侶制具有與婚姻大多數相同的門檻條件，且大多數的權利與責任也相同。伴侶制在某些方面的限制是婚姻沒有的，但久而久之兩者間的差距已經變小了。丹麥的登記伴侶制原本限制伴侶間至少有一位要為丹麥公民，但是十年後丹麥的立法者放寬了讓非公民伴侶註冊的限制，現在國家教會的牧師也可以為同性的結合舉行祝福見證。[43] 冰島也放寬了國籍要求，讓伴侶一方要收養另一方的孩子也比較容易。[44] 瑞典在二〇〇三年也讓註冊伴侶擁有平等的收養與監護權利，女同志伴侶現在也有人工受孕權。[45] 二〇〇一年，德國原版的「生活伴侶」（"life partership"）制擴大了一套有限度的權利，零零總總包含繼承、過失致死賠償、公共健康保險保障、改名、外籍伴侶居留證。二〇〇四年，德國聯邦眾議院（Nundestag）添加了收養伴侶小孩的權利，也將離婚法、財產分配與贍養費等法律擴及至同婚伴侶。[46]

美國加州與紐澤西州也經歷了制度交會，這兩州先通過一套簡單的國內伴侶制法，賦予的權利與義務比婚姻少，不過後來弭平了某些差距。加州幾乎在法律上完全填補了落差，從一九九九年伴侶註冊法開始，加州賦予伴侶十六項權利，包含醫院訪視權及公家機關提供員工伴侶福利的權利；二〇〇二年的法案增加了與親權、失業保險與醫療決定權相關的權利。一年之後，一項新法令在二〇〇五年通過，將加州剩下的婚姻權利與責任擴及到了伴侶身上。在二〇〇五年，加州議會通過一項法案，賦予同性伴侶結婚權，不過州長否決了這項法案。加州在二〇〇六年踏出最後一步，議會同意讓同居伴侶能像已婚伴侶一樣共同申報州稅，弭平了州政府給予同居伴侶與婚姻權利之間的落差（此外如前所述，從二〇〇八年六月至十一月，同性伴侶可在加州結婚，直到選民投票推翻了加州最高法院的判決）。

紐澤西的同居伴侶法於二〇〇五年通過，一年後議會增加了同居伴侶繼承權，這相當於配偶的權利，另外還有安排喪葬事宜的權力。[47] 二〇〇六年下半年，路易斯訴哈里斯（*Lewis v. Harris*）[c] 一案中，紐澤西最高法院判決要求紐澤西的議會賦予同性伴侶婚姻所有的權利與責任。議會選擇透過建立第三種身分——也就是民事結合來達成要求，反倒不是增加同居伴侶制的權利，這大概是因為該身分也開放給高齡異性伴侶（六十二歲以上），[48] 對於高齡的異性伴侶來說，婚姻的權利與責任他們可能不是全部都想要。

比利時、法國與夏威夷是比較能清楚表現政治衡平的陷阱模式。如前所述，這三處司法建構的替代關係與婚姻大相逕庭。在這三個地方，新型的伴侶制度並皆沒有朝著婚姻前進。比利時立法者選擇開放同性伴侶結婚，而不是補充該國法定同居身分的權利，這為紐澤西州事件埋下了伏筆。[49] 在法國，自從 PACS 身分在一九九九年問世以來，PACS 伴侶的配套權利沒有明顯變化。而事實上，現在夏威夷的互惠受益人獲得的權利比當初這套身分制度建立的時候還來得**更少**，互惠受益制裡賦予州政府員工健康保險福利的條文已經失效。爭取同性伴侶結婚權的這場仗在法國還在打，但當比利時已贏得勝利的這個時候，替代身分制度依然沒有變化，顯示這的確有可能就是製造死胡同的政治陷阱。

如前文所述，歐洲另外一個盛行的婚姻替代方案就是承

C 編註：路易斯訴哈里斯（Lewis v. Harris）是紐澤西州最高法院的一起訴訟案，判決該州的婚姻法侵犯了同性伴侶在州憲法下享有同等法律保護之權利。二〇〇二年有七對同性伴侶、十名女性和和四名男性在紐澤西最高法院提起訴訟。原告認為，他們被拒於婚姻之外，無法受到婚姻的法律保障，認為違反《紐澤西州憲法》（*New Jersey Constitution*）對於人民之平等保護。二〇〇六年十月，紐澤西最高法院的七位大法官中有四位裁定，根據《紐澤西州憲法》，同性伴侶必須與異性伴侶享有相同的平等保護。法院一致認為，就同性伴侶的平等保護而言，現行的州法律是違憲。不過大法官對於相關的立法措施在意見上有分歧。四位大法官裁定，立法機關需在六個月內修改婚姻法或建立民事結合（civil unions）相關法律。最後紐澤西州選擇不通過同性婚姻，而是建立民事結合法案。

認同居伴侶，但這個策略也有一套自己的政治限制，防堵了同居伴侶與結婚伴侶之間完全平等的地位。在許多歐洲國家，沒結婚的同居伴侶可以獲得某些婚姻的權利、福利與義務；有時法律會明文規定這種權利，但是也常常透過施政方針、法條或法庭的財產判決來給予財產分配、過失致死、繼承與贍養費的權利。[50] 顯然歐州政策制定者是因為現有眾多同居伴侶人數、相關訴訟案例與直接遊說（很罕見）而推斷有這些需求。

不過，僅管這些推動平等的法律相當進步，這些國家一直不甘願讓同居地位同等於婚姻。比如說，只有在少數情況下，同居者的權利可以涵蓋配偶共同財產權、繼承權或贍養費權。[51] 此外，我之前也提過在某些情況下，除了權利之外，他人視同居者對彼此有**義務**。人口學者圖立德・諾亞克（Turid Noack）指出挪威承認同居者最常見的四種正當理由：「保護弱小、因應不斷改變的家庭行為所以有必要調整、防止策略行為（例如為免失去社會福利而不結婚）、避免已婚者與同居者間不公平的權利與福利差異。」[52] 請注意這四種正當理由中只有一項以衡平為依據。伴侶對彼此的固有義務可能是歐州正式承認同居伴侶關係的一個重要原因。

既然承認同居伴侶需要加諸義務責任，隨著同居而來的權利與責任其範圍延展很具爭議。實際上，若讓同居與結婚地位平等，這會降低伴侶選擇希望國家如何對待他們的能力。歐洲與加拿大政策制定者對於公平與自主間的取捨很敏感，[53] 諾亞克提到了一個挪威同居伴侶委員會，他們決定反對異性同居伴侶主動性和強制性的登記制度；[54] 因為他們不希望讓國家介入私人感情關係，而如同第二章中我們討論了的某些同性伴侶一樣，政府對未婚關係的介入特別有侵略性或令人反感。

以衡平作為承認關係的指標到最後會碰上一些大挑戰，這些挑戰需要政策制定者在平等與其他問題之間取得平衡。我將政策制定者所面對的挑戰特性稱為**進退兩難困局**：

- **選擇「進」的策略**，也就是賦予權利與義務（例如婚姻，甚至某種替代性的註冊程序）的內容還不夠全面。有些伴侶（或是其他家庭型態）如果不結婚或註冊，始終會被遺漏，而這樣的伴侶人數可能會很多，如下一節所示。

- **選擇退的策略** —— 例如讓選擇不結婚，但實為伴侶或同居伴侶之人獲得權利 —— 會有過度包容的風險，可能會在某些伴侶身上，強加了原本他們刻意藉著不結婚而迴避的權利與義務。換句話說，他們就失去了選擇不進入制度的能力。

我認為這樣爬梳困境有助釐清婚姻替代方案在同性婚姻平權論戰中扮演的角色。政策制定者在追求衡平目標的時候，免不了會與其他價值發生潛在的嚴重衝突，特別是自主、選擇與隱私。需要做這些取捨，再加上婚姻替代方案阻擋同志伴侶獲得平權的政治缺陷，顯示沒有任何替代方案是可以成為令人滿意的替代品。替代方案的倡議者可能（或不可能）立意良好，為了同性伴侶的需求著想，但到了政治領域，長久下來這些替代方案會在策略上被精心設計，或在政治上受到限制，導致成為同性伴侶獲得完整平等的阻礙。

是否有人需要婚姻的替代方案？

有一個方法可以評估婚姻替代方案的意義與價值，也就是從大規模來看大家怎麼說與如何做。在第三章，荷蘭伴侶認為註冊伴侶制在爭取婚姻平權的路上是有效的一步，但是一旦可以結婚了，對荷蘭男女同志伴侶來說，註冊伴侶制的重要性就縮水了，有如「四不像」。

可惜的是，我們甚少有如此直接的證據告訴我們伴侶與其他家庭形式者對替代身分的看法是如何形成的。在政治論戰中，大多數的公平主張都來自於人數相當小的一群 GLB 運動者或是反同運動者。這些 GLB 運動者中有許多人的動機都是出於利他主義，也真心關懷其他家庭形式；雖然他們為那些多元家庭結構中的人發聲，但這些多元家庭型態的人卻明顯在論戰中缺席。危險就在於為他們喉舌的運動者沒有掌握到為其協助對象的真正需求與願望。

如果社運者是在表達一項沒有被照顧到的嚴重需求，應該會看到有人會利用他們的新選擇。然而在第三章中，我們看到即使是在歐洲，愛情關係的伴侶有了正式的選擇之後通常會選擇結婚；目前的證據也顯示在非愛情關係的伴侶之中，要求要有替代身分的聲音也非常少。

佛蒙特州與夏威夷州提供給非愛情關係的伴侶互惠受益人身分，但是實際上這個身分並不是很受歡迎。其實在佛蒙特州，該法通過七年後去登記互惠受益人的人數為零。[55] 佛蒙特州民事結合審查委員會邀請了長者權益遊說團體來分享互惠受益人制度應該如何惠及長者，但甚至沒有團體願意來說明。[56]

夏威夷州沒有追蹤多少互惠受益人為同性伴侶、多少人來自其他形式的家庭。不過，六年下來只有 823 對的低迷人數，數據顯示了在 823 對中有大多數都是同性伴侶，這很明顯是由於同性伴侶缺乏其他選擇。再者，二〇〇〇年夏威夷的普查中，登記了 2,389 對同性伴侶，因此若 823 對互惠受益人都是同性伴侶也是很可信的，即便是對同性伴侶來說，採用率算起來最高也是 34%。

　　為什麼除了同性伴侶之外，其他人對非婚姻身分的需求這麼低呢？有幾種可能。雖然在夏威夷州與佛蒙特州，這樣的選項到現在已經存在許多年了，也是在能見度相當高的同婚大辯論過程中誕生，但大家可能不知道還有這些選擇。有些跡象則是顯示，大家知道有其他的選擇但是選擇不去註冊。佛蒙特衛生部門追蹤了瀏覽該部門互惠受益人網頁的訪問人數以及下載說明手冊的人數；於二〇〇六年，有一千人瀏覽並下載了相關資訊，但出於各種原因他們決定互惠受益人身分不是他們想要的。[57]

　　因此，我猜測有原則的替代方案不論在實務層面或象徵意義層面都不是很有吸引力，一如第三章的討論，或許這種可能性比較高。有些務實原因很簡單 —— 在法律上有親屬關係的人本來就有特定繼承權，也能為法定親屬作醫療決定，大概因為如此而降低了互惠受益人這種類型制度的註冊需求。所以許多伴侶可能覺得互惠受益人身分帶來的好處較小，可能的不利之處又無法得知。

選擇結婚的完整自由

就算有許多其他類型的伴侶與家庭想要遊說並利用婚姻正式替代制度，在某種程度上來說，同性伴侶在一個關鍵點上依然受到不公平待遇。同性伴侶沒有選擇結婚的權利時，他們有的是不同於異性伴侶的選擇，這依然是處在次等位置。如我在本章所說，替代方案可能是同性伴侶一條獲得「足夠」平等的途徑，但看到替代方案的現實情況，就知道這種想法是失敗的。這些替代方案設計就是要與婚姻不同且差異是刻意造成的，用意在於安撫異性戀，維持同性伴侶不平等的地位。如果替代方案因為取捨而替代掉了自主，或是因為身分相同但差異非常大的伴侶需求，會讓替代方案更加侷限，那麼替代方案的策略設計可能也會讓同性伴侶的希望落空。

這些替代方案也沒有特別適合哪種類型的伴侶，這點我們也一樣清楚。我們必須要從法律的角度來了解其他類型的伴侶之需求，才能設計出一個更好的有效方案。其他類型家庭的研究與參與都有必要增加，之後才能讓政策制定者想出正確的權利與責任組合。

然而，歐州經驗呈現出了家庭政策的計畫或多或少都些不一樣，甚至會更有趣。婚姻平權運動的官方目標是賦予同性伴侶與異性伴侶同樣的結婚權利，也就是有選擇的自由。但是有些人提出疑問，這種「選擇」是否純粹就是一味全盤接收婚姻提供的社會與個人價值；[58] 或許這個選擇，在某種程度上是受到了已婚伴侶獲得的法律與財務福利而被引導或甚至是強迫。從這個角度來看，福利就像是蘿蔔，用來獎賞結婚的伴侶；而同時也是棍子，催著其他的伴侶去作出他們原本不會作的選擇。

如果政策制定者想用不帶脅迫的方式鼓勵伴侶自由結婚，那麼想當然耳當務之急就是開放同性伴侶結婚。在婚姻之外，單純只是希望若兩人分道揚鑣，還能確保某些法律保障，伴侶大可以立同居契約或是利用同居伴侶財產分配與贍養的法律為，或許是依據美國法律協會（American Law Institute）原則內容建構的法律（當然，這些可能性也都適用於同性與異性伴侶）。美國政策脈絡環境下，完整的結婚自由會需要做到取得健康照護福利，且無關是否結婚，當然也無關是否就業。

支持完整結婚自由的政策規劃，各項要素不需要一次到位才能推動自由選擇與公平的原則。同婚大辯論在美國以一種健康的方式開啟了認可家庭權益的討論，不應該以公平原則要求同性伴侶在各種其他類型的家庭權益都受到認可之前，要先放棄爭取平等，特別是有些屬於另類家庭形式的人並不想要正式被認可。同志摧毀了北歐的婚姻制度這種說法並不公平，也把同志錯當成代罪羔羊；同樣的，要求同志伴侶在新的一套婚姻替代方案問世之前，結婚權的部分先緩一緩，這看起來似乎也一樣不公平。

　　在歐洲，同性伴侶的權利與擴大認可另類家庭與個人的需求，大部分都是陸續發生，並沒有明顯的順序。既然在不同的家庭型態中的人有不同的需求及渴望，這種作法也是合理的。在歐洲，政策形塑某些男女同志伴侶相關的倡議，而大多數國家為同志伴侶打造出了新身分以避免完全開放結婚。美國可以向這些國家借鏡，也可以學習國內幾州新身分的實驗；婚姻的替代方案並不一定能為同性伴侶帶來平等，衡平的考量也可能引導政策制定者走入死胡同，特別是由積極避免平等的人主導的時候。

註釋

1   關注家庭組織 , *"Focus on the family's position statement on same-sex 'marriage' and civil unions,"* (2004) (accessed March 26, 2006), http://www.family.org/cforum/fos.marriage/ssuap/a0029773. cfm.

2   Equal Rights Colorado, *ERC UPDATE: SB06-166 dies in committee* (2006).

3   365gay.com, "Colorado GOP domestic bill stalls," (February 28, 2006) (accessed March 23, 2006).

4   Steve Jordahl, "Focus on the Family explains endorsement of reciprocal benefits," *Family News in Focus* (February 16, 2006).

5   Denver Post , "A fresh focus on domestic partners," *Denver Post* (editorial) (February 6, 2006), B-07, http://www.denverpost.com/ search/ci_3479371 (accessed February 22, 2006).

6   見卡麥隆網站上討論 http://www.familyresearchinst.org/Default. aspx?tabid=116 (accessed March 23, 2006).

7   Thomas Coleman, "Reciprocal beneficiary laws mask a larger political battle," *Column One: Eye on Unmarried America* (March 13, 2006), http://www. unmarriedamerica.org/column-one/3-13-06-reciprocal-beneficiaries.htm (accessed March 23, 2006).

8   Family Research Institute, "Dobson's bill rewards homosexuals," *FRI Press Releases* (February 22, 2006), http://covenantnews.com/ familyresearch060224. htm (accessed March 23, 2006). 不過有一

點很重要，請注意這並不是卡麥隆反對法案的主要原因。

9　Warner, *The Trouble With Normal*; Nancy Polikoff, "Ending marriage as we know it," Hofstra Law Review 32 (2003): 201–232; Polikoff, *Beyond (Straight and Gay) Marriage* (Boston: Beacon Press, 2008).

10　艾斯克里居與史匹戴爾認為不能稱為「婚姻」的新身分之妥協，會加快賦予異性戀婚姻替代方案的發展速度，也因為如此，對異性戀伴侶來說婚姻的吸引力繼續下滑；Eskridge and Spedale, *Gay Marriage*.

11　當然衡平並不是制定婚姻相關政策時的唯一依據，雖然在美國，能否結婚的規定常常源自公平待遇的考量。一九六七年美國最高法院《羅汶夫婦訴維吉尼亞州》案判決州政府不能禁止跨種族通婚。後續判決判定未付子女贍養費（Zablocki 訴 Redhail [*Zablocki v. Redhail*]）與服刑（*Turner v. Safley*）為合理禁止個人想與異性結婚權利的理由。不過，請務必注意，決定能否結婚的規定光靠衡平原則是不夠的。美國每一州有最低結婚年齡限制，禁止近親通婚與重婚。在這些案例裡，這些政策會有替代正當理由（非以衡平原則為基準）。不過如前所述，我想將重點擺在衡平主張上，因為公共辯論過程中產生的婚姻替代方案背後都有衡平主張。

12　當然，因為聯邦婚姻保護法，美國政府目前也不承認同性婚姻，就連麻州也是。一些允許民事結合（civil unions）的州，也尊重其他訂定同性婚姻的州。（編註：在此指的是作者當時寫作的時空背景，美國最高法院在二〇一五年於奧貝格費爾訴霍奇斯案〔*Obergefell v. Hodges*〕中判決同性婚姻受到美國憲法保障，全美各州不得立法禁止同性婚姻，使美國同性婚姻合法化。）

13 Yuval Merin, *Equality for Same-Sex Couples: The Legal Recognition of Gay Partnerships in Europe and the United States* (Chicago: University of Chicago Press, 2002), 281.

14 Avi Salzman, "Tying the half knot," New York Times (April 17, 2005).

15 比如說可以看看「康乃狄克州因愛成家組織」（Love Makes a Family of Connecticut）針對民事結合的聲明，這個組織一直在遊說開放同性婚姻：民事結合可以提供本州伴侶與家人所需之權利與保障，但儘管本法案朝著正確的方向踏出了一步，這絕對不能是最後的結果。婚姻平權的奮鬥始終不只是為了權利與保障而已，也是為了爭取法律之前的尊嚴、尊重與平等待遇。民事結合為另外一個階級的族群創造出另外一個身分，只要市政廳永遠有兩條分開的排隊隊伍，一條給同志，一條給其他人，因愛成家組織就會繼續留下來，努力擊倒最後一道阻礙婚姻的歧視高牆的那一天。(http://www.lmfct.org/site/PageServer?pagename=whoislmf) (accessed October 20, 2005)

16 Wolfson, *Why Marriage Matters*, 136.

17 Mary Lyndon Shanley, *Just Marriage* (Oxford: Oxford University Press, 2004); Michael Lerner, "The right way to fight for gay marriage," *New York Daily News* (June 8, 2006).

18 Carl F. Stychin, "Civil solidarity or fragmented identities? The politics of sexuality and citizenship in France," *Social & Legal Studies* 10 (September 2001): 347–375; Wendy Michallat, "Marions-nous! gay rites: The campaign for gay marriage in France," *Modern and Contemporary France* 14.0 (August 2006): 305–316.

19 Paula Ettelbrick, "Since when is marriage a path to liberation?" *OUT/LOOK National Gay and Lesbian Quarterly* 6 (Fall 1989): 14–17；Warner, *The Trouble With Normal*. 然而美國與其他地方的研究顯示同居異性伴侶是異質性高的一群人，降低他們同意或組織政治改變的可能。比如說，有些同居伴侶有著長期的交往關係，但是非常高比例的同居伴侶在短期內就分手了。Kiernan, "Unmarried cohabitation and parenthood," 24; L. L. Bumpass and J. Sweet, "National estimates of cohabitation," *Demography* 26 (1989): 615–625.

20 James Alm, M. V. Lee Badgett, and Leslie Whittington, "Wedding bell blues: The income tax consequences of legalizing same-sex marriage," *National Tax Journal* 53 (January 2000): 201–214.

21 Ash and Badgett, "Separate and unequal," 582–599.

22 Waaldijk, *More or Less Together*。這些數字與異性伴侶有關。有些國家認可異性與同性之同居伴侶，並賦予同居伴侶福利與義務。一般來說，同性伴侶所獲得之福利是比較少的，通常都是因為同性伴侶的親權大不相同。

23 Grace Ganz Blumberg, "Unmarried partners and the legacies of

Marvin v. Marvin: The regularization of nonmarital cohabitation: Rights and responsibilities in the American welfare state," *Notre Dame Law Review* 76 (October 2001): 1265-1310.

24　歸功於加拿大法庭判決，同性伴侶在幾個省份開始開放同性婚姻的前數年，同性伴侶的待遇與異性伴侶一樣；Radbord, "Lesbian love stories".

25　比如可見 Fineman or Cossman in Shanley, *Just Marriage*.

26　Olivier De Schutter and Kees Waaldijk, "Major legal consequences of marriage, cohabitation and registered partnership for different-sex and same-sex partners in Belgium," in Waaldijk, *More or Less Together*, 50.

27　Law Commission of Canada, Beyond Conjugality: *Recognizing and Supporting Close Personal Adult Relationships* (2001), http://www. cga.ct.gov/2002/rpt/2-002-R-0172.htm.

28　Deborah Stone, *Policy Paradox* (rev. ed.) (New York: Norton, 2001).

29　見 Alliance Defense Fund Web 網站，http://www.alliancedefense fund.org/about/history/founders.aspx (accessed March 28, 2006).

30　如 Pete Winn 內文引述 "Focus explains support for Colorado benefits bill," CitizenLink: *A Website of Focus on the Family* (February 15, 2006) (accessed February 22, 2006).

31　一九九八年，夏威夷選民通過該州憲法修正案（第一條二十三項），此修正案賦予州議會權力，將婚姻限制在異性之間，因而結束訴訟。

32　Winn, "Focus explains support for Colorado benefits bill."

33 David Moats, *Civil Wars: A Battle for Gay Marriage* (Orlando, FL: Harcourt, 2004).

34 Badgett, Sears, and Ho, "Supporting families, saving funds," 8–93.

35 Merin, *Equality for Same-Sex Couples.*

36 Daniel Borillo, "The "pacte civil de solidarité" in France: Midway between marriage and cohabition," in *The Legal Recognition of Same-Sex Partnerships: A Study of National, European and International Law*, ed. Robert Wintemute and Mads Andenaes (Oxford: Hart, 2001): 478-479; Martin and Théry, "The PACS and marriage and cohabitation in France."

37 Daniel Borillo and Eric Fassin, "The PACS, four years later: A beginning or an end?" paper presented at the conference "Same-sex couples, same-sex partnerships, and homosexual marriages: A focus on cross-country differentials," Stockholm, Sweden (2003); Martin and Théry, "The PACS and marriage and co-habitation in France."

38 Borillo, "The pacte civil de solidarité"; Eric Fassin, "Same sex, different politics: "Gay marriage" debates in France and the United States," *Public Culture* 13 (Spring 2001): 215–232; Stychin, "Civil solidarity or fragmented identities?," 347–375.; Martin and Théry, "The PACS and marriage and cohabitation in France."

39 Waaldijk, "Major legal consequences of marriage, cohabitation and registered partnership for different-sex and same-sex partners in the Netherlands"; Nancy G. Maxwell, "Opening civil marriage to

same-gender couples: A Netherlands-United States comparison," *Arizona Journal of International and Comparative Law* 18 (Spring 2001): 150.

40 Waaldijk, "Major legal consequences of marriage, cohabitation and registered partnership for different-sex and same-sex partners in the Netherlands."

41 Eskridge, *Equality Practice*.

42 Waaldijk, "Major legal consequences of marriage, cohabitation and registered partnership for different-sex and same-sex partners in the Netherlands," 450–451.

43 Ingrid Lund-Andersen, "The Danish registered partnership act," in *Legal Recognition of Same-Sex Couples in Europe*, ed. Katharina Boele-Woelki and Angelika Fuchs (Antwerp, Belgium: Intersentia, 2003), 13–23.

44 Guðný Björk Eydal and Kolbeinn Stefánsson, "Restrained reform: Securing equality for same-sex couples in Iceland," paper presented at the conference "Same-sex couples, same-sex partnerships, and homosexual marriages: A focus on cross-country differentials," Stockholm, Sweden (2003).

45 Matti Savolainen, "The Finnish and Swedish partnership acts–similarities and differences," in *Legal Recognition of Same-Sex Couples in Europe*, ed. Katharina Boele-Woelki and Angelika Fuchs (Antwerp, Belgium: Intersentia, 2003): 24–40.

46 Karin M. Linhart, "Decriminalization of homosexuality and its

effects on family rights: A German-U.S.-American comparison," *German Law Journal* 6 (June 1, 2005): 943–966.

47　Badgett, Sears, and Ho, "Supporting families, saving funds," 8–93.

48　New Jersey Permanent Statutes, Title 26, Section 8:A-4.1.

49　De Schutter and Waaldijk, "Major legal consequences of marriage, co- habitation and registered partnership for different-sex and same-sex partners in Belgium."

50　比如可見 Linda Nielsen, *National Report: Denmark*, "Study on matrimonial property regimes and the property of unmarried couples in private international law and internal law." The Hague and Louvain-la-Neuve, April 30, 2003, http://ec.europa.eu/justice_home/doc_centre/civil/studies/doc/regimes/denmark_report_en.pdf；見 Elena Urso, "De facto families and the law: Dealing with rules and freedom of choice," *International Society of Family Law* (Bristol: Jordan, 2001): 187–222，義大利資料；Turid Noack, "Cohabitation in Norway: An accepted and gradually more regulated way of living," *International Journal of Law, Policy & the Family* 15.0 (April 2001): 102-117，挪威資料；Waaldijk, "Major legal consequences of marriage, cohabitation and registered partnership for different-sex and same-sex partners in the Netherlands".

51　也可見 Waaldijk, *More or Less Together*.

52　Noack, "Cohabitation in Norway," 108.

53　Urso, "De facto families and the law," 187–222; Walter

Rechberger, *National Report: Austria* (The Hague and Louvain-la-Neuve: European Commission, 2001); Law Commission of Canada, *Beyond Conjugality*.

54   Noack, "Cohabitation in Norway," 102-117.

55   Richard McCoy, Vermont Department of Public Health, personal communication, March 19, 2007.

56   Office of Legislative Counsel, *Report of the Vermont Civil Union Review Commission* (Montpelier, VT: Office of Legislative Counsel, 2002).

57   McCoy, 2007.

58   見 Nancy Polikoff, *Beyond (Straight and Gay) Marriage* (Boston: Beacon Press, 2008)，對婚姻中的強迫或選擇進行分析。

改變的步調

我們是否走得太快？

The Pace of Change

Are We Moving Too Fast?

考量到婚姻作為社會與法律制度之歷久不衰與適應力，歐洲從一九八九年開始快速接納同性伴侶，看起來令人佩服又自然。前幾章呈現過婚姻制度的改變與出現想結婚的同性伴侶如何讓這兩者交會；截至二〇〇七年，有62％的歐盟居民所居住的國家都提供同性伴侶正式法定身分（不是婚姻就是在法律上有類似的身分）。婚權平等原則漸進穩定地延展，這顯示歐洲開放同性伴侶結婚的時機已經成熟。

　　相反的，美國截至二〇〇八年八月，只有21％的人口居住在賦予同性伴侶大部分或完整婚權的州。某些觀察家認為，美國較慢的改變步調以及為了不讓同性伴侶結婚而迅速動員來抵制，這些都顯示了美國就是還沒準備好。認為應該慢慢來的政治忠告也來自於四面八方，其中也包括某些支持同志平權原則的同盟。猶太拉比麥可・勒那（Michael Lerner）指出；「事實上，數以百萬計的美國人認為男女同志應該擁有平等的權利⋯⋯但是界線就劃在婚姻上。」[1]

　　先讓婚姻替代方案上台，可能可以給大家時間適應這個概念，或許某天就能開放婚姻制度，這是獲得平等一種較為漸進式的方法。有些人指出歐洲制訂出的登記伴侶制（registered partnership，美國稱為「民事結合」〔civil union〕），也是美國所需要的某種政治折衷，且在美國也愈來愈熱門。公社思想家阿米泰·艾茲歐尼（Amitai Etzioni）認為民事結合是有效的折衷選擇，因為同婚與反對陣營的倡議者在世界觀上就是扞格不入，「這種妥協並不是最好的」他坦白道：「但是在這個歷史的階段，這是我們的社會所能辦到的最好情況了。」[2] 我在第八章詳細探討了美國是否應該尋求婚姻的替代方案來回應同志伴侶的要求。在本章將會看到，歐洲就連替代方案路線都比美國的替代方案走得更遠更快。

除了有慢下來與妥協的壓力之外，我們也看到布希總統與其他人對於改變的步調感到憂心，他們對於「社運型法官」（activist judges）感到義憤填膺，這些法官竟然與主流民意不同調。當佛蒙特州最高法院判決催生出二〇〇〇年的民事結合，以及二〇〇四年麻州最高法院准許同志可以結婚，司法流程好像一夕之間改變了這個運動；從原本漸進式的發展，演變成 GLB 公民的認可運動，到達了一個嶄新的間斷平衡（punctuated equilibrium）（雖然註冊同居伴制生效已有八年之久，婚姻平權的法案也通過兩次，但之後反對者依然稱二〇〇八年加州最高法院的結婚判決為司法行動主義）。

顯然美國人對於同志伴侶法律權利的改變步調意見分歧。覺得速度太慢、太快或是剛剛好的答案都有，端看你問的是誰。過去十八年以來，歐洲的改變似乎比較是漸進式的，要是我們以歐洲量表來衡量美國的變化會怎麼樣呢？多仔細看看歐洲的情況，可以看到法律如何變化又為何會發生改變。本章找出了關鍵要素，可以預測一九九〇年代與二〇〇〇年以降第二波認可同性伴侶先驅國家的法律變化。有了這些關鍵因素，便可以問一個更貼近美國當地的問題：「賦予同性伴侶法定身分，美國與歐洲在步調和進展上是否真的那麼不一樣？」或許出乎意料的是，將預測歐洲變化的相同因素應用到美國的五十個州，結果顯示這兩處的變化都差不多的緩和速度在進行。

改變的方式及發生在歐洲的原因

　　幾年前，荷蘭的《同志報》（*De Gay Krant*）出版了一本手冊，裡頭勾勒出了荷蘭同性伴侶在一九八〇年代開始爭取「民事婚姻開放」[3] 的漫長道路。[4] 這本給其他國家運動者的「教戰」指南強調了幾項荷蘭成功推動的關鍵條件：

* 《同志報》集結了一群全心投入的同志領袖（而不是對結婚興趣缺缺的男女同志運動組織）。

- 荷蘭議會裡進步與公開出櫃的同志議員制定策略，支持運動者的努力。
- 草根運動者推動當地市政府建立伴侶登記制度，提升大眾的同性伴侶議題意識。
- 大眾強力支持同志伴侶，而且支持度愈來愈高 —— 早在一九九〇年代，多數荷蘭民眾都支持同性伴侶平等權；到了一九九五年，73％的民眾贊成同志應該要能結婚。
- 最後，沒有基督民主黨參與的全國聯合政府為註冊伴侶制鋪路，最後終於獲得婚姻平權，雖然官僚怠惰讓人們等上經年才迎來最後的變革。

如第八章所述，法律學者基思・瓦迪克將荷蘭的歷史發展過程歸納成扼要的「積沙成塔變化法則」，用來說明通過同性伴侶相關的認可法律。[5] 每走一步都讓同志更接近平等，削弱男女同志在法律上應該有不平等待遇的想法。留下的差距暫時性地在實務與象徵意義上成為「對同性戀譴責」，平息反對者的怒火。[6] 等到荷蘭立法者於一九九八年施行註冊伴侶制之後，瓦迪克的結論是再也沒有任何理由可以將同志伴侶排除在婚姻之外。

儘管荷蘭的實例可能無法讓其他國家的運動者完全如法炮製，瓦迪克的方法看起來是一種簡單的方式，解釋國家可以**如何**為同志伴侶漸進式地爭取到權利。另一位法律學者尤瓦・美林（Yuval Merin）主張，這種漸進式的法律變革都是**必要**的——甚至是已經走到通過伴侶制相關法律這一步的國家[7]。在「如何做」的戰術問題背後，籠罩著更大的策略考量，也就是八個先驅國家在二十世紀末為同性伴侶打破了藩籬的**原因**，而其他國家為何卻沒有辦到。另外，在二○○一年開始加入第二波行動、開始賦予同性伴侶權利的那二十個國家又是如何呢？其他的國家與州是否免不了都會跟隨革新者的腳步？

　　想到賦予男女同志伴侶婚權隨之而來的法律與社會變化，會有不同的畫面躍入腦海：井井有條的立法理性辯論，與同志平權組織、保守教會激烈的抗爭有著強烈的反差。我們可能會想像教會內熱烈討論的畫面、浮現有決心的同性伴侶上電視的畫面，抑或是某些相對安靜的文化過程，打破了對同性戀的陳腐偏見，打開了一個全新的破口，讓新的觀念與政策進來。其實推動政策改變的諸多因素都很難拆解開來，即便是對研究改變的人來說某整程度上還是有點難以捉摸。

◆ 改變的務實壓力

比方說有些經濟學家認為一個國家的正式法律制度——例如婚姻——表示了各種推動資源效率應用的方式。[8]在這個脈絡下我們可以解讀婚姻為一種高度務實的契約,讓家庭與社會在組織生活時可以更有生產力。前幾章提到,多數婚姻的經濟與實務優勢都來自於一段承諾相守的長久關係,以及當關係終止時分配資產與收入的規範。根據這個觀點,婚姻在許多方面都推動高效率的家庭,進而帶動高效率的社會:

* **推動勞務專業化**(specialization of labor)。諾貝爾經濟學獎得主蓋瑞・貝克(Gary Becker)認為婚姻推動勞務分工,因而提升家庭效率,對異性戀伴侶來說就是男性主外賺錢,女主主內顧家。[9]這種專業化比起雙方共同完成各種工作還要有效率,可以讓家庭滿足果腹、幸福感、娛樂、學習等其他生活的需求。不過專業化對個人來說是危險的,因為家庭可能會瓦解。貝克的理論認為,長期承諾再以結婚契約鞏固非常重要,可以帶給配偶雙方安全感,使得專業化分工比較可能發生。

- **降低「交易成本」**。美國經濟學家羅伯特·波拉克（Robert Pollak）認為婚姻降低了伴侶的交易成本，也就是協商法定關係時所花費的時間與金錢成本，以這點來說婚姻是有實務價值的。[10] 以此來看，婚姻是一套標準契約，規定了若婚姻因為死亡或離婚劃下句點會發生什麼事，且明訂誰獲得結婚財產及子女監護權。婚姻的長期本質使得伴侶處境有變化時，不需要再協商關係的法律條款。[11] 比方說家庭的人數與財富會成長，但是家庭背後的婚姻契約不需要再因應成長而修改。

- **提供社會保險**。波拉克也注意到已婚伴侶與家庭合併在一起的財富與收入，可以做為家庭遇到困境時所提供的保險，例如收成失敗或是失業。就業者在必要時有經濟支持配偶的法律義務，這是許多國家的社會福利體系所內建的義務與期望。

- **表示堅定承諾**。艾斯克里居認為結婚的意願是非常重要的信號，表示對於一段感情關係的堅定心意。[12] 伴侶若同意結婚，便要花更多心力維繫感情關係，關係因而能長久的可能性會更高；這可能也代表儘管兩個人都有心，但萬一感情關係終止，他們也願意做出公允的安排。

- **享受規模經濟的好處。** 婚姻鼓勵人們組成較大的家庭（不只一位成人），有助於家庭享受「規模經濟」的好處。[13] 規模經濟指的是投入某些工作的時間與資源加倍，產出的則是兩倍以上的家庭利益與系統運行。比方說，一個人獨居的話可能需要花三十分鐘煮飯給自己吃，但是給同居的兩個人準備一餐可能只需要四十五分鐘，每一對伴侶可以省下十五分鐘的時間。

- **鼓勵照護勞務。** 結婚承諾的長久本質鼓勵互惠與利他，像伴侶彼此照顧，也會一起養育小孩。家庭中的無薪勞動是一個健康人類維生不可或缺的一部分。[14] 從這個角度來看，「繁衍」並不是小孩出生就沒事了，家庭是人類持續繁衍生命的地方。

既然比較有效率的家庭能帶來有比較有效率的社會，政策制定者就有了很實際的動機去關注家庭的需要。隨著家庭與需求改變，我們在這裡也可以納入同性伴侶，法律就應該有所調整。不過在經濟學家的理論中，將需求化為制度變革的實際機制有點模糊不清，其中一個可能性是基於在經濟競爭中勝出的社會發展理論。政策制定者可能認為讓法律承認同性伴侶會削弱經濟效率，使得國家落入競爭劣勢。[15] 我認為比較合理的說法，在於法律製造出來的家庭與真實存在的家庭之間的緊張真的存在，也帶動政治動員催生法律變革，讓法律與社會實務一致。[16]

不論是哪一種，至少向改變踏出的第一步會先需要意識到同性伴侶存在，以及同性伴侶對於婚姻或是類婚姻權利與責任的需求。康乃狄克州共和黨參議員里奧納·法賽諾（Leonard Fasano）投票支持民事結合，最近他如此說：「我們注意到有個錯誤，一個引起我們注意的問題。我們要面對的是解決因這個錯誤所引發的種種問題。」[17] 這個觀點讓我們可以推測，效率目標為推動力的時候，哪個國家比較有可能認可同性伴侶：**當一個國家的男女同志人口能見度高，就有可能賦予同志伴侶結婚權利，以促進個人、進而提高整體社會的福祉與經濟生產力。**

不過也有人擔心婚姻在推動效率方面的價值——婚姻對於個人或團體經濟福祉的貢獻在各國皆有差異。在某些國家，政府實際上會接手某一些家庭傳統的經濟責任。丹麥社會學家艾斯平·安德森（Gosta Esping-Andersen）用「去家庭化」（de-familialization）一詞來形容國家提供的社會保險、年金、育兒等其他家庭需求。[18] 我也在前幾章說過，有些國家出於某些目的，賦予同居伴侶與已婚伴侶的待遇相似，例如稅務或年金給付分配。在這些地方，婚姻對於伴侶及個人的經濟衝擊可能比較小。

當婚姻對伴侶的經濟重要性下降，一個國家賦予同性伴侶婚姻權利的實際動機在某個程度上可能會變小。一方面，如果婚姻為家庭帶來經濟效率的實際價值變低，那麼同性伴侶追求改變的需要有可能減低。同樣的，從國家的角度來看，為了獲得與改善伴侶及其子女之福利有關的實際益處，便有將同性伴侶納入婚姻制度的需求；但只要視同性伴侶與其他未婚伴侶一樣，去家庭化的政策便會降低了這樣的制度改革需求。

另一方面，只要國家繼續以某種方式（如免除繼承伴侶遺產稅）賦予已婚伴侶福利，且婚姻中的其他契約性內容對配偶雙方有意義（比如婚姻終止時，財產分配的規定），那麼婚姻依然能夠提升配偶福祉。我在第二章討論過，荷蘭伴侶意識到且也很重視婚姻的實務面，因此從這個角度看到的訊息是很矛盾的：**比起一個國家為每個人提供有價值的社會福利，與另一個更依賴家庭來提供個人需求的國家，前者更有可能認可同性伴侶。**

◆ 推動改變的政治壓力

相對於那些把焦點放在實際會導致結婚對象發生變化的事件，有些學者反過來指出法律制度與資源分配的方式有密切關聯。當我們將重點放在經濟與社會「大餅」的分配（不是餅的大小，如實際效率的考量），代表著制定法律與其他社會制度之時，權力與政治競爭比起務實效率更加重要。

經濟學者、政治科學家與社會學者指出法律常常賦予特別的某一群人利益。[19] 修訂法律的動機 —— 包括婚姻法，可能是因為現有制度給予某一群人比其他人更多的優惠，而因此有人想要改變；而這裡就是一套賦予異性戀伴侶比同性伴侶更多利益的法律。從這個角度來看，若要理解法律的變化，或許得勢群體態度的變化或掌握政治權力之人的改變會比經濟效率來得更重要。美國同志相關立法的研究顯示，相對政治影響力與看待同性戀態度的特徵是重要的預測指標，可推測論戰會如何發展。[20]

在此事上，反對者在吵的是什麼？我們很難找到會受到危害的具體經濟利益。在我看來，讓同性伴侶結婚是一個經典範例，科學家稱之為「帕雷托改善」（Pareto-improving）政策[A] —— 開放同性伴侶結婚沒有人在經濟上會蒙受損失，而有些人經濟上則會得利。[21] 我在前幾章也說過，雖然婚姻具有賦予某些已婚配偶經濟利益的權力，但同時婚姻也伴隨著與經濟相關的責任義務。美國研究發現賦予同性伴侶婚權每年會提升近十億的聯邦預算，州級預算則是增加好幾百萬，而這樣的發現其實不讓人意外。[22]

只不過，有些群體可能會藉由禁止同性伴侶結婚而獲得文化或政治利益。比方說天主教教會在全球立場堅定地反對同性伴侶獲得任何權益的認可；[23] 而在美國，保守利益團體長期一直利用同志權利議題進行政治鬥爭，而這其中也包括同性婚姻論戰，他們也藉此伺機募款。[24] 在個人層面上，吃傳統宗教信仰那套「同性戀有罪」的說法的人，對於各州認可同性關係可能會覺得不舒服，因此會抵制同性伴侶爭取婚權的努力。

威廉・艾斯克里居認為與同性伴侶有關的修法過程可能很複雜，混雜了政治與文化的變遷。[25] 他認為當恐同態度減少之時，會為男女同志建立了一個比較自由的社會環境。環境變遷鼓勵了同志更加公開現身並政治動員，開放與動員帶

A 編註：帕雷托改善（Pareto-improving）為一個重要的微觀經濟學概念。假設兩方是相互競爭的關係，本概念在於探討如何在不犧牲任何一方的福利或益處的情況下來改善另一方（或雙方）的福利。

來更多資訊，破除助長恐同的刻板印象與假訊息，這有助於降低恐同心理並帶來進步的法律變革，最後在一些法律的範疇中為同志與同性伴侶贏得平權。

從各種不同的政治與文化角度來看，當這兩種政治變遷來臨時，我們應該會看到政府開放同性伴侶獲得婚姻的權利與責任。首先，支持同性伴侶結婚的群體或許可以獲得政治力或社會談判力。**左傾政黨勢力愈大，同志社運組織的影響力便愈大，抑或是宗教組織影響力式微，這些事件全都會讓法律愈有可能認可同性伴侶。**第二，長久的政治掌權者的利益與目標可能會改變。**隨著時間經過，同性戀或婚姻的社會規範鬆綁——無論是在菁英階層與大眾間，那麼認可同性關係的法律就愈有可能出現。**

各國比較：第一印象

要從現實世界觀察中梳理出改變的根本起因，主要的方式就是比較。[26] 學者有時候會在**同一個國家內**比較不同時間點的文化、社會或經濟變化，來探究改變與新法通過之間的關聯。[27] 另一種做法是用較大範圍的方式來追蹤或衡量差異，對比有伴侶制或婚姻平權的國家與沒有這些制度的國家。如果有類似法律的國家具有特定相同因素，那些特徵很有可能是實際改變的**起因**，如果法律在不同的國家沒有相同因素，就更是如此。

在此我會並列不同國家的經驗，尋找共通點與差異之處，能幫我們了解為何有些國家會賦予同性伴侶法律權利，但其他國家沒有。第一波開放的八個國家與其他國家比較之後，讓一組因素更加明確清晰，似乎能給出改變的解釋。

近期的變化讓我能在更大範圍的國家中做比較，我從這些國家中挑選出了在二〇〇七年通過伴侶制度相關法律的國家，與其他不允許同性伴侶選擇公開法律身分的歐洲國家、北美洲國家以及澳洲進行比較。比較使用了量化與質性方法，都是社會科學家所發展出來的研究法，讓我們可以評估宗教、政治意識型態、政黨、男女同志社會運動、同志能見度與家庭動力在賦予同性伴侶權利上所扮演的角色。

為同性伴侶率先制訂註冊伴侶制的四個國家為：丹麥，是一九八九年的先驅國，其後挪威（一九九三）、瑞典（一九九四）與冰島（一九九六）年跟進。一九九八年荷蘭成為第一個讓同性伴侶可以註冊為伴侶的非北歐國家（此例中，異性戀伴侶也可以）。僅僅三年後，荷蘭成為第一個讓同性伴侶結婚的國家。比利時走的路與荷蘭相同，一九九八年先賦予同性與異性伴侶註冊伴侶制，接下來於二〇〇三年開放同性伴侶結婚。法國於一九九九年實施 PACS，同性與異性伴侶皆適用；德國從二〇〇一年開始，讓同性伴侶可以註冊為「生活伴侶關係」（Lebenspartnerschaft）。

　　光一眼掃過這一串國家名單，就隱約看得到支持同性伴侶關係獲得認可的某些共通因素與獨特因素。這八個國家每一個都是議會民主制（parliamentary democracy）[B]，且將家庭政策擺在國家級層次。賦予同性伴侶婚權的論戰也揭露了某些可能的共通理由，以及政策改變的條件。[28]

　　不過文化和歷史差異，造成各國的政治論戰與政策設計有其獨一無二的特性。廣泛的文化差異很難以量化方式掌握來簡單比較，比方說，北歐國家以其公民社會福利的平等主義路線著稱，儘管在北歐地區，每個國家因其不同的國家特性而聞名。[29] 荷蘭過去以包容不受歡迎的群體的寬容性而著稱——特別是同志，將同婚置於合乎邏輯的歷史延續性上。而在某些國家的左翼政黨可能是恐同派，像是有人說法國的社會黨（Socialists）就是一例，[30] 但另一個國家的左翼政黨可能鼎力支持同志伴侶，比如說德國的綠黨（Green Party）。[31]

✦ 有組織的全國男女同志運動

　　在每一個國家中，有組織的全國性同志運動都種下及培養觀念的種子，這個觀念便是同性伴侶應該要有可以結婚的權利，如若沒有，那麼他們至少也應該能擁有一些已婚及未婚異性伴侶皆享有的權利。有些國家的這類組織歷史悠久 —— 挪威與丹麥的現代團體發源可以回溯至一九四八年，[32] 荷蘭的「荷蘭同性戀融合協會（COC）[C]」發跡於一九四六年。[33] 丹麥男女同志全國聯盟（The Danish National Association for Gays and Lesbians）早在一九八四年就提出法

B　編註：議會民主制又稱內閣制、議會制，為一種政治制度。其特色在於「議會至上」，政府的首長（總理或首相等）是來自多數議會的支持，同時也須贏得國會的信任。若行政首長未能贏得國會大選，連同首長之內閣需同時提出請辭。而在大多數議會民主制的國家中，國家元首以及行政首長的職務是分開的，且大部分元首都只是象徵性的職位。

C　編註：荷蘭同性戀融合協會（COC）創立於一九四六年，為全球歷史最悠久的同志組織。該協會原本在創立之時的名字是《文化與休閒協會》（*Cultuur en Ontspanningscentrum* [Center for Culture and Leisure]），其目的主要是要隱藏協會的真實服務宗旨及目標，因在當時的荷蘭，與同性發生性行為是有罪的，COC 在當時只能祕密聚會及行動。目前該協會在荷蘭有 24 個分部，其會員超過 7,000 名。

案為伴侶爭取權益。[34]

　　在某些國家，對於獲得婚權是否是一個重要、甚至是想追求的目標，有組織的男女同志政治運動並沒有共識。比如說在荷蘭，COC 沒有立刻加入《同志報》的政治運動，《同志報》是組織與遊說爭取婚姻的核心組織，因為 COC 的領袖將個人權利的議題擺在前面，而並非伴侶的權利。[35] 挪威與丹麥的某些同運人士也表示，對於要採用異性戀生活核心的制度感到矛盾。[36]

◆ 重要先例的存在

　　第一波的八個國家幾乎大多數通過伴侶制法案時，他們早已經立法通過賦予男女同志某些重要權利的法律。這些先例符合先前已提及的尤瓦・美林的概念以及基思・瓦迪克「積沙成塔的變化法則」。不過瓦迪克以及美林也注意到積沙成塔變化法則的規律並非完全一致。[37] 有些國家（如德國與比利時）一方面承認伴侶權益，另一方面卻沒有全國性地立法禁止歧視；有些有先例的國家並沒有實施伴侶法，直到後來第二波才開放（盧森堡、斯洛維尼亞、瑞士與捷克共和國）。我們要記得，因為有些相同的因素可能會影響反歧視法及伴侶法，但共通先例可能無法告訴我們這些國家施行伴侶法的**原因**，這點很重要。

✦ 共同的務實根據

不同國家為伴侶爭取權利的政治動機也有共同的根據，尤其他們皆正視同性伴侶也需要受到法律的認可，才能藉此獲得為了鞏固與支持家庭所需的權利與利益。不令人意外的是，愛滋疫情也揭穿了某些地方的男同志伴侶因為不平等的身分而成了板上釘釘的弱勢。[38]

在幾個國家中，政府委員會受委任調查認定伴侶關係的需求與適當政策之必要性，既為法律提供了分析依據，也成為達成最終法律訴求的工具。丹麥的法律其實是在一九八四年委員會報告之後出爐；[39] 瑞典成立了幾個委員會來調查關於同志的政策——第一個委員會於一九七七年召開、[40] 另外一個委員會則在一九九三年建議提出註冊伴侶法。[41] 一九九二年，荷蘭的委員會也建議了類似丹麥模式的註冊伴侶法，之後還有一個委員會於一九九七年發表的報告中建議全面解除婚姻的限制。[42] 而法國豪斯（Hauser）委員會提議出一種認可伴侶的形式，該形式與後來的 PACS 有點不一樣。[43]

◆ 左派政府的重要性

在大多數情況下，伴侶法都是在左派政黨占多數席次時在議會通過的。左傾政黨與伴侶法案之間的關聯在第一波與第二波的國家都相當顯著。有許多時候，伴侶法的論戰是在保守政府當權時開始，但正面的行動都只有等到政府改朝換代才會到來：

- 挪威在一九八九年中右翼聯合執政下開始討論，但是最後法案是在少數黨政府工黨[D]的支持之下於一九三三年通過。[44]

- 法國社會黨初期於一九九〇年提出伴侶法案，但一直都沒有通過，直到一九九九年該黨執政。[45] 根據博里約（Borillo）的說法，PACS 的論戰成為經典的左右派議題。[46]

- 在荷蘭，註冊伴侶法要一直等到一九四四年後，基督民主黨不再執政才有進展。[47] 在左派政府的支持及博里斯·迪特里奇（Boris Dittrich）的帶領下，議會投票通過解禁婚姻限制。迪特里奇是公開出櫃的國會議員，其政黨在一九九八年的聯合政府組成協議中推動納入婚姻平權議題。[48]

- 從一九八二年開始，來自左派政黨的德國國會議員提出賦予伴侶權利的法案，但法案始終毫無進展，直到社會民主黨（Social Democrat）與綠黨組成聯合政府並於一九九八年執政。[49] 事實上，在這些國家，挺同志的政黨在政見上常常鼓吹賦予同性伴侶權利。
- 二○○四年三月贏得大選之後，西班牙新上任的社會黨總理荷西・薩帕特羅（José Luis Rodríguez Zapatero）宣布他支持賦予同性伴侶結婚之權利，而這個目標於二○○五年達成。

　　保守派政府一般來說都不會支持這種法案是意料中事，即便這個模式有個鮮明例外。一九八九年，丹麥的聯合政府由保守黨帶領，但聯合政府中也包括了長期支持註冊伴侶法的政黨，而這些政黨在註冊伴侶法案上沒有官方立場。[50] 政黨的重要性多少都減弱了，因為實際上政黨會允許其黨員在

D　編註：挪威工黨（Arbeiderpartiet），是挪威的主要政黨之一，為最大的中間偏左政黨。工黨在挪威從一八八七年成立至今長期執政，且因工黨致力於建立社會保障體系以及公共健康保障體系，在工黨執政期間，政府致力於社福改革，挪威現今能成為一個全球數一數二的福利國家，工黨功不可沒。

「自由投票」時按照自己的良心投票，丹麥就是這樣。[51]

冰島的情況也與意識形態模式不同。一九九六年冰島通過的伴侶法案時，中右派聯合政府是由右翼的獨立黨（Independence Party）領導，但所有政黨官方立場皆支持終結對男女同志的歧視。[52]

✦ 論戰中的共通議題

至少到二〇〇〇年，荷蘭議會投票通過讓同性伴侶結婚時，這九個國家都想清楚劃分婚姻身分與註冊伴侶身分。德國之所以這麼做，是因為他們認為憲法要求他們要維護婚姻作為伴侶最重要的特權身分。在其他案例中，有些國會議員擔心如果讓同性伴侶也獲得婚姻的身分，會削弱婚姻制度。在這些論戰中，親職的議題占很大一部分，使得九個國家皆拿掉了所有與同志伴侶收養或親權等類似相關的平等權。

✦ 共通的反對者

大多數反對賦予同性伴侶權利的反對聲浪都來自抱持宗教動機的運動人士。在某些案例中，赤裸裸的反對來自於官方教會組織，例如瑞典與挪威的國家教會、或是法國的天主教教會。[53] 在北歐國家，這類的反對意見並沒有成為變革的主要政治阻礙。[54] 不過法國天主教教會裡的宗教傳統人士與其他教會大張旗鼓反對 PACS 通過，包括一九九九年一月巴黎有十萬名反對人士上街示威。[55] 舉個比較近期的案例，二〇〇七年五月天主教教會動員了數以萬計的反對者抗議義大利的民事伴侶法案。[56]

✦ 國家文化傳統的重要性

在各個國家，關於伴侶法的辯論也帶出了一些獨特的重要因素。漢寧・貝克（Henning Bech）預測丹麥的法案問世之後，其他的國家需要「為自己的理念，動員額外的支持力，也就是強大的國家文化傳統與象徵。」[57] 這些文化傳統很難定義，也很難評估在辯論中的相對價值，但是在地的觀察家注意到了特定的模式，在我看來有其關聯性，但很難精確衡量：

- 「*frisind*」（丹麥語）的觀念，或是「心胸寬廣、包容與社會責任，守護每一個人真正獲得平等的機會」扮演了重要的角色，讓丹麥願意率先為同性伴侶制訂出新的法律關係。[58]
- 在荷蘭，社會要包容不同群體的政治觀使得接納男女同志的程度愈來愈高，也愈來愈能融入社會。用舒夫與克洛威（Schuyf and Krouwel）的話來說：「這種政治文化與制度先天就傾向在不同社會群體間達成**共識**，這些群體皆為少數。」[59]

- 瑞典重視共識與全民社會福利，為同性伴侶獲得認可而鋪路。楊思・史托姆注意到「在北歐，社會應該要包容每個人，但每個人也應該遵守相當明確的行為規範。」[60]

- 深植於法國共和主義（republicanism）概念中的普世主義模式（universalist model）的公民身分，催生了適用於同性與異性伴侶的新身分，而不是只提供給男女同志的特殊身分而已。[61] 這種方式與美式身分認同的政治模式形成對比，在美國的這種政治模式下，同志的利益是反映在明確針對同性伴侶的立法中。[62]

擴大比較

賦予同性伴侶婚權或伴侶權的不同國家存在著相似之處，並無法證明這些因素就是法律變革的主要推手；其他未賦予同志伴侶權利的國家可能也表現出類似的特徵、局勢與傳統。更進一步來說，本書此處檢視的在地分析者沒有強調的其他重要背景特徵可能也是很重要的。

比較有無承認伴侶法的國家應該能帶來額外的深入觀點，了解同性伴侶法的重大決定因素。擴大比較的範圍能夠提升廣度，但也流失了細節與文化細微差異。放大範圍的方式其優勢在於可以納入更多國家，也能掌握到某些廣大的差異，是較細緻的比較所無法突顯的。而放大範圍的做法也提升了能將研究結果歸納到更多國家的潛在力。

讓讀者更加了解各種社會科學認為重要的實務與文化因素都扮演什麼角色，我在有無承認同志伴侶的國家間做了比較。更明確來說，我將「承認」的國家限制在提供同志伴侶可以公開註冊伴侶關係的國家，這種伴侶關係類似或與婚姻同等。[63] 除了目前為止我討論過的歐洲國家，我也加入了其他歐洲與北美洲國家；另外只要有可供比較的資料，我也會加上澳洲。我採用了兩種學術方式，一種是比較國家統計數字，而另一種則是比較質性的做法，最後再將統計數字轉換成廣義特徵。關於資料與統計程序詳見附錄一，但要知道的重點是這些方法是基於已經討論過的理論以及特定國家的第一印象，且這兩種方法帶來的發現也是相輔相成的。

我採取統計學角度來研究，哪些務實與政治的特徵與賦予同志伴侶註冊權或結婚權有關（或互有關聯）。務實面的可能包括：

- 同志能見度指數，計算一九九〇年中一個國家每百萬居民的同志商家數。
- 離婚率與同居率（沒有結婚的異性伴侶比例），計算了伴侶選擇結束或避免結婚的實際數字，這至少表示了一部分對結婚的主觀需求。
- 一個國家的社會支出占該國 GDP 的比例，這會反映了社會支持計畫的存在，而這些計畫可能會降低婚姻成為必要的社會保障與支持來源。
- 認為婚姻為落伍制度的居民比例。

以下的政治衡量指標可以掌握盟友或同志議題反對者的潛在影響力大小，還有普遍對同性戀容忍的程度：

- 不想與同性戀當鄰居的居民比例。
- 高度虔誠的居民比例，以一個月至少參加一次宗教禮拜為衡量標準。
- 工會成員勞工的比例（或是「工會密度」），該比例與偏自由派社會計畫的支持度常常有關。

- 同志的政治勢力,以同志組織指數來衡量,該指數計算每百萬名居民的同志公民與政治組織數;也計算出一九八〇年代中期到一九九〇年代中期間長期全國性同志組織的有無。

圖 9.1 比較了第一波承認同志婚姻國家(二〇〇〇年前的八個國家)與二〇〇〇年後第二波承認國家的變因平均價值。第一波國家實務特徵平均價值較高,政治特徵也有較高的自由價值。在第一波國家中,同志商家比較常見、婚姻較不普遍,國家也承擔比較多的社會福利責任。此外,比起其他未承認同志關係的國家,第一波國家的同志組織較多、包容同志的居民數也較多,而人口信仰虔誠度較低。不過所有的國家的平均生育率都差不多(每個國家的變因價值請見圖 A.1)。

統計迴歸法讓我可以維持某些因素的常數值,以檢驗其他因素是否與認可同性伴侶關係的可能性有關。推測二〇〇〇年前第一波承認同志伴侶有哪八個國家時,還有幾項浮現的特徵很重要(迴歸分析細節詳見圖 A.2 與 A.3)從務實面來看,同志的能見度愈高(按照同志商家指數來衡

圖 9.1　跨國類型的衡量指標比較

效率相關的變項

國家類型	商業指數	同居伴侶%		公共社會支出（占 GDP%）		離婚率		認為婚姻為落伍制度	
	1990	1990	2000	1990	2000	1990	2000	1990	2000
第一波	16.8	15.8%	27.0%	23.8%	23.5%	40.0%	44.6%	16.5%	20.6%
第二波	11.7	7.4%	14.0%	17.0%	18.9%	32.0%	38.6%	13.5%	20.2%
不認可	7.8	3.9%	8.9%	16.0%	18.9%	22.3%	31.1%	12.6%	16.2%

衝突相關的變項

國家類型	不想要左鄰右舍是同性戀		至少每個月都會參加宗教禮拜		同志組織指數	全國性同志組織	工會密度	過去信仰天主教
	1990	2000	1990	2000	1990	1985-1995	1995	
第一波	21.0%	12.1%	17.5%	16.4%	10.0	88.9%	47.0%	22.2%
第二波	36.6%	19.2%	32.0%	25.4%	5.5	60.0%	25.0%	40.0%
不認可	52.1%	39.4%	50.8%	48.9%	3.0	44.4%	29.4%	66.7%

性別相關變項

國家類型	女性勞動參與率		生育率	
	1990	2000	1990	2000
第一波	67.1%	70.8%	1.8	1.7
第二波	63.1%	66.3%	1.7	1.4
不認可	55.1%	55.1%	1.9	1.6

量）、高異性戀同居率以及社會支出較高的這三點提升了認可同志伴侶關係的可能性。從政治面來看，信仰虔誠度較低的國家、包容度較高的國家、工會密度高的國家，以及同志組織指數值較高的國家比較可能成為第一波認可同志伴侶權利的國家。

將第二波國家與第一波國家分成一組時，相同的因素重要性不減，不過有一個例外就是兩波國家合在一起看時，各國社會支出與不認可同性伴侶關係的國家並無差別。不過如圖 9.1 所示，第一波國家對同性戀的包容度特別高。

既然這些不同的特徵似乎很容易組合在一起，我用了第二個技巧，專門設計來掌握這些聚集在一起的特徵。到這裡我按照這些變因的平均價值重新分類主要變因，將其分成兩種可能性，例如「包容」或「不包容」。新的分類用了比較簡單的方式來掌握每個國家的特徵。附錄一說明了我是用何種方式來辨別哪些國家有共通的認可政策以及可能的特徵組合。

我們可以明白地看到有些特定的特徵共同勾勒出了第一波國家。這些國家有共通的三項特徵，也就是低信仰虔誠度、高包容度與高同居程度。除了這三項特徵以外，在第一波國家中，不是同志商家指數高就是同志組織指數高，而大多數的社會支出程度也高。

　　只有兩個有類似的特徵組合「沒有」在二〇〇〇年前認可同志伴侶關係。第一波國家有的特徵芬蘭統統都有：低信仰虔誠度但包容度高、社會支出、同居程度、同志商家與同志組織指數皆高；芬蘭只是錯過了參與第一波的機會，而芬蘭也在二〇〇一年就通過了註冊伴侶法案，所以並不令人意外。

　　澳洲的社會支出程度高，但除了這個之外，冰島有的關鍵特徵澳洲也都具備。不過與冰島相比，澳洲反差鮮明的地方在它於二〇〇四年修訂聯邦憲法，禁止澳洲同性伴侶結婚，也不認可伴侶在其他國家所締結的同性婚姻。或許是因為保守派在澳洲長期執政而阻擋了預期中的運動，抑或是在澳洲的文化中有些獨特的因素阻擋了我們本來以為會發生的變革。[64] 不過即便是較為同志友善的工黨政府贏得選票，也沒有帶來重大改變；雖然二〇〇八年四月政府宣布會修訂一百條與年金和醫院探訪權相關的法令，賦予同性伴侶與未婚異性戀伴侶在這些事務上平等的權利。[65]

　　來看看第二波的國家，也就是從二〇〇一年以降通過伴侶註冊法或同志婚姻的國家，我們會發現這些國家就比較多元了。包容同性戀與較高的同居率依然是同志婚姻或同志伴侶權國家的特徵。除了高包容度與同居率之外，認可同志關係的國家也有以下三種其他組合的特徵：

1. 高社會支出與低信仰虔誠度。
2. 高社會支出、同志商家指數高、低同志組織指數。
3. 低社會支出、高信仰虔誠度、低同志商家指數與高同志組織指數。

　　顯然宗教信仰人口的存在不再排擠同志伴侶的權利了。而西班牙和加拿大與第一波國家有所不同且另闢蹊徑，這兩個國家的信仰虔誠度相對高，社會支出的模式也不同（西班牙高，加拿大低）。雖然一九九〇年代西班牙的同居率相當低，該國在二〇〇〇年也迎頭趕上鄰國。英國加入了冰島陣營，兩國特徵組合一樣，信仰虔誠度與社會支出程度皆低，都有活躍與能見度高的同志人口。

　　在第二波國家中，捷克共和國原本是個鶴立雞群的異數。雖然信仰虔誠度低，且在一九九〇年代捷克共和國的同居率、包容度、社會支出與同志社群組織指數皆低，這些條件都讓捷克共和國與第一波國家大相逕庭。不過到了二〇〇〇年，捷克人民與其他友善同志國家的人民看起來更像了，同居率、包容度與社會支出程度皆高。在通過伴侶法之前，捷克社會先走上了第一波國家所指引的方向，讓我的詮釋更加可信，這些特徵非常有可能是導致法律變革的特徵。

　　放大來看第一波國家與第二波國家之間的差異，新的改變途徑於焉浮現。加拿大案例（與南非案例）的不同之處在於同婚解禁的法案是高等法院裁示政府必須讓同性伴侶結婚才出現的。這條路線顯然與第一波國家不同，後者的改變皆是透過修法。西班牙決定要成為第三個讓同志伴侶合法結婚的國家，其速度快到令人瞠目結舌，這點表示左派政黨出人意表上台執政的政治大轉彎。不過西班牙早就有幾個省份為同志伴侶先制定了伴侶身分，顯示同志倡議者早就在國家政治潮流轉向時動了起來，播下能開花結果的種子。

　　從這些經驗中可以汲取的教訓之一就是在同志婚姻與伴侶法的考量中，務實面與政治面看來都很重要，社會科學理論也如是說。同志能見度與同志組織會提升改變的可能性。信仰虔誠度較低、更包容同志的國家改變門檻也可能比較低。其實這樣看起來，高度的包容與同居率都是國家層次變革所需的「必要條件」，再有信仰虔誠度低與社會支出（住房、高齡、遺眷、健康、家庭、就業、失業與收入補助）的國家級投入，都為變革的動力大大加分。

最令人訝異的發現就是異性戀伴侶的同居程度與法律認可同志伴侶關係之間的關聯了。或許這些新的異性戀家庭構成了推動變革的政治聯盟，雖說在我讀到的家庭法制變革論述裡，並沒有出現此類動員。關於同居現象崛起的論述，指向了法院的判決，以及因特定法案或異性戀人口組成趨勢而做的立法改革。或許是政策制定者已經處理了這些家庭的需求，也已經準備好並有心來處理同志家庭的需求，在某些國家過去的經歷就是如此。某些案例（但絕不是所有案例皆如此），比如說瑞典、荷蘭與加拿大，賦予未婚異性戀伴侶的權利與責任會先惠及同性伴侶，之後才讓婚姻或同居伴侶制生效。[66]時間會告訴我們，當葡萄牙明確正視了有實無名的同性伴侶制（有時會用這種說法）之後，是否會用更加正式的方式認定同性伴侶，讓伴侶真的有「選擇」是要透過婚姻或是登記制來向大眾公開的權利。

　　同居與認可同志伴侶之間為何有關聯，還有一個可能的原因——由於婚姻對經濟存亡與履行文化義務不可或缺的程度減少，結婚的普遍程度與熱門程度降低，所以政策制定者與大眾更願意開放這個制度給尋求進場的新家庭使用。這種情勢與美國比較保守的婚姻平權推廣者立場吻合，例如強納森‧勞區（Jonathan Rauch）與安德魯‧蘇利文，他們建議政策制定者應該視婚姻平權運動為撐起婚姻制度的助力。然而，將同志伴侶權與眾人對結婚興致的低落連結起來，與史丹利·庫茲一眾反對者的觀點一致，他們認為同性婚姻是導致婚姻全面瓦解的一步，雖然我在第五章裡曾說過，全面瓦解太誇張，而且這顯然不會是賦予同志伴侶權利所造成的。我猜政策制定者現在更有可能視家庭與婚姻的改變避無可避，可能讓他們對額外的變化更加開放，例如允許同志伴侶加入這套制度。

調整美國的變革步調

　　用我粗略的方式來劃分時期，歐洲第二波通過法案的浪潮剛過去一半，改變的阻礙愈來愈低，但美國呢？先找出哪些在歐洲成功締造改變的條件是美國也有的，我們就能了解美國各州比較起來是怎麼回事了。

　　截至二○○八年八月，美國有十個州提供（或即將提供）最低限度的法律權利給了向州政府註冊民事關係的同性伴侶。本書付梓之際，只有麻州與康乃狄克州允許同性伴侶結婚。佛蒙特州、康乃狄克州、紐澤西州、加州、新罕布夏州與奧勒岡州皆提供同性伴侶民事結合或同居伴侶身分，這些身分實質上都提供了所有州政府所賦予婚姻的權利與責任。另外三州提供給向州政府註記的同性伴侶較有限的配套，也就是「互惠受益人」（夏威夷州）或同居伴侶制（華盛頓與緬因州）。[67]而哥倫比亞特區賦予同居伴侶幾乎完整的婚姻權利。[68]全體一起看的話，有賦予同性伴侶某些權利的各州，加起來的人口共占美國人口的四分之一（24％）。

第一波的開放身分是否走得太快，要評估這個問題的方法之一就是與第一波承認同志伴侶的歐洲國家比較。為了要進行比較，我使用了州級的衡量指標，也就是從第一波開放國家身上找出的三大關鍵改變條件：高異性戀同居率、低宗教信仰程度以及高度包容同性戀。[69]儘管美國所用的衡量指標或多或少都與國際上所使用的不一樣，美國蒐集到的資料呈現的統一程度讓我們有機會使用變因，這些變因更加貼近從理論架構找出的概念：

- 異性戀的同居率來自於二〇〇〇年大普查，計算出將自己分類為「未婚伴侶」的異性戀伴侶比例。[70]
- 以州級的包容衡量指標來說，我使用的是葛雷戈里‧路易斯（Gregory Lewis）從數項調查所計算出來的衡量指標，調查詢問了同性戀行為是否道德或同性行為是否應該合法。[71]

- 為了衡量信仰虔誠程度，我用了「宗教組織統計協會」（Association of Statisticians of Religious Bodies）針對宗教機構所做的「二〇〇〇年宗教會眾與教友調查」（2000 Religious Congregations and Membership），計算該州福音教派的信徒（例如教友會眾、其子女與其他慕道友）占總人口比例。[72]

針對每一項衡量指標，我計算了各州的平均值，並就下列條件給各州打分數：高於平均的同居率、高於平均的包容度、低於平均的福音派居民人口占比。[73] 圖 9.2 呈現了各州實際的主要衡量指標數值以及總分。

圖 9.3 則呈現了二十個分數為 3 的州，顯示他們在同居率、包容度與信仰虔誠度的指標最像第一波認可同性伴侶的歐洲國家。而認可同性伴侶的州我會打上星號。第一波開放的十個州當中有九個具備這三項特徵；紐澤西則是唯一的例外，由於異性戀同居率低的原因，而被排除在外。

前文也說過有些法律學者主張漸進主義的觀點，這種觀點認為思考要賦予伴侶什麼權利的州與國家，會以過去成功立法的同志議題為基礎，例如立法禁止就業性傾向歧視；而賦予同志伴侶權利的十個州的確都有反歧視法律，只不過這項公民權法是在同居伴侶制「之後」於緬因州生效的。在奧勒岡州，這兩項法案則是同時生效。在認可同志伴侶的國家與州，這兩項法律變革的時間差距變化相當大。在我看來，整體而言在推動婚姻平權運動上，公民權利法並非絕對必要的條件，而且單靠該法也不夠。反歧視法與認可同性伴侶身分發生時機的密切連結，可能表示公民權利法案的通過可能是源自多種同類型的社會與政治變化，這些變化也催生了同性伴侶相關法案的誕生。

不過更重要的一點是，歐洲國家與美國的改革之路顯示務實與政治因素都推動著賦予同性伴侶結婚權或伴侶權的政策。從這個大視角來看，法律承認同性伴侶的運動並沒有趕在社會價值的前頭，或是由社運型法官強行塞給毫無準備的大眾。透過本章的比較，顯示美國的改變一直也是有條有理，因應不同州的需求與政治特徵而產生。

這些比較也讓我們心裡有個底能知道在不遠的將來會發生什麼事。名單上剩下的十一州裡，有四州（科羅拉多、馬里蘭、紐約與羅德島）在過去一兩年內都有積極的活動在推動同志伴侶註冊制的問世，甚至有些州差一點就成功了。紐約州州長大衛・派特森（David Paterson）支持婚姻平權，也

圖 9.2　與美國變革有關的關鍵因素

州	同居異性伴侶 百分比（%）	福音派信徒 百分比（%）	預期會支持同志 性行為合法人數 百分比（%）	整體分數
阿拉巴馬	5.3%	40.6%	39.6	0
阿拉斯加	11.7%	12.5%	69.0	3
亞利桑那	9.7%	9.5%	69.6	3
阿肯色斯	6.0%	43.1%	47.6	0
加利福尼亞	9.1%	7.2%	73.2	3
科羅拉多	8.6%	10.6%	73.6	3
康乃狄克	8.3%	2.4%	78.8	3
達拉威	9.7%	5.2%	63.1	3
佛羅里達	9.u3%	14.0%	63.1	3
喬治亞	7.5%	27.8%	54.7	0
夏威夷	8.9%	8.1%	84.1	3
愛達荷	7.0%	9.0%	57.0	1
伊利諾	7.7%	10.3%	66.8	2
印第安納	8.4%	16.0%	57.0	1
愛荷華	7.7%	11.7%	66.0	2
堪薩斯	6.3%	15.6%	64.2	1
肯塔基	7.0%	33.7%	43.6	0
路易西安納	8.5%	21.5%	55.3	1
緬因	11.2%	3.3%	65.7	3
馬里蘭	9.1%	7.7%	70.4	3
麻薩諸塞	8.7%	2.4%	76.6	3
密西根	8.8%	10.8%	63.6	3
明尼蘇達	8.2%	11.1%	67.3	2
密西西比	7.5%	39.7%	42.8	0
密蘇里	8.2%	24.7%	60.1	0
蒙大拿	8.0%	11.2%	67.7	2

州	同居異性伴侶百分比（%）	福音派信徒百分比（%）	預期會支持同志性行為合法人數百分比（%）	整體分數
內布拉斯加	7.0%	14.6%	64.7	1
內華達	11.6%	5.4%	76.2	3
新罕布夏	10.2%	2.4%	74.6	3
紐澤西	7.6%	2.4%	72.3	2
新墨西哥	10.3%	13.1%	54.8	2
紐約	9.1%	2.9%	72.9	3
北卡羅萊納	7.2%	25.6%	51.0	0
北達科他	7.2%	9.7%	57.5	1
俄亥俄	8.4%	10.0%	60.0	2
奧克拉荷馬	6.2%	41.5%	50.4	0
奧勒岡	9.9%	11.4%	73.2	3
賓夕凡尼亞	8.1%	5.7%	64.6	2
羅德島	9.5%	1.6%	72.9	3
南卡羅萊納	7.4%	29.4%	55.1	0
南達科他	7.7%	13.8%	59.7	1
田納西	6.7%	37.0%	45.2	0
德克薩斯	6.7%	24.4%	55.4	0
猶他	4.5%	1.9%	55.7	1
佛蒙特	11.3%	2.4%	77.9	3
維吉尼亞	7.3%	17.1%	62.0	0
華盛頓	9.5%	9.8%	68.1	3
西維吉尼亞	7.4%	11.1%	46.8	1
威斯康辛	9.0%	12.7%	65.4	3
懷俄明	8.3%	11.4%	65.7	2
平均	**8.3%**	**14.5%**	**62.9**	

圖 9.3 州級同性伴侶權利之預測

阿拉斯加

亞利桑那

加利福尼亞 *

科羅拉多

康乃狄克 *

達拉威

佛羅里達

夏威夷 *

緬因 *

馬里蘭

麻薩諸塞 *

密西根

內華達

新罕布夏 *

紐約

奧勒岡 *

羅德島

佛蒙特 *

華盛頓 *

威斯康辛

打 * 號為正式認可同性伴侶關係的州。

侶途：同性婚姻上路後，這世界發生了什麼？

指示紐約州承認在其他州或國家締結的同性婚姻。馬里蘭州的最高法院以絲毫差距判決一椿同志婚姻訴訟敗訴，而在二〇〇八年州議會通過兩項法案，賦予同居伴侶醫院探視與雙方財產轉移州稅減免的相關權利，但這兩項法案都沒有促成同居伴侶註冊制。[74] 羅德島與紐約州伴侶可以在麻州結婚，羅德島開放同性婚姻的壓力也在節節高升。我在第八章談到了科羅拉多州差一點贏得同居伴侶權的故事，是反對派拖延了婚姻替代方案策略。

美國有可能到了某個時間就會進入第二波開放浪潮。來看看三項改變條件就具備兩項的州，便會發現有一些來勢洶洶的候選人。紐澤西已經添加了民事結合與同居伴侶制的選項，而呼籲婚姻平權的聲浪未減。新墨西哥州眾議院於二〇〇七年通過類民事結合形式的同居伴侶權法案，但因為參議院的修訂使得該法案無法在立法會期前通過[75]。愛荷華州的一場同志婚姻訴訟案即將在法庭開打。在我著書之際，伊利諾州正認真考慮通過民事結合法案。

研究一個一直在變動的主題不容易，毫無疑問在本書付梓之際，會出現新的州與國家透過立法認可同志伴侶──有可能是透過婚姻，抑或是其他身分。美國短期內不太可能迎頭趕上歐洲，但目前這兩大洲都是按照其所處社會的步調來走。看起來最有準備認可新形式家庭的州與國家 —— 也就是那些包容度更高、信仰虔誠度低與家庭形式愈多元的國家，就會是那些認可男女同志伴侶的所在。

註釋

1   Lerner, "The right way to fight for gay marriage."

2   Etzioni, "A communitarian position for civil unions," p. 66.

3   該詞「民事婚姻開放」是最後立法名稱的一部分。

4   Van Velde, *No Gay Marriage in the Netherlands*.

5   Waaldijk, "Small change."

6   同上，440。

7   Merin, Equality for Same-Sex Couples, 309.

8   該論戰是關於為何改變的發生涉及的不只是法律。社會科學家與歷史學家長久以來都在爭論為何所有的社會制度，那些「以特定方式主導社會互動架構」的制度會存在；Jack Knight, *Institutions and Social Conflict* (Cambridge: Cambridge University Press, 1992), 2.

9   Gary S. Becker, *A Treatise on the Family* (Cambridge, MA: Harvard University Press, 1991).

10   Robert Pollak, "A transaction cost approach to families and households," *Journal of Economic Literature* 23.0 (June 1985):

581–608.

11   相關開放同性伴侶結婚主張可見 Badgett, *Money, Myths, and Change*.

12   Eskridge, *The Case for Same-Sex Marriage*.

13   Julie A. Nelson, "Household economies of scale in consumption: Theory and evidence," *Econometrica* 56 (November 1988): 1301–1314.

14   Nancy Folbre, ""Holding hands at midnight': The paradox of caring labor," *Feminist Economics* 1 (Spring 1995): 73–92.

15   佛羅里達與蓋茲（Florida and Gates）的研究提出了一種競爭壓力的可能來源，他們發現大都會區同性伴侶比例與美國該區域高科技產業密度與成長有正相關。他們解讀這項發現，認為其證明了社會多元性與包容會吸引人才，而人才在多元的環境裡工作有利於經濟成長。如果承認同性伴侶的法案可以創造與表現國家價值，推動性與家庭的多元，那麼這些法案可能會以不合比例的方式吸引到更多受過高等教育、重視多元的移民。Richard Florida and Gary Gates, "Technology and Tolerance: The Importance of Diversity to High-Technology Growth," *The Brookings Institution Survey Series*, Center on Urban and Metropoli-tan Policy, June 2001。不過我們沒有直接證據支持這個假說，當佛羅里達與第納格里（Tinagli）將理論擴展到國際脈絡下時，看起來並沒有找到「歐洲包容指數」（Euro-Tolerance Index）與他們模型中的關鍵經濟成長因素，也就是「創意階級」（creative class）大小間的相互關聯。Richard Florida and Irene Tinagli, *Europe in the Creative Age* (London: Demos, 2004)。艾倫從反方向來提出這個主張：讓同性伴侶結婚最後無可避免地會改變婚姻的形式，婚姻已經演變到了目前這個理想的形式。Allen, "An economic assessment of same-sex marriage laws." 不過正如前幾章所提及的，我相信他對同性伴侶改變婚姻的看法是錯誤的。

16 法律學者瑪麗・安・格蘭登（Mary Ann Glendon）提供的觀點與我的能見度愈來愈高之假說一致：「其二，我們如果仔細看附在舊有法律形式上的習俗，其快速變遷會帶來什麼影響，我們就會發現社會中法律規定與實際婚姻的行為歧異愈來愈大，在實質結合伴侶身上，婚姻制度影子的輪廓愈來愈難以辨別。過去婚姻制度的陰影範圍愈來愈大，重要性愈來愈高，而使法律制度不得不再度正視法律、行為、與觀念變化之間的關聯。」Mary Ann Glendon, *Abortion and Divorce in Western Law* (Cambridge, MA: Harvard University Press, 1989), 15。諷刺的是，格蘭登一直是同婚開放的有力批評者，但是她勾勒出來的社會法律態勢反而可以讓同性伴侶進入婚姻的領域。Glendon, "For better or for worse?"

17 如 Tobin Coleman 所引用 "Senate backs civil unions," *Stamford Advocate* (April 7, 2005).

18 Gosta Esping-Andersen, Social Foundations of Postindustrial Economics (Oxford: Oxford University Press, 1999)；也可見 Francesca Bettio and Janneke Plantenga, "Comparing care regimes in Europe," *Feminist Economics* 10 (2004): 85–113.

19 比如可見 Knight, *Institutions and Social Conflict*；Daron Acemoglu,
    "Root causes: A historical approach to assessing the role of
    institutions in economic development," *Finance & Development*
    40 (June 2003): 27–30；Daron Acemoglu and James A.
    Robinson,"Political losers as a barrier to economic development,"
    American Economic Review Papers & Proceedings 90 (May 2000):
    126–130；Daron Acemoglu, Simon Johnson, and James Robinson,
    "Reversal of fortune: Geography and institutions in the making
    of the modern world income distribution," *Quarterly Journal of
    Economics* 117 (November 2002): 1231–1294；Nancy Folbre,
    Who Pays for the Kids? Gender and the Structures of Constraint
    (London: Routledge, 1994)；Bina Agarwal, "'Bargaining' and
    gender relations: Within and beyond the household," *Feminist
    Economics* 3 (March 1997): 1–51.

20 Scott Barclay and Shauna Fisher, "The states and the differing
    impetus for divergent paths on same-sex marriage, 1990-2001,"
    Policy Studies Journal 31 (August 2003): 331-352; Donald P.
    Haider-Markel and Kenneth J. Meier, "The politics of gay and
    lesbian rights: Expanding the scope of the conflict," *Journal
    of Politics* 58 (May 1996): 332–349; Donald P. Haider-Markel,
    Mark R. Joslyn, and Chad J. Kniss, "Minority group interests
    and political representation: Gay elected officials in the policy
    process," *Journal of Politics* 62 (May 2000): 568–577; Gregory
    B. Lewis, "Contentious and consensus gay rights issues: Public

opinion and state laws on discrimination and same-sex marriage,"
Association for Public Policy Analysis and Management meeting,
Washington, DC, November 2003; Kenneth D. Wald, James W.
Button, and Barbara A. Rienzo, "The politics of gay rights in
American communities: Explaining antidiscrimination ordinances
and policies," *American Journal of Political Science* 40 (November
1996): 1152–1178.

21 此帕雷托效應主要是將重點放在實際的物質或損失。如波斯
納（Posner）等的有些觀察家指出，即使不是資源，該效應
也會因為某些人可能對於允許同性伴侶結婚的想法產生的反
感而降低其有效性。Posner, *Sex and Reason*.

22 見 Congressional Budget Office, "The potential budgetary impact
of recognizing same-sex marriages" (2004), http://www.cbo.gov/
doc.cfm?index=5559；accessed May 26, 2008); M. V. Lee Badgett
and R. Bradley Sears, "Putting a price on equality? The impact
of allowing same-sex couples to marry on California's budget,"
Stanford Law & Policy Review 16 (2005): 197–232.

23 選列一些梵諦岡提及同性婚姻與伴侶法的段落如下：
我們要提醒那些包容同性戀、支持合法給與同居同性戀者特
定權利的人，縱容以及讓邪惡合法與包容邪惡是非常不一樣
的兩回事。同性戀結合受到法律承認或是受到屬於婚姻的法
律地位與權利的情況下，清楚有力的反對聲音是職責……
當傾向承認同性戀結合的法律初次於立法集會提出來時，天
主教立法者有道德責任清楚公開表達他的反對，並投下反對

票。

Vatican, Offices of the Congregation for the Doctrine of Faith, Considerations Regarding Proposals to Give Legal Recognition to Unions Between Homosexual Persons (2003), http:www.vatican. va/roman_curia/congregations/cfaith/docu-ments/re_con_ cfaith_doc.20030731_homosexual-unions-en.html.

24　也可見 David Kirkpatrick, "Conservatives use gay union as rallying cry," *New York Times* (February 8, 2004).

25　Eskridge, *Equality Practice*.

26　社會科學家長久以來都在爭論，推論造成特定社會現象或改變因素最恰當的實證方法是什麼，例如 Arend Lijphart, "Comparative politics and the comparative method," *American Political Science Review* 65 (September 1971): 682–693。比較研究不是使用量化就是質性方法，有時候還會結合兩者。研究的規模從個別國家的案例到跨國比較皆有；要清楚概覽比較研究的辯論，可見 Charles C. Ragin, *The Comparative Method: Moving Beyond Qualitative and Quantitative Strategies* (Berkeley and Los Angeles: University of California Press, 1987).

27　比如說可見 Eskridge and Spedale, *Gay Marriage*，裡面敘述了丹麥先鋒般的選擇。

28　為本章目的考量，我幾乎完全只仰賴英文期刊，雖然通常都是該國觀察家所撰寫文章，也包括重要文件或辯論的翻譯。

29　Henning Bech, "Report from a rotten state: 'marriage' and 'homosexuality' in "Denmark," in *Modern Homosexualities:*

fragments of lesbian and gay experience, ed. Ken Plummer (London: Routledge, 1992), 134–147.

30 Fassin, "Same sex, different politics."

31 Karsten Thorn, "The German law on same-sex partnerships," in *Legal Recognition of Same-Sex Couples in Europe*, ed. Katharina Boele-Woelki and Angelika Fuchs (Antwerp, Belgium: Intersentia, 2003), 84–98.

32 International Gay Association, IGA Pink Book 1985: A Global View of Lesbian and Gay Oppression and Liberation (Amsterdam: IGA, 1985).

33 Judith Schuyf and Andre Krouwel, "The Dutch lesbian and gay movement: The politics of accommodation," in *The Global Emergence of Gay and Lesbian Politics: National Imprints of a Worldwide Movement*, ed. Barry D. Adam, Jan Willem Duyvendak, and Andre Krouwel (Philadelphia: Temple University Press, 1999), 158–183.

34 Ingrid Lund-Andersen, "The Danish registered partnership act," in *Legal Recognition of Same-Sex Couples in Europe*, ed. Katharina Boele-Woelki and Angelika Fuchs (Antwerp, Belgium: Intersentia, 2003), 13–23.

35 Van Velde, *No Gay Marriage in the Netherlands*.

36 Rune Halvorsen, "The ambiguity of lesbian and gay marriages: Change and continuity in the symbolic order," *Journal of Homosexuality* 35 (Autumn/Winter 1998): 207–231; Karin

Lützen, "Gay and lesbian politics: Assimilation or subversion: A Danish perspective," *Journal of Homosexuality* 35 (Autumn/Winter 1998): 233–243.

37　Kees Waaldijk, "Towards the recognition of same-sex partners in european union law: Expectations based on trends in national law," in *The Legal Recognition of Same-Sex Partnerships: A Study of National, European and International Law*, ed. Robert Wintemute and Mads Andenaes (Oxford: Hart, 2001): 637–638.

38　大衛・錢伯斯（David Chambers）分析了愛滋疫情在形塑美國同居伴侶法之拓展中所扮演的角色；David Chambers, "Tales of two cities: AIDS and the legal recognition of domestic partnerships in San Francisco and New York," *Law & Sexuality* 2 (1992): 181–208；Borillo, "The 'pacte civil de solidarité' in France"；Steven Ross Levitt, "New legislation in Germany concerning same-sex unions," *ILSA Journal of International & Comparative Law* 7 (Spring 2001): 469–473；Stychin, "Civil solidarity or fragmented identities?"; Eskridge and Spedale, *Gay Marriage*.

39　Ingrid Lund-Andersen, "The Danish Registered Partnership Act, 1989: Has the Act meant a change in attitudes?" in *The Legal Recognition of Same-Sex Partnerships: A Study of National, European and International Law*, ed. Robert Wintemute and Mads Andenaes (Oxford: Hart, 2001), 417–426.

40　Hans Ytterberg, "'From society's point of view, cohabitation between two persons of the same sex is a perfectly acceptable form of family life': A Swedish story of love and legislation," in *The Legal Recognition of Same-Sex Partnerships: A Study of National, European and International Law*, ed. Robert Wintemute and Mads Andenaes (Oxford: Hart, 2001.)

41 Savolainen, "The Finnish and Swedish partnership acts."

42 Waaldijk, "Small change."

43 Borillo, "The 'pacte civil de solidarité' in France."

44 Eskridge and Spedale, *Gay Marriage*; Knut Heidar, "Norway," *European Journal of Political Research* 26 (December 1994): 389–395.

45 Fassin, "Same sex, different politics"; Borillo, "The 'pacte civil de solidarité' in France."

46 也可見 Stychin, "Civil solidarity or fragmented identities?"

47 Waaldijk, "Small change."

48 Boris Dittrich, "Going Dutch," Speech to Williams Institute Annual Update, UCLA School of Law (February 23, 2007).

49 Ronald Schimmel and Stefanie Heun, "The legal situation of same-sex partnerships in Germany: An overview," in *The Legal Recognition of Same-Sex Partnerships: A Study of National, European and International Law*, ed. Robert Wintemute and Mads Andenaes (Oxford: Hart, 2001), 575–590; Thorn, "The German law on same-sex partnerships."

50 Erik Albaek, "Political ethics and public policy: Homosexuals

between moral dilemmas and political considerations in Danish parliamentary debates," *Scandinavian Political Studies* 26 (September 2003): 245–267; Eskridge and Spedale, *Gay Marriage*.

51   Albaek, "Political ethics and public policy."

52   Kolbeinn Stefansson and Gudny Bjork Eydal, "Restrained reform: Securing equality for same-sex couples in Iceland," 該文章於二〇〇四年法國人口學研究所（Institut National d'Etudes Demographiques）之「同性伴侶、同性民事伴侶以及同性婚姻：聚焦於跨國間之差異」（"Same-sex couples, same-sex partnerships, and homosexual marriages: A Focus on cross-national differentials"）研討會中發表。

53   Eskridge and Spedale, *Gay Marriage*; Borillo, "The 'pacte civil de solidarité' in France."

54   Eskridge and Spedale, *Gay Marriage*.

55   Borillo, "The 'pacte civil de solidarité' in France."

56   Alessandra Rizzo, "Same-sex union protest planned in Rome," http://www.gay.com/news/article.html?2007/05/11/2 (accessed May 11, 2007).

57   Bech, "Report from a rotten state," p. 143.

58   同上；Eskridge and Spedale, *Gay Marriage*.

59   Schuyf and Krouwel, "The Dutch lesbian and gay movement."

60   Rydström, "From outlaw to in-law," p. 1.

61   Borillo, "The 'pacte civil de solidarité' in France"; Stychin, "Civil solidarity or fragmented identities?"; Camille Robcis, "How the

symbolic became French: Kinship and republicanism in the PACS debates," *Discourse* 26.0 (Fall 2004): 110–135.

62   Fassin, "Same sex, different politics"; Stychin, "Civil solidarity or fragmented identities?"

63   如前所說，匈牙利與葡萄牙（在其他國家中）賦予同志的待遇等同於賦予未婚異性伴侶的待遇，而後者在某些法律待遇與已婚伴侶類似。因為同志伴侶無法清楚以平等的婚姻制度建立並公開註冊關係，我把這兩個國家算作「不」承認伴侶的國家。二〇〇九年匈牙利會為同性伴侶與異性伴侶建立伴侶制。詳見 Rosa Martins, "Same-sex partnerships in Portugal: From de facto to de jure?" *Utrecht Law Review* 4 (June 2008): 222–235；以及 Orsolya Szeibert-Erdös, "Same-sex partners in Hungary: Cohabitation and registered partnership," *Utrecht Law Review* 4 (June 2008): 212–221.

64   幾個州與區域都發展出了註冊制，這麼一來同性伴侶就能獲得與同居關係（De Facto couples）同樣的權利，或與異性戀未婚同居伴侶同樣之權利。

65   365gay.com Newscenter Staff, "Australia offers small olive branch to gays, (April 29, 2008).

66   Merin, *Equality for Same-Sex Couples*.

67   Human Rights Campaign, undated. For Connecticut, see Daniela Altimari, "A gay rights milestone: Rell signs civil unions bill; opponents call it a sad day," *Hartford Courant* (April 21, 2005).

68   Domestic Partnership Equality Amendment Act of 2006, D.C. Law

16-79, effective April 4, 2006.

69   詳見 M. V. Lee Badgett, "Predicting partnership rights: Applying the european experience to the United States," *Yale Journal of Law and Feminism* 17 (Spring 2005): 71–88.

70   Simmons and O'Connell, *Married Couples and Unmarried Partner Households*, 4.

71   Lewis, "Contentious and consensus gay rights issues."

72   調查資料蒐集者為 Dale E. Jones、Sherri Doty、Clifford Grammich、James E. Horsch、Richard Houseal、Mac Lynn、John P. Marcum、Kenneth M. Sanchagrin，以及 Richard H. Taylor、Evangelical Denominations—*Total Adherents* (2000)，http://www.glenmary.org/grc/RCMS_2000/method.htm (accessed April 18, 2005).

73   這些資料刪除了幾座大型非裔美籍教會與國家浸信的資料，因為這些團體雖然可能算是福音派，但本書所使用的衡量法低估了一個州信仰福音派的人口比例。不過，這些缺了的福音派信仰者較有可能住在高福音信徒人口的州，以這種狀況來說，這裡的比較對於缺的地方沒那麼敏感。也就是，此處的重點在於，之於相對於平均值，福音派信徒人口比例低的州，因此各州的相對位置就不太會變。見 Jones et al., Evangelical Denominations—*Total Adherents*.

74   Senate Bill 597, "Recordation and Transfer Taxes—Exemptions—Domestic Partners," http://mlis.state.md.us/2008rs/bills/sb/sb0597e.pdf (accessed May 5, 2008), and Senate Bill 566, "Health Care Facility Visitation and Medical Decisions—Domestic

Partners," http://mlis.state.md.us/2008rs/bills/sb/sb0566t.pdf (accessed May 5, 2008).

75　見 www.eqnm.org/legislation.html (accessed May 15, 2007).

第
10
章

結語

婚姻翻修中？

Conclusion

Marriage Under Renovation?

在阿姆斯特丹的古老區域，運河屋舍櫛比鱗次，向著荷蘭泥壤裡潮軟處歪去。幸好幾百年下來，這些房子受到關注及愈來愈進步的工程知識照料，都已經給撐住了。我休學術假這一年，我們就住在這種房子的頂樓，這棟在王子運河（Prinsengracht）畔的房子建於一七〇〇年代中期，從中央車站到辛吉運河（Singelgracht）一圈圈排成半圓形的房子呈輻射狀往外發散，這當中我們這棟算是比較新的。

我們的荷蘭朋友告訴我們老房子在戰後凋零的故事，最後終於受到拆毀與重建的威脅。藝術家、占屋者與其他荷蘭的年輕人不讓都市規畫師與開發商得逞，甚至架了路障抗爭，以保存美麗的建築物。[1] 在他們的努力之下，許多街道得以保存下悠悠歲月時光，我輕輕鬆鬆就可以把現有的建築與荷蘭畫家喬治‧韓卓克‧布雷特納（George Hendrik Breitner）百年前拍的老照片給對照起來。

夜晚沿著運河散步，外鄉人有了一扇窗可以看見老房子裡的現代荷蘭生活。據說大型風景窗的開放窗簾這種作法源自於北方氣候居民對光線的熱愛，又據說是荷蘭喀爾文教派（Dutch Calvinst）的傳統，表示居民坦蕩蕩。不過現在往多數這樣的窗子裡瞄一眼，看到的不會是早期暗沉、符合歷史時代的裝潢了，反而是新穎的室內設計、現代藝術與最新科技。溜進小巷與院落讓我們能瞥見建築物後頭新添了現代化房間與磚瓦中闢出來的天窗，延伸進天空，為老建築注入新生命。新舊融和讓阿姆斯特丹既有歷史感**又有**現代感，保存兼轉型，尊重過去也正視改變。

這些建築意象是我對二十一世紀初婚姻充滿希望的比喻象徵。婚姻本身是歷經各種變化的古老制度。數百年以來，婚姻連起了男男女女與家庭，也連起了過去與未來。不過歷史學者告訴我們婚姻的意義與作用之細節隨著時間與文化會有所不同。從我們歷史的制高點來看再清楚不過，婚姻這個古老制度在過去的一個世紀經歷了劇烈的變化，已經改頭換面來滿足變遷，包括女性地位的變化、經濟壓力對家庭的功能有了更多要求、就連延長已婚伴侶壽命的醫療成就也早已超越了重要的里程碑。[2] 離婚法的修改，大多數對於誰可以和誰結婚的限制也消除了，朝性別中立靠攏的趨勢、人們結婚時機的變化（對要結婚的人來說），這表示在美國與歐洲的婚姻，根本結構與意義上有所延展以及革新。而這些變革相當重要，能讓這套制度在現代生活中可以維持重要性與用處。

是否要讓同性伴侶進入婚姻，這是關於婚姻這個制度的最新思量。以歷史背景來說，或許同婚文化之戰最讓人意想不到的就是論戰本身彰顯了婚姻綿延的重要性。這一點與男女同志伴侶會毀滅婚姻、復興婚姻或促使更多人去結婚的這些說法是不一樣的。有些人視這個問題是針對 GLB 社會地位與道德價值的政治抗爭，特別是對許多 GLB 運動人士及同盟來說其實也是如此，而另外一個同等重要的務實面則是許多同性伴侶想要結婚。最近的形勢變化來自於過去的歷程，同志社群愈來愈高的能見度與被接納的程度，加上婚姻觀念愈來愈開放且對同志的吸引力也愈來愈高，上述這兩項因素交會了。[3] 在家庭型態不斷變化的脈絡之下，婚姻只有可能藉由演變來維持其重要性，包括開放給新出現的家庭，例如想結婚的同性伴侶。

並非每個人都覺得改變是好事。婚姻是否是一套因變制宜的柔韌制度呢？它是否能夠迎向市場主導，以及世俗化世界所帶來的挑戰？還是婚姻很脆弱，本來就很奄奄一息了，同志伴侶的加入則會是最後的羞辱，導致全面分崩離析？歷史告訴我們的是前者的情況 —— 婚姻這個制度在必要時能適應外在變化。但是那些不喜歡已婚伴侶人生形式變來變去、離婚率變高或晚結婚的人，借用史丹利・庫茲與大衛・布藍肯宏（David Blankenhorn）來說，這些人會擔心同志伴侶結婚會「鞏固並加強」問題重重的潮流。儘管我與歷史學者們站在同一個陣線，認為改變是必要的適應力，但本書要討論的真正重點並不是這個，在此我反而認為即便是適應力較低且更為脆弱的一種婚姻制度，也不會因為同性伴侶入場而遭逢嚴重衝擊。結婚帶給同志的挑戰多於同志帶給婚姻的挑戰。

同志會不會改變婚姻？

關於美國同婚論戰所提出的關鍵問題，答案可以從荷蘭與其他歐洲國家的經驗中尋找，這些國家給予同志伴侶婚權或是像註冊伴侶制這樣的平行制度。針對本書主軸的這個關鍵問題，我的答案是「不會」，同志自身不會對婚姻造成深遠改變。我從四個方向得出這個結論：男女同志伴侶的結婚決定（結婚為動詞）、男女同志的婚姻觀念（婚姻為名詞）、異性戀的結婚決定與異性戀對同志伴侶結婚的看法。

荷蘭同性伴侶的行動顯示同志對婚姻感興趣的理由與異性戀伴侶的理由一樣。同志伴侶會選擇**結婚**是因為他們想要生小孩，且因為有些實務的需求，或是因為他們想要肯定與表達對彼此堅定的心意，並想向大眾公諸於世。同志伴侶不論有沒有結婚，或是如何結婚取決於生活條件、婚姻的文化價值與務實價值、婚姻的阻礙以及接受或克服阻礙的過程，這些因素複雜地交互作用。

不過同志伴侶的結婚率與註冊率比起異性伴侶來說依然低落，對於參加論戰的某些人來說這一直是令人擔心的一點。近四分之一（持續增加）的荷蘭同性伴侶若不是已經登記為註冊伴侶，便是已經結婚了，可是這麼做的異性伴侶卻超過八成。在美國，有更高比例的同性伴侶在爭取法律身分，佛蒙特州 51%的同性伴侶締結民事結合，麻州 44%的同性伴侶目前已經結婚了，雖然這兩種案例的占比還需要時間才能趕上美國異性伴侶，其結婚占比為 90%。

顯然現在下結論說同志已經用行動表示**反對**婚姻言之過早，因為伴侶會需要時間處理完決策流程。此外，一些阻擋異性伴侶結婚的憂慮也感染了同性伴侶 —— 有些人認為在務實與感情層面上，婚姻無法為他們的關係錦上添花，或者是認為結婚既老套又保守，有些伴侶就是無法達成共識。同志文化是建立在法律不平等待遇的基礎上，有些男女同志抵抗且批評婚姻，至少部分呈現出這套制度排除了他們。對某些人來說這些批評依然是障礙，不然他們可能會考慮結婚。不過荷蘭經驗顯示，隨著新伴侶的出現，較年輕的 GLB 族群在可以結婚、並鼓勵結婚的時代中長大，出於意識形態反對結婚的重要性可能會愈來愈低。除了意識型態擔憂之外，實際上伴侶只要有一方堅決反對結婚，這一對伴侶就不會獲得婚姻身分；而我要主張在這種情況之下，結婚率還算是相當高，並不是低的。

荷蘭伴侶有許多的選擇，清楚證明了對感情堅定的伴侶來說，結婚依然占據了優先地位；與異性戀一樣，同志會選擇婚姻而不是其他法律身分。在荷蘭，不論是同志或異性戀伴侶，結婚遠比註冊伴侶制更受青睞。荷蘭伴侶理解註冊伴侶制的政治重點，也就是針對同志普遍的低等地位發聲，而現在既然結婚已經是選項了，他們對於這種新身分嗤之以鼻，稱註冊伴侶制為「四不像」。就我看來，當同性伴侶拒絕「註冊伴侶制」，不要這套枯燥、令人聯想到會計的制度，反而選擇具有豐富文化意涵與感情價值的婚姻，同性伴侶對註冊伴侶制的排斥才是荷蘭展現的真正民意。瑪莎是這麼敘述婚姻勝過註冊伴侶制的獨特優勢：「兩歲孩子懂（婚姻）。這是社會脈絡，每個人都懂結婚的意思。」註冊伴侶制可能提供了方便的政治折衷方案，但是不論在荷蘭還是美國，頂多就是被當成安慰獎，而並不是婚姻及婚姻平權有價值的替代方案。

只有當伴侶可以有兩種選項時，我們才能看出婚姻及其替代方案的相對價值。對同性伴侶來說，婚姻在荷蘭也比較受青睞，比其他國家的註冊伴侶制還受歡迎。看起來其他歐洲國家同志伴侶註冊率比荷蘭伴侶低。在美國，麻州（可能還有加州）的同志伴侶結婚率遠高於康乃狄克州與紐澤西州的同性伴侶民事結合率，州議會比較能接受這個折衷的身分。二〇〇〇年佛蒙特給與同性伴侶民事結合制時，除了民事結合別無選擇，吸引了大多數佛蒙特州的同志伴侶與其他州數以千計的同性伴侶。現在美國的男女同志看到他們在麻州與康乃狄克州的同志朋友去結婚了，民事結合再也不會像二〇〇〇年時一樣受到誠摯的歡迎。

　　與婚姻平權反對者的恐懼相反，當同志伴侶有了同樣或類似的權利之後，異性戀的婚姻模式並沒有立刻被撞離軌道。在歐洲，事件發生的時機讓人能分清楚因果。賦予同志伴侶權利並不會讓天塌下來壓垮婚姻。有些國家在同志伴侶贏得權利之後，未婚同居率與未婚生率很高是因為**早在**同婚或註冊伴侶制在政治上有可行前景之前，這些國家的這兩項比率就已經很高了。其實在法律不承認同性伴侶的國家，相同的婚姻趨勢就已經顯而易見了，把同婚從改變異性戀婚姻與生育模式的可能肇因清單上踢了下來。不過如我在第九章所述，文化能自在接納多元家庭、未婚伴侶待遇的政治變化，這些都可能提高了同性伴侶在荷蘭贏得婚姻平權的可能性，這在其他賦予同志伴侶權利的先驅歐洲國家也是。

如果我們不看結婚的選擇，轉看婚姻的觀念，會找到額外的證據證明同性伴侶並不會深刻改變婚姻。根據我的訪談與美國及荷蘭的調查資料，男女同志多半都與他們的異性戀同胞一樣，對婚姻的意義有共通的想法。當然在另一方面，同志與年輕一點的異性戀一樣批判老套的婚姻觀；光靠子女並不足以構成一段成功的婚姻。互敬互重與理解、願意合作分攤家務，這些定義了已婚男男女女的新角色。我們可以看到同志伴侶在決定是否要結婚時、舉行結婚典禮時、看待婚姻的觀點，都在實踐自己對於結婚的想法。

同志伴侶決策過程一個重要的結果就是有時候會重新思考婚姻對伴侶一方或雙方的意義。我見過同性伴侶找出他們討厭的婚姻面向，然後剔除「婚姻」文化觀裡討人厭的地方，才能配合伴侶想結婚的渴望；抑或是協調觀念與迫切的需求或感受之間的和諧。女性主義者特別猶豫是否要進入一個長久以來將女性視作丈夫附屬品的制度，即便婚姻的法律制度已經剔除了形式上的不平等，對於婚姻社會意義揮之不去的疑心依然讓女同志女性主義者很傷腦筋。不過有些女性主義者重新調整了結婚作為政治行動的意義，認為結婚可以對抗配偶會扮演傳統男女角色這種假設，進而克服了自己的疑慮。對米莉安這位荷蘭女同志女性主義者來說，改變婚姻的方式就是要讓女人與女人結婚。荷蘭伴侶有時會把鮮明的女性主義訊息與她們的結婚典禮結合。

不過我並不認為這種個人對婚姻的再思考會帶來廣泛的文化改變。一來，同性伴侶的人數就相對少了，結婚的人數就更少了。更重要的是，同性伴侶也深度反思異性戀伴侶過去幾十年來所表達出來的疑慮，也就是對於婚姻組織與已婚生活的疑慮。在荷蘭的已婚女性勞動參與率節節高升，異性戀間愈來愈多人對婚姻抱持著性別平等的觀念，這顯示了如果同志認為婚姻等同於僵化傳統男女勞力分工的話，那麼有著過時婚姻觀的人就是同志了。

同志伴侶對於婚姻的其他陌生看法顯示同志對於這套制度有個獨特的觀看角度。非常清楚地，對同志伴侶來說結婚就是政治，但這樣的意識可能會讓某些異性戀緊張。認為婚姻是政治制度會與某些反同婚者的觀念牴觸，因為反同婚者認為婚姻就是不變的社會與宗教制度，不論到哪裡這套制度只是為了要讓一男一女在一起生小孩而設計，且始終不變。

不過並不是同志讓婚姻政治化的。政府與其他權威歷來都決定了誰可以與誰結婚，以及結婚能在法律上獲得什麼。

在某些情況下，這些都是受到宗教信仰與教條（這個也會變）左右而做的政治決定，也會受到丈夫與妻子文化角色所左右。但是針對這些決定也有不同的意見與利益，進而引發政治抗爭，例如視女性為財產、婚內強暴、子女監護權議題以及誰可以與誰結婚的決定。當然，在美國與其他地方，同性伴侶的婚姻平權議題只是二十一世紀最火熱的政治議題之一，但是這種爭議對婚姻來說可是司空見慣了。

荷蘭異性戀的反應也顯示了同志融入婚姻制度中是多麼輕而易舉。同志認為結婚是令人心動與實用的選項，同志伴侶也表示異性戀家人與同儕肯定他們可以結婚，也承認他們結婚了。異性戀親友鼓勵男女同志伴侶結婚，主動以文字與行動肯定同志伴侶婚禮的重要性。異性戀甚至還當起婚姻文化記號的警察，確保同志伴侶使用正確的名稱，例如「丈夫」與「妻子」，同時也要記下紀念日。這些反應提醒已婚的同志伴侶他們已經進入了一套具備公共與私人意義的制度。

但是荷蘭異性戀的反應也讓人看到某些荷蘭人面對改變會感到緊張甚至不適，一如我們在美國論戰中的觀察。聽到同志兒子或女兒即將舉行婚禮的消息，並不是所有家人都很欣喜。不論這樣的不適是代表母親不接納這段感情，或是覺得告知這是同性結婚時，要「出櫃」自己是同志父母令人覺得難為情，不良的反應代表還需要協商與調適。父母最後與子女結婚一事的和解，可能代表的是他們對於同志子女的感情關係看法有變，比較不是他們對婚姻改觀，雖然這種互動必得需要更多研究才能充份探索。

　　整體而言，結婚看來適合男女同志伴侶的生活，他們外部社交圈的人看來也同意。同性伴侶願意承擔結婚的社會身分與義務並不讓人意外，因為同志與他們的異性戀同儕都有類似的婚姻想法。異性戀已經朝著改變而去，男女同志似乎也想要帶著婚姻朝一樣的方向前進。行為與想法都顯示同志伴侶並不會對婚姻造成負面影響。

結婚會不會改變同志？

　　不管怎麼說，有些關於婚姻平權的論戰，將焦點放在「如果男女同志不能結婚的話，會遭受什麼損失？」；或也可以說「如果他們結婚，能有什麼收穫？」。透過協商、衝突與時間這些過程，同志感情關係獲得了家人與社群的文化肯定。從某個角度來看，同志伴侶透過「在一起」並在當下展現堅定的心意而建立他們的感情關係，並非藉由文化與法律的儀式。

　　婚姻是否會改善或轉化這些感情關係呢？針對異性戀婚姻的研究顯示，比起單身者，已婚人士有種種優勢，包括他們比較健康、長壽與富有。有些社會科學家認為同性伴侶可能可以收穫同樣的好處，其他人則表示婚姻制度式微的力量可能會減少同性伴侶獲得好處的機會。從這個角度來看，讓同性伴侶結婚自然就是一場實驗，可以評估婚姻作為一種社會制度綿延的影響力。

　　荷蘭伴侶提供的證據呈現了同志伴侶明顯能從以下幾個方面中得利。在個人層面，有些好處是來自於男女同志遭受社會排擠的情況將能有所改善。不論男女同志與雙性戀究竟是否渴望結婚、對結婚有什麼打算，排擠會讓他們憤怒與疏離。人人都能平等結婚的情況下，讓我的受訪者感受到更加為社會所接納。接納帶來的益處包括「少數壓力」（minority stress）降低，給予同志伴侶的社會援助也會更多，因此提升並改善同志的身心健康。

　　社會科學文獻裡找到的其他關於結婚的正面效果需要更多時間才會浮現，但是立即的效果發展的方向都是對的。許多結婚的人表示感覺不一樣了，因為感覺到結婚對關係有更多的責任，或是覺得更加特別，這些效果很可能轉變為更健康長久的感情關係。受訪者中沒有一個人表示因為結婚的關係，而勞動參與或家務分配出現重大變化，這點至少部分反映出在同性伴侶結婚的脈絡底下，對於丈夫或妻子該做什麼的期待是不一樣的。

其他抨擊婚姻的同志認為同志伴侶所獲之好處的代價就是臣服政府管理關係的法律，因而放棄個人自主。然而這種取捨妥協的可能性至少受限於兩個層面。婚姻為伴侶創造出新的隱私空間，結婚再也不意味著以個人的自主去交換結婚戒指。今日的婚姻意味著個體的伴侶關係，而並非接受像是把妻子的身分認同歸給丈夫這類的舊習。

其他對於結婚影響的不安聚焦於 GLB 社群整體付出的成本。不平等所帶來的羈絆讓多元的同志社群誕生並凝聚在一起，消除不平等帶來的羈絆可能意味著同志與同志文化要面對巨大變化。任何大規模的變化都會需要許多年的時間來發展，但是以短期來說，荷蘭同志還沒有拋棄他們的身分認同。若真要說有差別的話，結婚讓同志更有能見度，現在要討論自己婚姻狀況的時候，他們有了新的出櫃機會與理由。荷蘭的例子也顯示正式的婚姻平權並不立即保證全面的平等待遇。最明顯的議題就是同性伴侶的婚姻只有在寥寥可數的幾個認可同志伴侶的國家是有效的，另外也有其他證據顯示荷蘭文化裡的反同偏見並沒有消失。

　　不過，對婚權運動表達異議的 GLB 運動人士來說，他們最擔心的就是同志文化會損失獨特且正向的那一面。對反婚派來說同化的魅影幢幢，在他們眼中異性戀的制度是有缺陷的，他們不想要同志照單全收。如前文所述，女性主義者對婚姻抱有最多的疑慮，但是荷蘭伴侶顯示了同性伴侶沒有理由需要去延續配偶角色的僵化期待。

　　從某些美國反婚派的角度來看，婚權運動最讓人不安的政治面向就是時間與金錢的資源分散，他們認為更重要的理念或議題的資源被分走了。婚權運動的政治餘波挾帶著政治妥協與其引發的政治反彈，可能也會限制選擇，無法擴及支持所有類型的家庭結構，也就是不只限於兩人伴侶或核心家庭。

　　不過根據我自己對於證據的解讀，我相信婚權運動的資源與傾注於健康照護改革及其他社會正義議題的資源一比，其實是小巫見大巫。投入婚權的資源即使立刻轉向，在政治層面上也很難激起浪花；更重要的是，政治運動並不是非得為零合遊戲。允許同性伴侶結婚、登記為註冊伴侶或民事結合的州包含麻州、加州、佛蒙特與康乃狄克州等，這些州都是在實現自由派目標（例如擴大健保保障所有居民）時進展最大的州。

　　不過若爭取承認可同性伴侶的努力打消了，很可能造成的衝擊之一就是婚姻平權的進步之路告終。施行平等政策的歐洲國家之所以會這麼做是因為各國同志政治運動所投入的大筆心血。如我在第九章所述，在這些國家的運動人士並不僅僅只是搭上了人口浪潮而獲得立法勝利的。放棄為同志伴侶爭取平權的努力也會傷害到美國未婚異性伴侶，太多的未婚異性伴侶都受益於同志的努力，他們的努力促成了同居伴侶的健康福利。

　　反婚派反對婚姻平權的理由可能與這些較理性的主張（我懷疑這些主張是否屬於實證層面）較無關係，有可能是出於根本的情緒憂慮，擔心婚姻對同志社群的影響。如果婚姻讓配偶雙方距離拉得更近、更加投入關係，因此拉開與親友的感情距離——換句話說，有些人會問結婚是否很「貪婪」，那麼這種向內的拉力可能會破壞社群中花了許多年建立起來的關係，造成單身與不想結婚的 GLB 族群遭受孤立並承受汙名。

　　情緒問題很難以事實來反駁，特別是其來源部分出自於恐懼。建設性的答案之一可能是讓同性伴侶採取一些荷蘭伴侶的作法，刻意讓親朋好友都參與他們的婚禮，象徵更包容的家庭觀念，而不只侷限於核心家庭。到了最後，時間或許是這些恐懼與憂慮最好的解藥，當同性已婚伴侶發現自己碰到的挑戰與單身 GLB 族群、異性戀已婚伴侶都一樣的時候，他們因應的方式會是擴大而非縮小社交的可能性。

我們需不需要婚姻的替代方案？

賦予同性伴侶的民事結合或註冊伴侶制的選擇已經成為對政策制定者來說很方便的妥協立場，他們想要賦予同性伴侶與已婚伴侶相同的權利與責任，但又不想稱這樣的關係為「婚姻」。有些人想為異性戀伴侶保留其著名的標籤，因此會說替代方案就足夠了，我們甚至可以考慮看看除了婚姻之外，更完善的各種法律選擇能照顧到伴侶與其他家庭結構。對反婚派來說，尋找替代方案一直是他們的主要任務，許多人更想完全擺脫婚姻。

在政治背景之下，替代方案的提案變的更加棘手了。同志權利的策略性反對者克制不參加論戰，避免將已婚異性伴侶與感情堅定的同性伴侶做比較，反而拿同性伴侶來與各式各樣的家庭來比較，偏偏**排除**已婚伴侶。用我在第八章的說法，當他們滑下「衡平滑坡」時，保守派提供了新的替代方案來轉移立法注意力,不去關注會讓同性伴侶更加接近婚姻的法案。他們利用這些替代方案,例如制定有限度的「互惠受益人」身分來對抗完整的同居伴侶法案或民事結合,這些法案會讓所有州政府給予同性伴侶完整的婚姻權利。民事結合的替代方案更加遠離婚姻,而擴大保證的群體,通常包括了其他不能結婚而兩兩作伴的人(例如哥哥與妹妹或是姑媽與侄子)。到最後比起短期的妥協,這種替代方案更有可能是死路一條,因為對於處在該制度中但屬於非婚姻關係的人來說,添加重要的新權利與責任可能沒有吸引力。

就我來看,最重要的一點就是對政策制定者來說,想要恰當照顧到所有形式的家庭,並成功達成這個目標是非常困難的一件事。以衡平為指導原則還不夠清楚,因為套用衡平原則會阻擋同性伴侶獲得婚姻平權之路。對許多同性伴侶來說,光有民事結合是絕對不夠的,因為這個新發明缺乏婚姻豐富的社會與文化意義。我們在婚姻與註冊伴侶制或民事結合兩者都有的國家與州中,可以看到結婚率較高,伴侶明顯就是更偏好婚姻。而以其他類型的家庭來說,他們的需求與渴望沒有那麼清楚。很少人會利用同婚論戰中帶來的有限機會,告訴政策制定者他們需要建立一種更適合家庭特定需求的地位,而非將他們直接套進同性伴侶爭取婚權的奮鬥中。

我們是否走得太快？

　　實務上來說，替代方案主要是為了滿足一個重要的目的：拖慢改變的步調。婚姻平權的反對者怪罪「社運法官」在大眾都還沒有準備好接受這些發展時就逼他們面對這些議題，這些人（至少有一部分）傳遞出的是他們對於改變的焦慮。雖然有些同志已經倡議結婚權好幾十年了，婚姻平權的目標似乎一直都很不切實際，直到夏威夷在二〇〇〇年代差一點就能讓同志伴侶結婚之時；或是說不到二十年之前，婚姻平權的目標才顯得比較實際。二〇〇〇年佛蒙特州賦予同性伴侶一套非常接近婚姻的制度；四年之後麻州的同志伴侶開始結婚了。但還要再多花四年多的時間，康乃狄克州與加州（短暫）才開放同志結婚。

　　評估政策的適當改變速度是很棘手的提議。對那些已經準備好，一收到通知就可以立刻到市政廳領取結婚證書的同性伴侶來說，改變怎樣都不夠快（二〇〇四年，在舊金山市長允許同志伴侶結婚的短暫一個月期間，來自於四十六個州與好幾個國家數以千計的同性伴侶湧入舊金山）。另一方面，對反同婚的人士來說，任何改變都太巨大也太快，如此一來我們必須要另闢觀點來看這個時間議題。

使用歐洲的時間軸來衡量美國改變的速度或許有助於我們了解為何會發生、為何是此刻此地。一九八九年丹麥為同志伴侶制訂出註冊伴侶法，接下來一連串國家穩定陸續採取類似政策，甚至是達成完整婚姻平權。在歐洲國家所發生的變革，與在美國以差不多速度發生的變化，有這麼不同嗎？

來看一九九○年第一波政策創新者有哪些特徵因素，我們看到幾項關鍵相似之處：低信仰虔誠度、高度包容同性戀、高同居程度。除了這些特徵之外，在第一波所有的國家中，不是同志商家指數高就是同志組織指數高，大多數國家都有很高的社會支出。這些共同因素顯示政策制定者回應的是有能見度的同志人口需求，也是在回應同志與其政治同盟相關的政治力量。

久而久之，認可同志伴侶的國家名單在擴展之後開始出現一些不同的樣貌。包容同志與相對高的同居率依然很重要，但更虔誠的國家如加拿大與西班牙才剛開放了同性伴侶結婚；隨著愈來愈多國家賦予同志平權，其他國家的阻礙更快地消散了。

目前在美國賦予同志伴侶權益的十個州裡，有九個州具備同一項促成改變的條件。我們在其他幾個即將採取行動的州中，看到了類似的特徵。所以我對於本小節問題的答案是：「不，我們改變的速度是其他國家經驗推估出來的速度。」自由派的州比起保守州跑得更快，家庭多元程度較高的州也變得比較快，而一州宗教反對者愈多，那麼改變就會比較慢。

就我來看，關於改變時機問題的觀點還有另一重意義，美國不能躲在「美國例外主義」的大旗背後，將自己與世界其他地方的政策發展區隔開來。沒錯，美國的「婚姻文化」與歐洲某些地方不一樣。平均來說美國人比較虔誠、結婚的可能性比較高（同志與異性戀伴侶同），但是美國的結婚文化，很可能是對一套非常不同的社會與經濟結婚動機的回應。與其說「我們不一樣，所以我們不用理睬世界上別的國家」，美國人應該說「我們來看看世界其他地方，增進我們的理解，看看如果賦予同志伴侶結婚權會發生什麼事。」

結構翻修還是美化再裝潢？

荷蘭的證據再加上其他歐洲國家與美國的比較，顯示同性婚姻比較像是婚姻這個古老制度的美化改造，而並非結構重建。即便如此，只要是經歷過家中翻修的人就會知道重新裝潢會亂糟糟，讓人壓力又大，一家子沒地方住且生活被攪亂。仔細規劃有時候會好一點，但是看到一個熟悉親切的房子管線被扯掉或是廚房拆得光禿禿，就算是再高明的想像力與規劃都無法緩解上述情形的壓力。到最後的結果也不是皆大歡喜，但是希望在這個過程中老結構可以強化作用、跟上時代並更吸引人。

　　我與許多人一樣經歷過住宅翻新，且我還撐了過來可以說嘴。在寫這本書時，我也經歷過了本書討論的大多數變動：決定要不要結婚、應付正面與負面的反應、規劃婚禮、創造有意義的結婚典禮、出櫃坦承自己是有女性妻子的女人並處理新身分帶來的社會與法律影響。我的親戚用不同的態度對待我的妻子，我的雇主擴大福利給她，我們覺得對彼此的感情更堅定了，這些結果都讓我更能忽略實際上我繳的稅變多了這件事。我親眼看到了我們全都活在一個文化、社會與經濟變動巨大的時代，這麼多的變動會讓人覺得危險又有壓力。都已經這麼有壓力了，再來火上加油，挑戰限制同志伴侶結婚權利這件事到底合不合理呢？

　　要解讀本書的調查結果，有個小觀點特別有幫助。從同性伴侶的角度來看，婚姻平權帶來的潛在益處在於家庭得以壯大以及社會接納度提高帶來的福利。社會論戰及最終可以與伴侶結婚的男女同志親身經歷皆顯示，婚姻制度依然保有影響力，可以庇蔭、形塑與照顧結婚伴侶的生活。從異性戀的角度來看，排隊領取結婚證書的伴侶組合有所變化很難直接就注意到。對異性戀來說婚姻的意義已經不一樣了，婚姻目前的形式很適合男女同志的利益。而從婚姻的社會制度角度來看，所有的證據皆顯示並沒有毀壞的跡象。二十一世紀要再續婚姻綿延的重要性，那麼開放同性伴侶結婚只是要踏出的最新一步。

註釋

1   Geert Mak, *Amsterdam* (Cambridge, MA: Harvard University Press, 2000).

2   Coontz, *Marriage: A History*; Glendon, Abortion and Divorce in Western Law.

3   比如可見 Chauncey, *Why Marriage?*；Coontz, *Marriage: A History*；Merin, *Equality for Same-Sex Couples*；Graff, *What Is Marriage For?*

附錄一
建立衡量指標與比較

我應用各種不同的國際資料來源,為每個國家的效率與衝突理論說法建立了衡量指標。為了更加清楚地知道哪些因素最為重要,可能造成哪些法律變革,我將重心擺在法律通過之前就存在的衡量指標。九個國家都在一九九〇年之後通過了同性婚姻法律,而丹麥是例外,它在一九八九年時就已通過法案。因此這裡用來檢視第一波通過同性婚姻法律之國家的衡量指標來自一九九〇年或一九九〇年代初期;而共同用來檢視第一波與第二波國家的指標則來自一九九九年或二〇〇〇年。

附錄的表格呈現了每個國家個別衡量指標的實際數值(圖 A.1),第九章中的圖 9.1 比較了有伴侶法的國家以及沒有伴侶法的國家之平均數值。

計算「世界價值觀調查」的結果可以得出幾項重要的變

圖 A.1　務實與政治變項的各國數值

國家	一九九○年女性勞動參與	二○○○年女性勞動參與	一九九○年社會支出占GDP比例	二○○○年社會支出占GDP比例	一九九○年生育率	二○○○年生育率	一九九○年離婚率	二○○○年離婚率	一九九○年是不想要左鄰右舍之同性戀者比例	二○○○年是不想要左鄰右舍之同性戀者比例	一九九○年認為婚姻落伍者之比例同意	二○○○年認為婚姻落伍者之比例同意	一九九○年宗教禮拜儀式之固定參加比例	二○○○年宗教禮拜儀式之固定參加比例	一九九○年同居率	二○○○年同居率	同志商家指數	同志組織指數	全國型同志組織	信仰天主教歷史	工會密度
澳洲	62.3	66.1	14.1	17.9	1.9	1.8	35.3	46	43.3	24.7			25.1	25.1	6.0	11.8	13	8.8	1	0	28.6
奧地利	55.4	62.2	23.7	25.3	1.5	1.3	36	49.8	23.5	25.4	12.0	18.5	43.9	42.5		18.2	7.3	3.6	0	1	36.6
比利時	46.3	56.9	25	25.3	1.6	1.6	31.5	59.8	29.7	17.4	22.5	20.1	30.6	27.3	10.2	19.3	28.5	6.4	1	1	38.1
加拿大	69	71	18.4	16.7	1.8	1.6	41.8	45.1	53.2	16.9	12.5	30.6	40.0	35.9	11.6	16.4	10.8	5.9	1	0	31
捷克共和國	64.8	64.2	16	20.3	1.9	1.1	35.2	53.7	11.7	19.7	10.6	22.3	10.8	11.7	5.1	11.7	1.6	1.2	1	1	36.3
丹麥	78.6	76.3	25.5	25.8	1.7	1.8	43.6	37.5	8.0	8.0	18.0	15.0	10.8	11.9	23.6	25.8	10.5	9.1	1	0	68.2
芬蘭	74	72.2	24.5	21.3	1.8	1.7	52.6	53.2	25.2	21.2	12.5	15.0	11.0	11.9	12.4	34.9	11.0	7.2	1	0	59.7
法國	57.6	61.9	25.3	27.6	1.8	1.9	36.9	40.9	24.4	15.6	29.1	17.9	16.9	11.9	15.5	32.1	13.2	5.3	0	1	6.1
德國	57.5	63.7	22.5	26.3	1.5	1.4	30	46.4	35.2	12.6	15.0	36.3	25.3	23.3	10.6	14.6	11.9	6.1	1	0	29.6
匈牙利	58.2	52.9	20.6	20.6	1.9	1.3	37.5	49.9	75.3	53.4	11.1	18.1	23.0	17.6	4.3	8.9	2.2	1.5	0	1	52.5
冰島	80.4	85.7	14	15.3	2.3	2.1	41.5	30.7	20.1	7.9	6.2	14.9	9.4	12.0	24.4	31.4	27.5	23.5	1	0	70.7
愛爾蘭	43.3	56.2	15.5	13.6	2.1	1.9	0	13.7	33.2	27.3	9.9	8.3	87.7	69.0	1.0	6.6	9.1	6.9	1	1	36
義大利	44.6	46.8	19.9	23.2	1.3	1.2	8.7	13.2	39.2	28.7	13.5	22.4	53.4	53.7	2.8	5.3	9.4	1.9	1	1	30.6
荷蘭	53.1	65.7	24.4	19.3	1.6	1.7	29.7	39.3	12.0	6.1	21.2	17.0	30.4	25.1	11.0	31.9	27.6	9.6	1	0	21.8
挪威	72.6	77.5	22.6	22.2	2.0	1.9	46.4	39.6	19.5	14.3	10.1	13.5	12.7	12.5	13.8	23.2	13.7	17.0	1	0	51.7
波蘭	64.8	61.1	15.1	21.2	2.1	1.3	16.6	20.3	70.5	55.2	6.4	9.3	83.6	78.2	1.8	6.6	1.9	0.4	1	1	27
葡萄牙	61.3	63.3	13.7	20.2	1.6	1.5	12.9	30	49.6	25.9	23.2	24.8	41.2	54.0	2.7	8.6	15.6	1.4	0	1	18.8
西班牙	42.6	53.2	20	20.4	1.3	1.2	10.5	17.4	32.4	16.4	13.7	17.5	43.1	35.9	2.2	12.8	14.6	1.4	0	1	11.4
瑞典	83.4	77.3	30.5	28.8	2.1	1.5	47.8	53.9	17.4	6.1	13.9	20.4	10.5	9.4	20.5	30.2	7.7	5.7	1	0	77.2
瑞士	71.1	73.2	13.5	18	1.6	1.5	28.3	26.4		18.5	13.1	24.1	42.5	24.5	10.0	12.2	18.9	11.9	0	1	20
土耳其	36.7	29	7.6	13.2	3.1	2.2	5.6	6.6	91.7	90.3	11.3	8.5	38.1	39.5	0.3	0.6	0.5	0.1	1	0	22
英國	68.2	69.8	17.2	19.1	1.8	1.7	44.1	50.5	31.1	24.3	17.6	25.9	23.4	18.9	7.9	16.8	12.3	7.2	1	0	26.2
美國	69.7	72.7	13.4	14.6	2.1	2.1	48.4	50.6	41.0	23.3	7.5	10.1	61.2	60.3	4.7	13.2	11.2	2.4	1	0	12.7

項。[1]「世界價值觀調查」在五十個國家中，針對許多不同議題的價值與規範，蒐集了個人層次的橫斷面資料，其中包含了性、性別與同性戀。問卷的語言與概念都翻譯成了各國語言，由西方國家與其他地方的專業民調組織進行調查，大部分都是在地的調查研究人員。[2]我只使用了第二波與第四波調查的資料，分別是一九九〇年至一九九三年、一九九九年至二〇〇〇年間進行。並不是每個國家的調查都會詢問問卷中所有的問題。本書提到的國家，樣本數一般介於一千人至三千人之間。除了少數幾個國家之外，所有國家都有十八歲以上代表性全國成人樣本，透過分層多階段隨機抽樣而來。有些國家過度抽樣了特定的次族群，例如年紀較輕的年齡層或種族，這裡所用的個人抽樣比重來自「世界價值觀調查」，用來處理受訪國過度抽樣的情況。因為分析的單位為國家，我加總個人的回應作為國家層級的回應。所有的態度衡量指標都來自「世界價值觀調查」，每個國家的同居率也是。

其他的資料與人口、經濟衡量指標則來自世界經濟合作與發展組織（OECD）[A]、歐盟與國際勞工組織（International

---

A　編註：世界經濟合作與發展組織（Organization for Economic Co-operation and Development，OECD），是由全球三十六個市場經濟國家所處成的政府間國際組織，總部設在法國巴黎。

Labor Organization）。我自己計算的同志商家與組織來自一九九〇年版的《斯巴達克斯男同志旅遊指南》（*Spartacus Guide for Gay Men*），這是一本每年都會出版的旅遊指南書。全國性男女同志政治組織的資料來自於「國際同志聯合會」（International Gay and Lesbian Association，簡稱 ILGA）於一九八五年、一九八八年、一九九三年所出版的《粉皮書》（*Pink Book*）當中整理的資料。[3]

多變項迴歸法（Multivariate Regression Method）[B]

這個方法使用普通最小平方法（least squares estimation）[C]，其他變項保持固定，用來計算一個自變項或解釋變項的影響。如果一個國家有承認同性伴侶權利（same-sex partner recognition，簡稱 SSPR）的立法自變項（dependent variable），自變項為 1，沒有的話則自變項為 0。圖 A.2 拿第一波國家與餘下所有國家比較；圖 A.3 拿第一波與第二波國家與餘下所有國家比較；圖 A.2 與 A.3 的欄位為不同的迴歸圖（separate regression），只使用有記載係數的變項。每項係數代表了自變項之變化對一個國家有 SSPR 法律可能性之影響，同時算式裡的其他變項固定不變。比如說，圖 A.2 的第一欄，

「不想要左鄰右舍是同性戀」的係數是 -0.015，代表這個國家 40％的受訪者表示不想與同性戀當鄰居，比起另外一個 30％受訪者表示不想要左鄰右舍是同性戀的國家，該國會有 SSPR 的機率低了 15％。我沒有使用逐步迴歸法（stepwise regression），這個方法對於輸入變項的順序很敏感，轉而試驗了不同的設定組合來保留看起來重要的變項。樣本數小限制了這些測試的力道及可以納入的變項，但是，這套迴歸分析法展現了有些解釋因素互有關聯，這是第一點；第二點，有些解釋因素看起來與 SSPR 的有無則關係密切。[4]

圖 A.1 與 A.3 的迴歸分析先測試了包容同性戀態度的重要程度。在初步設定（換言之即各欄位）中，對同性戀態度變項的負係數顯示，當一個國家不想要左鄰右舍的人是同性戀之人數較少時，SSPR 就比較可能出現。換句話說，比較高的 SSPR 可能性與比較高的同性戀包容度有關。

不過很明顯的是，當其他的變項進入方程式時，這個變項的影響力減弱，不具統計顯著性，因為這裡許多衡量的變

B 　編註：迴歸分析（Regression Analysis）是統計學上一種分析數據的方法。主要是用來了解兩個或多個變數之間是否相關。

C 　編註：最小平方法是一種數學優化方法，使用最小化誤差的平方和，以找出最符合數據趨勢的函數。

圖 A.2 第一波通過同性伴侶制／婚姻迴歸分析係數

變相	(1)	(2)	(3)	(4)	(5)	(6)	(7)	(8)
常數	0.973** [0.17]	-0.81 [0.62]	-0.26 [0.40]	0.08 [0.43]	-1.44** [0.50]	-1.14** [0.51]	0.88** [0.30]	-1.03 [0.64]
商家指標		0.024* [0.014]	0.017 [0.012]	0.021 [0.014]	0.026** [0.010]			
公共社會支出（%GDP）		0.050** [0.018]			0.043** [0.014]	0.049** [0.017]		0.048** [0.018]
婚姻落伍								
同居指數			0.048** [0.014]					0.021 [0.020]
工會密度				0.010** [0.004]			-0.008** [0.004]	
上教會							0.020 [0.019]	-0.001 [0.004]
同志組織指數						0.035* [0.02]	-0.008* [0.005]	0.035 [0.021]
不想要左鄰右舍是同性戀	-0.015** [0.004]	-0.001 [0.006]	0.001 [0.006]	-0.007 [0.006]	0.008 [0.005]	0.004 [0.005]	-0.008* [0.005]	0.004 [0.006]
調整後的 R 平方 解釋力	0.38	0.54	0.60	0.48	0.73	0.69	0.51	0.67
數	22	22	22	22	22	22	22	22

註：**　達 5% 統計顯著性

　　*　達 10% 統計顯著性

圖 A.3　為第一波或第二波通過同性伴侶／婚姻國家之迴歸係數

變相	[1]	[2]	[3]	[4]	[5]	[6]	[7]	[8]
常數	1.02** [0.13]	0.45 [0.65]	0.40 [0.35]	1.15** [0.23]	1.1* [0.60]	1.29** [0.21]		
商家指標		0.011 [0.014]	0.003 [0.013]	0.008 [0.010]	0.007 [0.012]			
公共社會支出（%GDP）		0.017 [0.022]			-0.002 [0.019]			
婚姻落伍								
同居指數			0.022* [0.011]		0.005 [0.012]			
工會密度								
上教會				-0.014** [0.004]	-0.013** [0.005]			
同志組織指數						0.001 [0.015]		
不想要左鄰右舍是同性戀	-0.017** [0.004]	-0.013* [0.006]	-0.009 [0.006]	-0.009* [0.005]	-0.008 [0.006]	-0.011** [0.004]		
調整後的 R 平方解釋力	0.39	0.36	0.46	0.63	0.59	0.62		
數	23	23	23	23	23	23	23	23

註：** 達 5% 統計顯著性
* 達 10% 統計顯著性

項都與包容度互有關聯。[5] 取決於特定模式,其他好幾個變項都與統計顯著性較高的 SSPR 可能性有關:

- 同居率常常具統計顯著性與正面影響。
- 公共社會支出變項與許多設定為正相關,並具統計顯著性。
- 在某些迴歸分析中,用來衡量虔誠程度的教會參與度具統計顯著性,與 SSPR 出現的可能性為負相關。

　　在大多數迴歸分析中,多數其他的變項都不具統計顯著性,只有寥寥幾個例外;一如預期,同志商家指數與 SSPR 的可能程度為正相關,但是數值很小,而且一直不具統計顯著性,只有是唯一變項的時候才例外(此處沒有呈現)。唯一一個具統計顯著性的政治力變項是同志組織指數,也與 SSPR 出現的可能程度為正相關(在第一波與第二波國家都是),不過只有偶爾才具統計顯著性。

　　如果只針對有 SSPR 的國家進行迴歸分析,藉此推測哪一個國家是第一波的創新者,可以檢視一九九〇年變項數值,會發現第一波與第二波國家有幾項差異。對同性戀鄰居較高的包容度與較高的社會支出可以預測出第一波會通過法律之國家，但是這些變項並非始終都具統計顯著性。不過套用了二〇〇〇年的變項值後，我發現二〇〇〇年較高的同居率與較高的同志組織指數也與第一波通過法律的國家有關。換句話說，第一波通過法律的國家對同性戀的包容度最高，可能也見識過更多同志組織的政治運動。比起第二波國家，第一波國家對多元家庭也可能比較包容，較高的同居率就是證據。

質性比較

質性比較分析（Qualitative Comparative Analysis，簡稱QCA）採用一組二元量化的國家特色，包括結果與成因，並套用布林邏輯（Boolean logic）來找出所有具備 SSPR 國家的簡約因素組合。第一步是勾勒出可能成因的特徵，然後給予每個國家的因素分數。我在這裡使用了前面所說的自變項量化值來定義一項特徵是否存在。針對每一個變項，我計算了所有國家的中間值。國家的數值在一九九〇變項之上的，數值即為 1，中位數之下則為 0。比如說，在一九九〇，所有國家表示他們不想要左鄰右舍是同性戀的平均居民百分比為36.5。[6] 低於平均的國家編號則為 1，代表包容；高於平均的

圖 A.4　第一波國家變項組合真值表

國家	案例數目	有SSPR	宗教虔誠度	包容度	高同居率	高社會支出	男女同志商家指數	男女同志組織指數
比利時、德國、荷蘭、挪威（芬蘭）	4	1	0	1	1	1	1	1
丹麥、瑞典	2	1	0	1	1	1	0	1
法國	1	1	0	1	1	1	1	0
冰島（澳洲）	1	1	0	1	1	0	1	1
捷克	1	0	0	0	0	0	0	0
匈牙利	1	0	0	0	0	1	0	0
英國	1	0	0	1	0	1	1	1
奧地利	1	0	1	0	0	1	0	0
愛爾蘭	1	0	1	1	0	0	0	1
義大利、波蘭、土耳其	3	0	1	0	0	0	0	0
美國、葡萄牙	2	0	1	0	0	0	1	0
西班牙	1	0	1	1	0	1	1	0
加拿大	1	0	1	1	1	0	0	1

圖 A.5 第一波與第二波國家變項組合真值表

國家	案例數目	有SSPR	宗教虔誠度	包容度	高同居率	高社會支出	男女同志商家指數	男女同志組織指數
比利時、德國、挪威、芬蘭	4	1	0	1	1	1	1	1
丹麥、瑞典	2	1	0	1	1	1	0	1
法國	1	1	0	1	1	1	1	0
冰島、荷蘭、英國、瑞士（澳洲）	4	1	0	1	1	0	1	1
捷克	1	1	0	1	1	1	0	0
西班牙	1	1	1	1	1	1	1	0
加拿大	1	1	1	1	1	0	0	1
奧地利	1	0	1	1	1	1	0	0
愛爾蘭	1	0	1	1	0	0	0	1
義大利	1	0	1	1	0	1	0	0
波蘭	1	0	1	0	0	1	0	0
美國	1	0	1	1	1	0	1	0
匈牙利	1	0	0	0	0	1	0	0
土耳其	1	0	1	0	0	0	0	0
葡萄牙	1	0	1	1	0	1	1	0

國家則獲得 0。圖 A.4 與圖 A.5 的「布林真值表」（Boolean truth tables）呈現了主要變項與有充分資料的二十三個國家之數值。[7] 括號裡的國家有同樣的變項值，但並沒有 SSPR 法律。

　　參考了所有理論類別，我先研究了一組基本的變項。要與迴歸分析比較，基線模型研究了同居率、包容同志程度、國家社會支出、虔誠度、同志商家能見度與同志組織密度。這六個變項定義出 64（2^6）種可能的因素組合。我分析了第一波國家表現出的十三種組合，可見圖 A.4 的真值表，圖 A.5 則呈現了第二波國家實際的組合。

　　下一步是精簡真值表，將勾勒出具 SSPR 國家特徵的條件減少至符合邏輯的最小組合。拉金（Ragin）說明了精簡條件的簡單規則：「結合在因果條件上只有一種差異，但結果相同的數列。」比方說圖 A.4，真值表前兩列唯一的差異在於，第一行高同志商家能見度指數一項的數值為 1，但是第二行為 0。因此，這五種其他特徵的結合為一種就足夠，比起兩組不同的六種特徵組合，能以更扼要的方法呈現這七個國家：低宗教虔誠度、高包容度、高同居率、高社會支出與高男女同志組織指數。在精簡過程的初期，男女同志商家指標值對於說明具 SSPR 國家情形沒有幫助，因為有這五項特徵的國家都有 SSPR 法，不論其男女同志商家指數值為何。詳見主要章節內文的分析結果。

註釋

1 Ronald Inglehart et al., *World Values Surveys and European Values Surveys, 1981–1984, 1990–1993, 1995–1997* (computer file and codebook) (Ann Arbor, MI: ICPSR, 2000).

2 Inglehart et al., *World Values Surveys and European Values Surveys, 1997.*

3 International Gay Association, IGA Pink Book 1985; International Lesbian and Gay Association, *Second ILGA Pink Book: A Global View of Lesbian and Gay Liberation and Oppression*, Vol. 12 (Utrecht: Interfacultaire Werkgroep Homo-studies, Rijksuniversiteit Utrecht, 1988); Rob Tielman and Hans Hammelburg, "World survey on the social and legal position of gays and lesbians," in *The Third Pink Book: A Global View of Lesbian and Gay Liberation and Oppression*, ed. Aart Hendriks, Rob Tielman and Evert van der Veen (Buffalo, NY: Prometheus Books, 1993): 249–342.

4 圖 A.2 有些變項如離婚率、天主教信仰背景、全國性同志組織始終都不具統計顯著性，所以在圖 A.2 中的迴歸分析便拿掉了。

5 同居指數與對同性戀正面態度有正相關。

6　　瑞士與波蘭沒有問這題，因此圖 A.4 中，我將該問題所獲得的數值取代為另外一關於「同性戀是否有其正當性」的問題。

7　　請注意一九九〇年有一個衝突的詞，也就是數值組合裡同時存在有 SSPR 與沒有的國家。進一步討論詳見內文。

附錄二
荷蘭伴侶研究方法

　　為了要了解荷蘭伴侶的決定與經驗，我從二○○四年上半年與荷蘭同性伴侶的訪談中，蒐集了質性資料。我訪問了六對男同志伴侶與十三對女同志伴侶，時間為六十到九十分鐘；訪談對象為伴侶中的其中一位，或兩位都談。訪談的主題則是關於他們結婚、註冊或是維持法律上單身的決定。在十九對共三十八人之中，我總共訪問了三十四位。

　　訪談採樣對象主要來自於荷蘭友人與同事的社交網絡與電子郵件網絡，另外也有幾對伴侶是來自於受訪者的朋友圈（滾雪球抽樣法〔snowball sampling method〕^A）。我請荷蘭

A　編註：滾雪球抽樣法為一種非隨機式的抽樣方法（non-probability sampling technique），主要是用在調查對象較不易尋找的情況下，透過人際關係互相介紹。像是滾雪球般，一個人推薦並找到下一個人，直到母體調查樣本數足夠為止。

的同仁透過電子郵件發布下列研究尋找受訪者公告：

本人正在為一項研究計畫尋找願意接受訪談的同性伴侶。主要問題如下：

您是如何決定是否要結婚或登記為註冊伴侶，抑或是維持未婚或不登記為註冊伴侶？原因為何？

所有回答內容皆會保密，訪談時間為一小時至九十分鐘。地點以受訪者方便為主，可在受訪者家中或本人於阿姆斯特丹大學之研究室。訪談會以英語進行。

研究者資訊：本人為麻薩諸塞州大學經濟學教授，現為阿姆斯特丹大學訪問學者。已出版過一本書與多篇論文，以美國男女同志與雙性戀經濟與政治議題為主題。我同時也是位女同志（有伴侶），活躍參與美國女同志社群長達二十年。居住在荷蘭這段期間，我正在撰寫一本關於歐洲同性婚姻與註冊伴侶法的書，訪談研究會占本書部分內容。

若您有意願受訪，請聯繫：李·巴吉特（Lee Badgett）

受訪對象在婚姻狀態上愈多元愈好,採樣以此一需求為出發點。研究接近尾聲時,我沒有繼續採訪受訪者建議的其他已婚伴侶,而是招募了其他的未婚與未登記之伴侶,充實研究伴侶的經驗廣度。

樣本特徵

整體來說,訪談樣本比重大幅為女性、來自都會(十四對居於阿姆斯特丹或近郊)、跨國、教育程度良好、政治左傾、沒有宗教信仰,年齡介於三十五歲至五十五歲之間。幾乎所有伴侶都是在二〇〇一年之前開始交往,二〇〇一年該年開放同性伴侶結婚,大多數伴侶開始交往時間至少從一九九八年就開始了,該年為註冊伴侶制上路。所有的伴侶(有一對男男伴侶例外)認為他們的感情關係特質為兩人有一輩子相守的打算。十九對伴侶中,只有五對沒有結婚或沒有登記為註冊伴侶,荷蘭同性伴侶結婚或登記的比例估計為25%,因此本項研究的採樣過度代表已婚或註冊伴侶。

據我所知,並沒有任何已出版的詳細人口資料呈現荷蘭已婚或註冊同性伴侶的種族、年齡或種族構成。因此我很難知道我的採樣有什麼樣的偏差,最多只知道偏差傾向中年受過高等教育的荷蘭人士。所有受訪者都受過高等教育，只有兩位例外，我的採樣向中產階級，甚至是中上層階級傾斜，因此，我的研究可能遺漏了工人階級荷蘭伴侶、年輕或年長世代的不同經驗。

不過卡薩里娜・布勒沃爾基所做的調查顯示我的採樣與荷蘭已婚配偶的隨機採樣沒有不同。[1] 在該調查中，註冊的同性伴侶與已婚配偶的正式成立法定關係時，平均年齡為四十出頭，這一點與結婚或註冊的異性伴侶差異非常大。同樣的，不論是同性伴侶或異性伴侶，所有註冊或已婚配偶的平均教育水準與收入水準也相當類似，而教育水準偏高，而收入水準約略落在荷蘭中等收入範圍。

然而，我的採樣呈現種族或族裔同質性相當高，近似於美國（布勒沃爾基等人的調查並沒有蒐集族裔資料）。不過從荷蘭的角度來看，本研究樣本的多元性與荷蘭的人口沒有很嚴重的差距。荷蘭人所抱持的關鍵社會概念在荷蘭語為「亞洛通」（allochtone），這個詞指的是父母至少其中一人為外國人者，因此這個詞同時包含了移民與移民子女。二〇〇八年，在一千六百四十萬的荷蘭居民中，有三百二十萬人或 19.4％ 的人口可以算是亞洛通。[2] 約 55％ 的亞洛通荷蘭居民來自於非西方國家，包括土耳其、亞洲、拉丁美洲與非洲國家（雖然關於來自穆斯林國家移民的大眾爭議突顯了該群體的能見度，但實際上只有 5% 的人口為穆斯林，大多都為土耳其或摩洛哥移民，即便是在亞洛通裡都算少數。）[3]

以亞洛通身分來說，我的荷蘭伴侶採樣多元性還算是合理。參與研究的三十八位伴侶成員中，起碼有兩人（5%）其父母或自身來自於前荷屬殖民地。另外有九位（24%）不是本土荷蘭人士：六位來自於美國（其中一位是美國居民）；兩位來自於澳洲；一位來自於拉丁美洲國家。來自美國的受訪者中其中一位出生在南美國家。整體來說，即便在這個非隨機的小型採樣裡，亞洛通所占的比例約略可以比得上其在荷蘭人口中占的比例了，而整體比例（三十八位中占十一位，比例為 29%）符合，亞洛通中的非西方人比例也符合（十一位中占四位，比例為 36%）。

我認為從採樣方法來看，對採樣有偏差疑慮也是合理的，但是偏差對我的研究結果整體影響可能很小，有以下幾個原因：首先，樣本從重要特徵來看，各有差異，這些伴侶內有一位或多位年輕人、西方與非西方亞洛通、郊區居民、無大學文憑者。因此，我至少觸及了上述這些族群人士的某些經驗，不然除此之外他們的經驗是能見度不足的。來自呈現能見度不足的族群的受訪者，通常所表達涉及結婚的動機、憂慮與經驗與能見度極高的受訪者類似。不意外地，有些受訪者因為雙親的族裔而有特殊的經驗，而因為採樣有所不同的關係，我可以掌握或討論這些經驗。當然，我可能漏掉了某些差異的面向，這是質性研究的先天問題，這也促使我從荷蘭（和美國）的機率樣本中抽取調查數據，該數據盡可能涵蓋類似的主題。

第二，我沒有主張這些伴侶的經驗有多少共通性，由於我的採樣並不是隨機的，所以這樣說並不恰當。我在分析資料的時候，努力掌握所有我聽到的不同回答。當超過一人或一對伴侶以上，有相同的回應或經驗，我只會指出來，但對於這些回應或經驗的母體次數並沒有下結論。

最後，在某些方面，來看結婚動機的時候，本研究採樣可能恰恰與偏差牴觸。我的採樣族群是一群享有經濟優勢的伴侶，他們有許多的法律選向，其中包括了所費不貲的律師諮詢及財務顧問諮詢。對於同性伴侶的婚姻認知與是否要結婚的決定，我們並不清楚此經濟偏差對於我的研究發現有什麼影響。

我們有理由相信比起經濟優勢伴侶，較低收入伴侶對婚姻的需要比較高也比較少。財富較少可能就降低了離異時或處理繼承議題時的財產分配需求，因此結婚的需要減低。但研究中的幾位受訪者指出，比起找律師起草合約，結婚在家庭事務的安排上可以比較省錢，可能會增加結婚的需求。其中一位受訪者甚至認為結婚權對於較低收入的同性伴侶來說更重要，因為他們在經濟上可行或有吸引力的選擇並不多。然而，低收入人士可能也覺得缺乏經濟安全感，而因此隱藏自己的同志身分來避免歧視，這也包括了如結婚這種的公開行為。在這種情況下，第二章所發展出來的概念架構就需要再擴張，至少要再加上一項與同性戀普遍汙名相關的新結婚障礙。儘管受訪伴侶中沒有這樣的案例，我的確發現有些伴侶會隱藏自己的已婚身分，雖然他們這樣做的原因並不是為了隱藏自己的性傾向，而是因為他們認為這項法律身分並沒有社會重要性。

整體來說，儘管本研究採樣不大可能可以代表荷蘭所有的同性伴侶，我所蒐集到的詳細質性資料對於認識特定政治與文化背景的複雜決策程序很有價值，也記錄了大多數影響伴侶結婚決定的因素，這點也很有價值。

訪談提綱

我一開始先問了受訪伴侶關於出生地、教育、宗教、年齡、政治信仰的一連串問題，也包含了未出席的伴侶。訪談的主體包含了一組半結構式問題，關於感情關係、決策過程、伴侶法定身分的影響。我請伴侶雙方提供答案，當其中一人不在場時，我請受訪者告訴我他們認為不在場的另一方會怎麼回答這些問題（分析資料時，我給不在場伴侶的代答的答案權重比本人實際回答問題的權重低）。

主要問題通常大致以下列順序提問：

1. 請告訴我你們怎麼認識的？（蒐集感情關係，從過去一直到現在的發展狀況）

2. 你為什麼會決定結婚（或登記為註冊伴侶）？或（如果沒結婚）有沒有想過結婚，如果有的話，為何沒有結？

3. 為何決定結婚而不是登記為註冊伴侶？（或是反過來問）

4. 請說說你們結婚那天的情形。（接著問儀式、穿什麼、邀了誰來、誰來參加、他們的反應）

5. 結婚之後有覺得不一樣嗎？是否因為結婚而有任何改變？（繼續問家人朋友與其他人的反應）

6. 可以與同性伴侶結婚的權利是否對荷蘭社會產生較廣

的影響？例如對男女同志的看法、政治變化或社會變
化有影響？

　　訪談最後，我會尋問受訪者對我的研究計畫是否有疑
問。到這裡，我皆不會對訪談問題的回覆表達任何意見，我
也不提供任何個人資訊（除了一開始徵求時的內容）。很多
受訪伴侶都問了我美國同性婚姻的政治情況，問我為何對荷
蘭情況感興趣，還有我自己想不想結婚，對結婚有什麼看
法。

　　我在使用訪問資料撰寫本書章節時，又盡可能地再聯繫
上所有受訪伴侶，讓他們有機會先讀過我的詮釋，提供評論
或建議。有幾位回覆的建議與意見我也收在本書中了。

　　書中訪談結果的討論中，所有伴侶的名字我都用了假名，
只有一對例外，他們堅持要用真名。而因為使用荷蘭姓氏會
很複雜，又可能造成混淆，我只給研究參與受訪者化名[B]。

B　編註：因作者提及荷蘭姓氏（surnames）較為複雜，所以替研究
　　參與者取化名時只取「名」（first name）的部分。

分析方法

在訪談都做好逐字稿，我修改好逐字稿後，我採用了安薩姆·史特勞斯（Anselm L. Strauss）等人發展出的基礎理論法（grounded theory approach）來做質性資料分析。[4]一開始，我與兩位助理使用開放性編碼程序（open coding process）對超過半數的逐字稿進行了仔細的逐行閱讀，這套程序專門用來找出符合資料的觀念。[5]我們的分析照著史特勞斯的方法，「包含了逐字檢視、提出理論性問題與可能的答案（假說）、使用刺激性內部與外部比較與異同之處的探討」[6]我們用這些仔細地閱讀來探索與分類個人與伴侶在結婚脈絡下出現的有意義的情況、互動、結果、策略、戰術，串聯起許多概念與範疇。

我的助理與我在整個分析的過程當中頻繁寫下理論備忘，以掌握編碼過程中浮現的深入觀察。時間一長，透過頻繁觀察與串聯範疇，我們設定辨別核心範疇的標準，我們發現了處於結婚觀念與結婚決定中心的核心範疇。最後，我們制訂出一組編碼，也就是核心範疇、相關範疇及其個別面向，具備適當的概念密度與解釋力量，來回答推動此項研究的主要問題。

接著我使用一組基本的編碼，在 HyperResearch 質化分析軟體來處理每一筆訪談逐字稿。隨著分析進展，我用了全面編碼的資料來驗證或駁斥範疇之間的關聯，而電子編碼與資料組織讓我可以在各個不同範疇中，拓展理論關係的網絡。

受訪伴侶

【女性】

寶琳與莉茲（已婚）

瑪格麗特與米莉安（已婚）

琳恩與瑪莎（已婚）

瑞秋與瑪莉安（已婚）

安德雅與凱薩琳（已婚）

茱莉雅與赫絲特（已婚）

南西與喬安

安娜與優卡

伊莎貝爾與安娜卡

蘿拉與莉雅（註冊伴侶，即將變更為婚姻）

伊內珂與戴安娜（註冊伴侶）

艾倫與薩絲琪雅（訪談時即將結婚）

【男性】

奧圖與布拉姆（已婚）

楊恩與保羅（已婚）

艾瑞克與詹姆士

羅伯與皮耶

保羅與哈維耶（註冊伴侶）

威勒與葛特（註冊伴侶）

註釋

1　Boele-Woelkiet al., *Huwelijk of Geregistreerd Partnerschap?*

2　Statistics Netherlands, "Population: Age, sex, and nationality, January 1," http://statline.cbs.nl/StatWeb/table.asp?LYR=G2:0&LA=en&DM=SLE N&PA=03743eng&D1=a&D2=0-7,60&D4=0,4,9,l&HDR=G3,T&STB=G1(accessed 2/13/08). "Population by origin and generation, January 1," http://statline.cbs.nl/StatWeb/Table.asp?STB=G1&LA=en&DM=SLEN&PA=373 25eng&D1=a&D2=0-2,127,133,198,216&D3=0&D4=0&D5=0&D6=a,!0- 5&HDR=T&LYR=G4:0,G3:0,G2:0,G5:5 (accessed 2/13/08).

3   Statistics Netherlands, "More than 850 thousand Muslims in the Netherlands," *Web Magazine* (October 25, 2007), http://www.cbs.nl/en-GB/menu/themas/bevolking/publicaties/artikelen/archief/2007/2007-2278-wm.htm (accessed 2/13/08).

4   Anselm L. Strauss, *Qualitative Analysis for Social Scientists* (Cambridge and New York: Cambridge University Press, 1987).

5   同上，p. 28。

6   同上，p. 58。

附錄二　荷蘭伴侶研究方法 | 491

侶途：同性婚姻上路後，這世界發生了什麼？／
李‧巴吉特（M. V. Lee Badgett）著；黃思瑜譯.
-- 初版. -- 新北市：臺灣商務，2019.12
　　496 面；14.8×21 公分. --（人文）
　　譯自：When gay people get married: what happens
　　　　　when societies legalize same-sex marriage
　　ISBN 978-957-05-3244-9（平裝）

1. 同性婚　2. 同性戀　3. 婚姻法

544.329　　　　　　　　　　　　　　108019950

人文

侶途：同性婚姻上路後，這世界發生了什麼？

WHEN GAY PEOPLE GET MARRIED:
WHAT HAPPENS WHEN SOCIETIES LEGALIZE SAME-SEX MARRIAGE

作　　　者—李‧巴吉特（M. V. Lee Badgett）
譯　　　者—黃思瑜
作者序譯者—周彧廷
發　行　人—王春申
總　編　輯—李進文
主　　　編—王育涵
責 任 編 輯—鄭莛
校　　　譯—鄭莛
封 面 設 計—張巖
內 頁 排 版—張靜怡

業 務 組 長—陳召祐
行 銷 組 長—張傑凱
出 版 發 行—臺灣商務印書館股份有限公司
　　　　　　23141 新北市新店區民權路 108-3 號 5 樓（同門市地址）
　　　　　　電話◎(02) 8667-3712　傳真◎(02) 8667-3709
讀者服務專線◎0800056196
郵撥◎0000165-1
E-mail◎ecptw@cptw.com.tw
網路書店網址◎www.cptw.com.tw
Facebook◎facebook.com.tw/ecptw

局版北市業字第 993 號
初　　　版：2019 年 12 月
印　刷　廠：沈氏藝術印刷股份有限公司
定　　　價：新台幣 500 元
法律顧問：何一芃律師事務所
有著作權‧翻印必究
如有破損或裝訂錯誤，請寄回本公司更換

臺灣商務官方網站　臺灣商務臉書專頁